会计电算化实务

KUAIJI DIANSUANHUA SHIWU

赵　起◇著

中国经济出版社
CHINA ECONOMIC PUBLISHING HOUSE
北　京

图书在版编目（CIP）数据

会计电算化实务／赵起著．
北京：中国经济出版社，2015. 5
ISBN 978 - 7 - 5136 - 3626 - 1
Ⅰ．①会… Ⅱ．①赵… Ⅲ．①会计电算化—教材 Ⅳ．①F232
中国版本图书馆 CIP 数据核字（2014）第 293555 号

责任编辑　孙晓霞
责任审读　贺　静
责任印制　马小宾
封面设计　华子设计工作室

出版发行　中国经济出版社
印 刷 者　北京力信诚印刷有限公司
经 销 者　各地新华书店
开　　本　787mm × 1092mm　1/16
印　　张　14. 5
字　　数　450 千字
版　　次　2015 年 5 月第 1 版
印　　次　2015 年 5 月第 1 次
定　　价　29. 00 元
广告经营许可证　京西工商广字第 8179 号

中国经济出版社　**网址**　www. economyph. com　**社址**　北京市西城区百万庄北街 3 号　**邮编**　100037
本版图书如存在印装质量问题，请与本社发行中心联系调换（联系电话：010 - 68330607）

前　言

随着计算机和互联网的普及，电子商务、电子政务迅速发展，事业机关、银行、超市、企业全部建立了信息中心，对会计数据进行汇总分析。借助计算机强大的计算能力，会计数据的处理速度和处理精度都有了质的飞跃。会计人员参与管理，为管理者提供更及时、更准确的会计数据作为决策依据，使之决策水平和管理水平大大提高。这些变化要求会计人员必须系统学习会计电算化知识，才能适应会计岗位的新要求。

会计电算化系统由计算机系统、复合型人才和规章制度三部分组成。会计电算化工作中，硬件和软件构成的计算机系统、复合型人才和规章制度需要均衡发展，缺一不可。国内的《会计电算化》专著和教材，都非常重视电算化操作技能培训，但都忽略了会计电算化必需的计算机知识，许多会计人员学完多种《会计电算化》专著和教材，也仅仅掌握了电算化基本操作，却不懂得如何选择适合的计算机硬件；没有正版意识，会计软件在盗版操作系统中运行，稳定性差；不会数据库和财务软件的安装调试，更没有能力处理财务软件使用过程中遇到的各种风险和突发事件，加大了会计电算化工作的风险。

本书共分为十章，第一章“会计电算化概述”，阐述会计电算化的概念，会计电算化软件的模块和会计电算化工作规范；第二章“计算机硬件”，阐述计算机的主要硬件构成、计算机的选购，计算机常见硬件故障的判断和处理；第三章“计算机软件”，目的是树立正版意识，阐述安装正版 Windows 操作系统的步骤，从根本上杜绝常见的 Ghost 系统造成的系统故障，保障会计软件稳定运行；第四章“计算机安全”，阐述计算机病毒、木马、黑客的入侵方法及预防措施；第五章“会计软件的选择及安装”，阐述 SQL Server 数据库和用友财务软件的安装调试，处理常见的计算机故障，在遇到突发事件时，能保证财务软件系统在较短的时间内恢复正常使用，保证会计资料不丢失；第六章会计电算化法规，介绍会计电算岗位设置、会计档案管理；第七章、第八章、第九章、第十章阐述会计电算化的具体操作，结合上机训练，会计人员能够掌握日常的会计电算化操作流程和方法，规避可能出现的错误操作。本书涵盖计算机知识和会计电算化操作技能，达到培养既掌握计算机专业知识、又具有会计经验的复合型会计人才的目的。

本书对会计人员电算化操作中容易出错的操作细节进行了梳理，对造成错误结果的错误操作及改正方法进行了汇总整理，对在校学生和企事业单位会计人员具有较高的使用价值。本书不仅可以帮助在校学生考取电算化证，还可以提高企事业单位会计人员防范电算化工作中出现的数据丢失、损坏、泄露等问题。

本书作者自 1997 年起从事会计从业资格组织考试及培训工作，教学、培训和组织考试经验丰富，但书中可能还存在差错，欢迎读者批评指正。

著者联系方式：zhaoqi@ lyu. edu. cn。

赵　起

2014 年 12 月

目录

CONTENTS

第一章　会计电算化概述

第一节　会计电算化的概念及其特征 …… 1
第二节　会计电算化的产生和发展 …… 5
第三节　会计软件的配备方式及其功能模块 …… 8
第四节　企业会计信息化工作规范 …… 13

第二章　计算机（微型机）硬件

第一节　微型机硬件的主要构成部件 …… 17
第二节　微型机的选购 …… 54
第三节　计算机的未来发展 …… 57

第三章　计算机软件

第一节　盗版软件和免费软件的危害 …… 61
第二节　计算机操作系统及常用软件下载 …… 63
第三节　Windows 操作系统安装 …… 74
第五节　应用软件的安装 …… 91
第六节　计算机日常维护 …… 96

第四章　计算机安全

第一节　计算机安全隐患 …… 102
第二节　计算机病毒及其防范 …… 103
第三节　黑客攻击及其防范 …… 108

第五章 会计核算软件的选择及安装

第一节 会计核算软件的分类 …… 114
第二节 SQL Server 数据库软件的安装 …… 118
第三节 用友 T3 财务软件的安装 …… 120
第四节 用友 T3 财务软件初始设置 …… 132

第六章 会计电算化法规

第一节 会计电算化相关法规 …… 137
第二节 会计核算软件 …… 138
第三节 会计电算化岗位 …… 141
第四节 电算化会计替代手工会计 …… 144
第五节 会计档案管理办法 …… 145

第七章 系统管理

第一节 系统管理运行 …… 148
第二节 操作员管理 …… 149
第三节 新建账套 …… 150
第四节 为操作员授权 …… 154
第五节 账套管理 …… 156

第八章 基础信息设置

第一节 基础设置 …… 160
第二节 定义凭证类别 …… 165
第三节 会计科目设置 …… 166
第四节 录入期初余额 …… 168

第九章 日常业务处理操作

第一节 总账业务 …… 171
第二节 工资管理 …… 179
第三节 固定资产管理 …… 186
第四节 进销存业务 …… 193

第十章 期末处理、编制会计报表操作

第一节 期末处理 …… 206

第二节 资产负债表的编制 …… 209

附：会计电算化模拟实训题 …… 215

参考文献 …… 223

第一章　会计电算化概述

【学习目的】了解会计电算化和会计信息化的概念，了解XBRL发展历程、作用和优势，掌握ERP及ERP系统与会计信息系统的关系，熟悉会计软件的功能模块。

【重点与难点】电算化会计和手工会计的区别联系，会计电算化的优点和缺点。

第一节　会计电算化的概念及其特征

一、会计电算化的概念

（一）会计电算化

国内将计算机在会计中的应用称为“会计电算化”，把与计算机技术和会计学交叉的应用学科，称之为“电算化会计”。因此“会计电算化”和“电算化会计”所指代的对象有所不同，应区别使用。西方国家称为电子数据处置会计（Electronic Data Processing Accounting，EDP会计）或电算化会计（Computerized Accounting）。

会计电算化的基本含义是指将电子计算机技术应用到会计业务处理工作中，应用会计软件指挥各种计算机设备替代手工完成，或手工很难完成，甚至无法完成的会计工作的过程。会计电算化是一个人机相结合的系统，其基本构成包括会计人员、硬件资源、软件资源和信息资源等要素，其核心部分则是功能完善的会计软件资源，是用电子计算机代替人工记账、算账和报账，以及部分代替人脑完成对会计信息的分析、预测、决策的过程，其目的是提高企业财会管理水平和经济效益，从而实现会计工作的现代化。

随着我国会计电算化事业的发展，会计电算化的概念，也在不断发展完善。一般而言，会计电算化有狭义和广义之分。狭义的会计电算化，是指以电子计算机为主体的当代电子信息技术在会计工作中的应用。具体来说，就是运用会计软件，操作各种计算机装备替代手工完成在手工下很难完成，甚至无法完成的会计工作。广义的会计电算化，是指与实现会计工作电算化有关的所有工作，包括会计电算化软件的开发和应用，会计电算化人才的培育，会计电算化的宏观规划，会计电算化的制度建设，会计电算化软件市场的培育与发展等。

会计电算化以后，会计处理技术发生了质的飞跃，这种变化不仅影响到会计实务，也对某些传统的会计理论产生了很大影响。当前，会计电算化已成为一门融计算机科学、管理科学、信息科学和会计科学为一体的综合学科，在经济管理的各个领域中处于应用电子计算机的领先地位，正在起着带动经济管理诸领域逐步走向现代化的作用。会计电算化极大地减轻了会计人员的劳动强度，提高了会计工作的效率和质量，促进了会计职能的转变。随着信息技术的快速发展和管理要求的不断提高，会计手工操作正逐步被会计电算化所取代，要满足社会经济发展对会计人才的需要，必须培养和造就大批既掌握计算机基本应用、又懂会计业务处理的复合应用型会计人才，《会计电算化》课程被列为会计学专业的必修课程。

随着会计电算化事业的不断发展，会计电算化的含义得到了进一步的延伸，涉及会计电算化的组织与规划、会计电算化的实施、会计电算化的管理、会计电算化的人员培训、会计电算化的制度建立、计算机审计等内容。现在大家普遍认为，会计电算化是现代会计学科的重要组成部分，它是研究计算机会计理论与计算机会计实务的一门会计边缘学科。

（二）会计信息化

会计信息化是指企业利用计算机、网络通信等现代信息技术手段开展会计核算，以及利用上述技术手段将会计核算与其他经营管理活动有机结合的过程。

相对于会计电算化而言，会计信息化是一次质的飞跃。现代信息技术手段能够实时便捷地获取、加工、传递、存储和应用会计信息，为企业经营管理、控制决策和经济运行提供充足、实时、全方位的信息。

（三）会计软件

会计软件是指专门用于会计核算、财务管理的计算机软件、软件系统或者其功能模块，包括一组指挥计算机进行会计核算与管理工作的程序、存储数据以及有关资料。

会计软件具有以下功能：

1. 为会计核算、财务管理直接提供数据输入；

2. 生成凭证、账簿、报表等会计资料；

3. 对会计资料进行转换、输出、分析、利用。

（四）会计信息系统

会计信息系统（Accounting Information System，AIS），是指利用信息技术对会计数据进行采集、存储和处理，完成会计核算任务，并提供会计管理、分析与决策相关会计信息的系统，其实质是将会计数据转化为会计信息的系统，是企业管理信息系统的一个重要子系统。

会计信息系统根据信息技术的影响程度可划分为手工会计信息系统、传统自动化会计信息系统和现代会计信息系统；根据其功能和管理层次的高低，可以分为会计核算系统、会计管理系统和会计决策支持系统。

（五）ERP 系统

企业资源计划（Enterprise Resource Planning，ERP），是指利用信息技术，一方面将企业内部所有资源整合在一起，对开发设计、采购、生产、成本、库存、分销、运输、财务、人力资源、品质管理进行科学规划，另一方面将企业与其外部的供应商、客户等市场要素有机结合，实现对企业的物资资源（物流）、人力资源（人流）、财务资源（财流）和信息资源（信息流）等资源进行一体化管理（即“四流一体化”或“四流合一”），其核心思想是供应链管理，强调对整个供应链的有效管理，提高企业配置和使用资源的效率。

在功能层次上，ERP 除了最核心的财务、分销和生产管理等管理功能外，还集成了人力资源、质量管理、决策支持等企业其他管理功能。会计信息系统已经成为 ERP 系统的一个子系统。

（六）XBRL

可扩展商业报告语言（eXtensible Business Reporting Language，XBRL），是一种基于可扩展标记语言（extensible Markup Language，XML）的开放性业务报告技术标准。被誉为财务报告领域里的条形码，在设计之初意在像条形码那样，大大加速财务报告的制作和处理速度。

XBRL 国际组织的定义是：XBRL is a member of the family of languages based on XML，or Extensible Markup Language，which is a standard for the electronic exchange of data between businesses and on the internet. Under XML，identifying tags are applied to items of data so that they can be processed efficiently by computer software.

XBRL 是一种基于互联网生成和传输商业报告的语言，它借助 XML 的相关技术，通过对商业报告中的数据增加特定的标签和分类，以支持数据信息的识别、处理与交流。XBRL 技术可用于财务信息的处理，通过给财务会计数据添加特定的分类标签，使得计算机能够"读懂"财务报告，并通过内置的验证机制，使计算机能够自动处理分析报表。XBRL 的推广应用有助于商业信息的识别、处理、分析、比较和交流。XBRL 基本框架主要由技术规范（Specification）、分类标准（Taxonomy）和实例文档（Instance Document）三部分组成。

1. XBRL 的作用与优势

XBRL 的主要作用在于将财务和商业数据电子化，促进了财务和商业信息的显示、分析和传递。XBRL 通过定义统一的数据格式标准，规定了企业报告信息的表达方法。

企业应用 XBRL 的优势主要有：①提供更为精确的财务报告与更具可信度和相关性的信息；②降低数据采集成本，提高数据流转及交换效率；③帮助数据使用者更快捷方便地调用、读取和分析数据；④使财务数据具有更广泛的可比性；⑤增加资料在未来的可读性与可维护性；⑥适应变化的会计准则制度的要求。

2. XBRL 发展历程

1999 年 8 月，美国注册会计师协会与五大会计师事务所（普华永道、德勤、毕马威、安永和安达信）、Edgar 在线、微软公司等 12 个组织，组建了最初的 XBRL 执行委员会。为了更好地推进 XBRL 的应用，XBRL 执行委员会决定成立 XBRL 国际组织。XBRL 国际组织由 XBRL 执行委员会、标准委员会和 9 个工作组组成。该组织为非营利性的组织，其使命是带领全世界对 XBRL 感兴趣的企业、机构和个人，为推广、应用、发展 XBRL 而努力。XBRL 国际组织的会员目前已有 550 多家，会员所属行业涵盖了全球信息供应链，从政府监管机构、会计师事务所、软件公司、信息发布商，到银行、证券、保险、税务等，这使得 XBRL 逐渐在全球经济发展上起到越来越重要的作用。

我国的 XBRL 发展始于证券领域。2003 年 11 月，上海证券交易所在全国率先实施基于 XBRL 的上市公司信息披露标准；2005 年 1 月，深圳证券交易所颁布了 1.0 版本的 XBRL 报送系统；2005 年 4 月和 2006 年 3 月，上海证券交易所和深圳证券交易所先后分别加入了 XBRL 国际组织；2006 年 2 月，证监会信息中心、保监会信息中心、中国人民银行征信管理局、中科院研究生院金融科技研究中心和上海证券交易所联合发起成立"XBRL 中国地区组织促进会"，2008 年 11 月，XBRL 中国地区组织成立；2009 年 4 月，财政部在《关于全面推进我国会计信息化工作的指导意见》中将 XBRL 纳入会计信息化的标准；2010 年 10 月 19 日，国家标准化管理委员会和财政部颁布了 XBRL 技术规范系列国家标准和企业会计准则通用分类标准。

二、会计电算化的特征

（一）人机结合

在会计电算化方式下，会计人员填制电子会计凭证并审核后，执行“记账”功能，计算机将根据程序和指令在极短的时间内自动完成会计数据的分类、汇总、计算、传递及报告等工作。

（二）会计核算自动化、集中化

在会计电算化方式下，试算平衡、登记账簿等以往依靠人工完成的工作，都由计算机自动完成，大大减轻了会计人员的工作负担，提高了工作效率。计算机网络在会计电算化中的广泛应用，使得企业能将分散的数据统一汇总到会计软件中进行集中处理，既提高了数据汇总的速度，又增强了企业集中管控的能力。

（三）数据处理及时准确

利用计算机处理会计数据，可以在较短的时间内完成会计数据的分类、汇总、计算、传递和报告等工作，使会计处理流程更为简便，核算结果更为精确。此外，在会计电算化方式下，会计软件运用适当的处理程序和逻辑控制，能够避免在手工会计处理方式下出现的一些错误。

（四）内部控制多样化

在会计电算化方式下，与会计工作相关的内部控制制度也将发生明显的变化，内部控制由过去的纯粹人工控制发展成为人工与计算机相结合的控制形式。内部控制的内容更加丰富，范围更加广泛，要求更加严格，实施更加有效。

第二节　会计电算化的产生和发展

一、国外会计电算化的产生与发展

1954 年 10 月，美国通用电器公司首次利用电子计算机计算职工薪金的举动，引起了会计数据处理技术的变革，标志着会计电算化这门学科的产生。

20 世纪 50 年代中期，西方发达国家计算机在会计领域中的应用并不广泛，主要是对职工薪金的核算、库存材料的核算、现金收支等会计的单项业务进行数据处理，只能局部地代替一些手工劳动，就其处理流程来说，仍然是模仿手工操作。但是，计算机的应用，确实减轻了会计人员的劳动强度，提高了工作效率。由于当时计算机硬件的价格十分昂贵，程序设计又非常复杂，加上只有少数计算机专业人员能够掌握这门技术，因而限制了计算机的应用范围。随着第三代计算机的大规模生产及软件工具的不断改进，会计电算化得到进一步发展。人们能够利用计算机对会计数据进行综合加工处理，即用计算机完成手工簿记系统的全部业务。同时，数据的组织结构和数据的处理流程也发生了较大的变化，人们可对会计数据进行较为系统的分析，并具有了一定的反馈功能，开始为基层和中层管理决策提供有用的会计信息。1981 年初 IBM 联合 Intel 和 Microsoft 开发微型计算机（个人 PC）后，计算机技术迅猛发展，计算机网络使用范围越来越广、数据库管理系统和会计专用计算机逐步完善并被推广，给会计电算化开辟了广阔的天地，使其呈现出普及化的趋势。会计人员也不再把会计电算化看成技术人员的工作，而是积极参与到这一工作中来，越来越多的会计人员成为会计电算化专家。

当今西方发达国家，计算机在会计工作中的应用范围也在不断扩大。将计算机应用于会计数据处理、会计管理、财务管理以及会计预测和会计决策，并且取得显著的经济效益。在企业会计工作领域出现了一种新的局面；财务会计人员处处和计算机会计信息系统打交道，执业会计人员需要参与会计信息系统的设计并在会计业务中使用计算机；会计管理人员需要评价会计信息系统的使用状况，利用会计信息分析企业的财务状况和经营成果，参与企业的决策；内部审计和外部审计人员需要审核和评价会计信息处理的质量，评价输入和输出会计信息的正确性；会计咨询人员需要为企业提供计信息系统的设计、实施、评价和使用。

会计软件产业，在一些发达国家已经成为较重要的软件产业之一。会计软件产业负责会计软件的开发、销售和售后服务等工作。会计软件的出现促进了会计软件的专业化、商品化和社会化，保证了会计软件质量的不断提高，加快了会计电算化的进程。目前，国外的商品化软件已经比较成熟，在设计上趋于定型，一般包括总账（General Ledger）、应收账款（Accounts Receivable）和应付账款（Account Payable）三个功能模块，这三个功能模块是最基本的功能模块。功能比较复杂的会计软件还包括存货控制（Inventory Control）、工资（Payroll）、购货（Purchasing）、销售（Sales）、固定资产（Fixed Assets）、作业成本（Job Costing）、报表（Report）等。从会计软件的总体设计看，多数功能比较强的会计软件或多或少地包括了一些非会计数据的处理功能，增加了会计软件的适应面，模块间关系紧密，数据相互利用，集成性高。

国外会计电算化的发展，使计算机审计也得到了很快的发展。世界各国对会计电算化的管理尤为重视。1974 年，美国执业会计师协会（AICPA）发布了《审计标准文告第 3 号》题为《EDP 对审计人员研究和评价内部控制的影响》，随后又发布了《审计标准文告 48 号》题为《计算机处理对检查财务报表的影响》；1984 年，美国的 EPD 审计人员协会发布了一套 WD 控制标准，名为《EPD 控制目的——1984 版》。此外，其他许多国家的审计职业界也对计算机审计做出了积极反应，国际审计实务委员会发布了国际审计准则第 15 号《电子数据处理环境下的审计》、第 16 号《计算机辅助审计技术》和第 20 号《电子计算机数据处理环境对会计制度和有关的内部控制研究与评价的影响》等。世界各国对会计电算化的管理也颁发了许多非常细致的各项规定，用来约束会计电算化的行为，保证了会计电算化的顺利开展。

二、国内会计电算化的产生与发展

我国会计电算化起步比较晚，开始于 20 世纪 70 年代末，为了推进会计电算化的发展，1979 年财政部拨款 500 万元给长春第一汽车制造厂在会计工作中应用电子计算机，当时用的计算机是从东德进口的。为了总结一汽在会计工作中应用计算机的情况，指导下一步的应用工作，在财政部、一机部、中国会计学会的支持下，1981 年 8 月由一汽和中国人民大学发起召开了“财务、会计、成本应用电子计算机专题讨论会”，讨论会在长春召开，王景新在这次讨论会上提出了“会计电算化”的概念。当时财政部会计制度司杨纪琬司长出席了这次讨论会，他是我国会计信息化最早的倡导者和推动者。

概括起来说，我国的会计电算化发展过程大体可分为三个阶段。

1. 缓慢发展阶段（1983 年以前）。1983 年以前，只有少数单位将计算机技术用于会计领域，主要是单项会计业务的电算化开发和应用，如工资计算、仓库核算等。这个阶段，会计电算化发展比较缓慢，其原因是：会计电算化人员缺乏，计算机硬件比较昂贵，会计电算化没有得到高度重视。

2. 自发发展阶段（1983—1988 年）。1983 年后，微机在国内市场上大量出现，多数企事业已能够买得起微机，这为计算机在会计领域的应用创造了良好的条件。与此同时，企业也有了开展电算化工作的愿望，纷纷组织力量开发会计软件。因此，这个阶段，电算化处于各自为战、闭门造车的局面。会计软件一家一户地自己开发，投资大、周期长、见效慢，造成大量的人力、物力和财力的浪费。

3. 稳步发展阶段（1988—1996 年）。这一阶段，财政部、各地区财政部门，以及企业管理部门逐步开始对会计电算化工作进行组织和管理，使会计电算化工作走上了有组织、有计划的发展轨道，并得到了蓬勃的发展。一方面，以机代账单位逐步增多。自财政部 1989 年 12 月，制定了第一个全国性会计电算化管理的规章《会计核算软件管理的几项规定（试行）》。之后先后制定并颁发了一系列文件：1994 年 6 月，制定并颁发了《会计电算化管理办法》《会计核算软件基本功能规范》；1996 年，又制定了《会计电算化工作规范》等一系列文件，使我国会计电算化工作在制度管理、会计核算软件管理、替代手工记账管理等方面步入正轨，推动了会计电算化事业的健康发展。目前大部分单位实现了以机代账，逐步实现了会计核算电算化。

4. 融入 MIS 的网络会计发展阶段（1996 年到今）。会计电算化信息处理，是一种先进的生产力，因而具有广阔的发展前景。随着经济的发展及人们对电子技术认识的加深，它必将获得普遍推广和应用；同时，随着网络技术的发展，大范围的会计信息处理网络也必将建立。现在计算机替代手工记账已经成了一个自发的要求，各单位在开展会计电算化工作后，一般在 3 个月后大都能够实现计算机替代手记账。

第三节　会计软件的配备方式及其功能模块

一、会计软件的配备方式

企业配备会计软件的方式主要有购买、定制开发、购买与开发相结合等方式。

其中，定制开发包括企业自行开发、委托外部单位开发、企业与外部单位联合开发三种具体开发方式。

（一）购买通用会计软件

通用会计软件是指软件公司为会计工作而专门设计开发，并以产品形式投入市场的应用软件。企业作为用户，付款购买即可获得软件的使用、维护、升级以及人员培训等服务。

采用这种方式的优点主要有：①企业投入少，见效快，实现信息化的过程简单；②软件性能稳定，质量可靠，运行效率高，能够满足企业的大部分需求；③软件的维护和升级由软件公司负责；④软件安全保密性强，用户只能执行软件功能，不能访问和修改源程序。

采用这种方式的缺点主要有：①软件的针对性不强，通常针对一般用户设计，难以适应企业特殊的业务或流程；②为保证通用性，软件功能设置往往过于复杂，业务流程简单的企业可能感到不易操作。

（二）自行开发

自行开发是指企业自行组织人员进行会计软件开发。

采用这种方式的优点主要有：①企业能够在充分考虑自身生产经营特点和管理要求的基础上，设计最有针对性和适用性的会计软件；②由于企业内部员工对系统充分了解，当会计软件出现问题或需要改进时，企业能够及时高效地纠错和调整，保证系统使用的流畅性。

采用这种方式的缺点主要有：①系统开发要求高、周期长、成本高，系统开发完成后，还需要较长时间的试运行；②自行开发软件系统需要大量的计算机专业人才，普通企业难以维持一支稳定的高素质软件人才队伍。

（三）委托外部单位开发

委托外部单位开发是指企业通过委托外部单位进行会计软件开发。

采用这种方式的优点主要有：①软件的针对性较强，降低了用户的使用难度；②对企业自身技术力量的要求不高。

采用这种方式的缺点主要有：①委托开发费用较高；②开发人员需要花大量的时间了解业务流程和客户需求，会延长开发时间；③开发系统的实用性差，常常不适用于企业的业务处理流程；④外部单位的服务与维护承诺不易做好。因此，这种方式目前已很少使用。

（四）企业与外部单位联合开发

企业与外部单位联合开发是指企业联合外部单位进行软件开发，由本单位财务部门和网络信息部门进行系统分析，外单位负责系统设计和程序开发工作，开发完成后，对系统的重大修改由网络信息部门负责，日常维护工作由财务部门负责。

采用这种方式的优点主要有：①开发工作既考虑了企业的自身需求，又利用了外单位的软件开发力量，开发的系统质量较高；②企业内部人员参与开发，对系统的结构和流程较熟悉，有利于企业日后进行系统维护和升级。

采用这种方式的缺点主要有：①软件开发工作需要外部技术人员与内部技术人员、会计人员充分沟通，系统开发的周期较长；②企业支付给外单位的开发费用相对较高。

二、会计软件的功能模块

（一）会计软件各模块的功能描述

完整的会计软件的功能模块包括账务处理模块、固定资产管理模块、工资管理模块、应收管理模块、应付管理模块、成本管理模块、报表管理模块、存货核算模块、财务分析模块、预算管理模块、项目管理模块、其他管理模块。

1. 账务处理模块

账务处理模块是以凭证为数据处理起点，通过凭证输入和处理，完成记账、银行对账、结账、账簿查询及打印输出等工作。目前许多商品化的账务处理模块还包括往来款管理、部门核算、项目核算和管理及现金银行管理等一些辅助核算的功能。

2. 固定资产管理模块

固定资产管理模块主要是以固定资产卡片和固定资产明细账为基础，实现固定资产的会计核算、折旧计提和分配、设备管理等功能，同时提供了固定资产按类别、使用情况、所属部门和价值结构等进行分析、统计和各种条件下的查询、打印功能，以及该模块与其他模块的数据接口管理。

3. 工资管理模块

工资管理模块是进行工资核算和管理的模块，该模块以人力资源管理提供的员工及其工资的基本数据为依据，完成员工工资数据的收集、员工工资的核算、工资发放、工资费用的汇总和分摊、个人所得税计算和按照部门、项目、个人时间等条件进行工资分析、查询和打印输出，以及该模块与其他模块的数据接口管理。

4. 应收、应付管理模块

应收、应付管理模块以发票、费用单据、其他应收单据、应付单据等原始单据为依据，记录销售、采购业务所形成的往来款项，处理应收、应付款项的收回、支付和转账，进行账龄分析和坏账估计及冲销，并对往来业务中的票据、合同进行管理，同时提供统计分析、打印和查询输出功能，以及与采购管理、销售管理、账务处理等模块进行数据传递的功能。

5. 成本管理模块

成本管理模块主要提供成本核算、成本分析、成本预测功能，以满足会计核算的事前预测、事后核算分析的需要。此外，成本管理模块还具有与生产模块、供应链模块，以及账务处理、工资管理、固定资产管理和存货核算等模块进行数据传递的功能。

6. 报表管理模块

报表管理模块与其他模块相连，可以根据会计核算的数据，生成各种内部报表、外部报表、汇总报表，并根据报表数据分析报表，以及生成各种分析图等。在网络环境下，很多报表管理模块同时提供了远程报表的汇总、数据传输、检索查询和分析处理等功能。

7. 存货核算模块

存货核算模块以供应链模块产生的入库单、出库单、采购发票等核算单据为依据，核算存货的出入库和库存金额、余额，确认采购成本，分配采购费用，确认销售收入、成本和费用，并将核算完成的数据，按照需要分别传递到成本管理模块、应付管理模块和账务处理模块。

8. 财务分析模块

财务分析模块从会计软件的数据库中提取数据，运用各种专门的分析方法，完成对企业财务活动的分析，实现对财务数据的进一步加工，生成各种分析和评价企业财务状况、经营成果和现金流量的各种信息，为决策提供正确依据。

9. 预算管理模块

预算管理模块将需要进行预算管理的集团公司、子公司、分支机构、部门、产品、费用要素等对象，根据实际需要分别定义为利润中心、成本中心、投资中心等不同类型的责任中心，然后确立各责任中心的预算方案，指定预算审批流程，明确预算编制内容，进行责任预算的编制、审核、审批，以便实现对各个责任中心的控制、分析和绩效考核。利用预算管理模块，既可以编制全面预算，又可以编制非全面预算；既可以编制滚动预算，又可以编制固定预算、零基预算；同一责任中心，既可以设置多种预算方案，编制不同预算，又可以在同一预算方案下选择编制不同预算期的预算。预算管理模块还可以实现对各子公司预算的汇总、对集团公司及子公司预算的查询，以及根据实际数据和预算数据自动进行预算执行差异分析和预算执行进度分析等。

10. 项目管理模块

项目管理模块主要是对企业的项目进行核算、控制与管理。项目管理主要包括项目立项、计划、跟踪与控制、终止的业务处理以及项目自身的成本核算等功能。该模块可以及时、准确地提供有关项目的各种资料，包括项目文档、项目合同、项目的执行情况，通过对项目中的各项任务进行资源的预算分配，实时掌握项目的进度，及时反映项目执行情况及财务状况，并且与账务处理、应收管理、应付管理、固定资产管理、采购管理、库存管理等模块集成，对项目收支进行综合管理，是对项目的物流、信息流、资金流的综合控制。

11. 其他管理模块

根据企业管理的实际需要，其他管理模块一般包括领导查询模块、决策支持模块等。领导查询模块可以按照领导的要求从各模块中提取有用的信息并加以处理，以最直观的表格和图形显示，使得管理人员通过该模块及时掌握企业信息；决策支持模块利用现代计算机、通信技术和决策分析方法，通过建立数据库和决策模型，实现向企业决策者提供及时、可靠的财务和业务决策辅助信息。

上述各模块既相互联系又相互独立，有着各自的目标和任务，它们共同构成了会计软件，实现了会计软件的总目标。

（二）会计软件各模块的数据传递

会计软件是由各功能模块共同组成的有机整体，为实现相应功能，相关模块之间相互依赖，互通数据。

1. 存货核算模块生成的存货入库、存货估价入账、存货出库、盘亏/毁损、存货销售收入、存货期初余额调整等业务的记账凭证，并传递到账务处理模块，以便用户审核登记存货账簿。

2. 应付管理模块完成采购单据处理、供应商往来处理、票据新增、付款、退票处理等业务后，生成相应的记账凭证并传递到账务处理模块，以便用户审核登记赊购往来及其相关账簿。

3. 应收管理模块完成销售单据处理、客户往来处理、票据处理及坏账处理等业务后，生成相应的记账凭证并传递到账务处理模块，以便用户审核登记赊销往来及其相关账簿。

4. 固定资产管理模块生成固定资产增加、减少、盘盈、盘亏、固定资产变动、固定资产评估和折旧分配等业务的记账凭证，并传递到账务处理模块，以便用户审核登记相关的资产账簿。

5. 工资管理模块进行工资核算，生成分配工资费用、应交个人所得税等业务的记账凭证，并传递到账务处理模块，以便用户审核登记应付职工薪酬及相关成本费用账簿；工资管理模块为成本管理模块提供人工费用资料。

6. 成本管理模块中，如果计入生产成本的间接费用和其他费用定义为来源于账务处理模块，则成本管理模块在账务处理模块记账后，从账务处理模块中直接取得间接费用和其他费用的数据；如果不使用工资管理、固定资产管理、存货核算模块，则成本管理模块还需要在账务处理模块记账后，自动从账务处理模块中取得材料费用、人工费用和折旧费用等数据；成本管理模块的成本核算完成后，要将结转制造费用、结转辅助生产成本、结转盘点损失和结转工序产品耗用等记账凭证数据传递到账务处理模块。

7. 存货核算模块为成本管理模块提供材料出库核算的结果；存货核算模块将应计入外购入库成本的运费、装卸费等采购费用和应计入委托加工入库成本的加工费传递到应付管理模块。

8. 固定资产管理模块为成本管理模块提供固定资产折旧费数据。

9. 报表管理和财务分析模块可以从各模块取数编制相关财务报表，进行财务分析。

10. 预算管理模块编制的预算经审核批准后，生成各种预算申请单，再传递给账务处理模块、应收管理模块、应付管理模块、固定资产管理模块、工资管理模块，进行责任控制。

11. 项目管理模块中发生和项目业务相关的收款业务时，可以在应收发票、收款单或者退款单上输入相应的信息，并生成相应的业务凭证传递至账务处理模块；发生和项目相关采购活动时，其信息也可以在采购申请单、采购订单、应付模块的采购发票上记录；在固定资产管理模块引入项目数据可以更详细地归集固定资产建设和管理的数据；项目的领料和项目的退料活动等数据可以在存货核算模块进行处理，并生成相应凭证传递到账务处理模块。

此外，各功能模块都可以从账务处理模块获得相关的账簿信息；存货核算、工资管理、固定资产管理、项目管理等模块均可以从成本管理模块获得有关的成本数据。

第四节 企业会计信息化工作规范

一、会计软件和服务的规范

1. 会计软件应当保障企业按照国家统一会计准则制度开展会计核算，不得有违背国家统一会计准则制度的功能设计。

2. 会计软件的界面应当使用中文并且提供对中文处理的支持，可以同时提供外国或者少数民族文字界面对照和处理支持。

3. 会计软件应当提供符合国家统一会计准则制度的会计科目分类和编码功能。

4. 会计软件应当提供符合国家统一会计准则制度的会计凭证、账簿和报表的显示和打印功能。

5. 会计软件应当提供不可逆的记账功能，确保对同类已记账凭证的连续编号，不得提供对已记账凭证的删除和插入功能，不得提供对已记账凭证日期、金额、科目和操作人的修改功能。

6. 鼓励软件供应商在会计软件中集成可扩展商业报告语言（XBRL）功能，便于企业生成符合国家统一标准的 XBRL 财务报告。

7. 会计软件应当具有符合国家统一标准的数据接口，满足外部会计监督需要。

8. 会计软件应当具有会计资料归档功能，提供导出会计档案的接口，在会计档案存储格式、元数据采集、真实性与完整性保障方面，符合国家有关电子文件归档与电子档案管理的要求。

9. 会计软件应当记录生成用户操作日志，确保日志的安全、完整。

10. 以远程访问、云计算等方式提供会计软件的供应商，应当在技术上保证客户会计资料的安全、完整。

11. 客户以远程访问、云计算等方式使用会计软件生成的电子会计资料归客户所有。

12. 以远程访问、云计算等方式提供会计软件的供应商，应当做好本厂商不能维持服务情况下，保障企业电子会计资料安全以及企业会计工作持续进行的预案。

13. 软件供应商应当努力提高会计软件相关服务质量，按照合同约定及时解决用户使用中的故障问题。

14. 鼓励软件供应商采用呼叫中心、在线客服等方式为用户提供实时技术支持。

15. 软件供应商应当就如何通过会计软件开展会计监督工作，提供专门教程和相关资料。

二、企业会计信息化的工作规范

（一）会计信息化建设

1. 企业应当充分重视会计信息化工作，加强组织领导和人才培养，不断推进会计信息化在本企业的应用。

2. 企业开展会计信息化工作，应当根据发展目标和实际需要，合理确定建设内容，避免投资浪费。

3. 企业开展会计信息化工作，应当注重信息系统与经营环境的契合。

4. 大型企业、企业集团开展会计信息化工作，应当注重整体规划，统一技术标准、编码规则和系统参数，实现各系统的有机整合，消除信息孤岛。

5. 企业配备会计软件，应当根据自身技术力量以及业务需求，考虑软件功能、安全性、稳定性、响应速度、可扩展性等要求，合理选择购买、定制开发、购买与开发相结合等会计软件配备方式。

6. 企业通过委托外部单位开发、购买等方式配备会计软件，应当在有关合同中约定操作培训、软件升级、故障解决等服务事项，以及软件供应商对企业信息安全的责任。

7. 企业应当促进会计信息系统与业务信息系统的一体化，通过业务的处理直接驱动会计记账，减少人工操作，提高业务数据与会计数据的一致性，实现企业内部信息资源共享。

8. 企业应当根据实际情况，开展本企业信息系统与银行、供应商、客户等外部单位信息系统的互联，实现外部交易信息的集中自动处理。

9. 企业进行会计信息系统前端系统的建设和改造，应当安排负责会计信息化工作的专门机构或者岗位参与，充分考虑会计信息系统的数据需求。

10. 企业应当遵循企业内部控制规范体系要求，加强对会计信息系统规划、设计、开发、运行、维护全过程的控制。

11. 处于会计核算信息化阶段的企业，应当结合自身情况，逐步实现资金管理、资产管理、预算控制、成本管理等财务管理信息化；处于财务管理信息化阶段的企业，应当结合自身情况，逐步实现财务分析、全面预算管理、风险控制、绩效考核等决策支持信息化。

（二）信息化条件下的会计资料管理

1. 对于信息系统自动生成且具有明晰审核规则的会计凭证，可以将审核规则嵌入会计软件，由计算机自动审核。未经自动审核的会计凭证，应当先经人工审核再进行后续处理。

2. 分公司、子公司数量多、分布广的大型企业、企业集团应当探索利用信息技术促进会计工作的集中，逐步建立财务共享服务中心。

3. 外商投资企业使用的境外投资者指定的会计软件或者跨国企业集团统一部署的会计软件，应当符合会计软件和服务的规范的要求。

4. 企业会计信息系统数据服务器的部署应当符合国家有关规定。

5. 企业会计资料中对经济业务事项的描述应当使用中文，可以同时使用外国或者少数民族文字对照。

6. 企业应当建立电子会计资料备份管理制度，确保会计资料的安全、完整和会计信息系统的持续、稳定运行。

7. 企业不得在非涉密信息系统中存储、处理和传输涉及国家秘密、关系国家经济信息安全的电子会计资料；未经有关主管部门批准，不得将其携带、寄运或者传输至境外。

8. 企业内部生成的会计凭证、账簿和辅助性会计资料，如果同时满足所记载的事项属于本企业重复发生的日常业务、由企业信息系统自动生成且可查询和输出、企业对相关数据建立了电子备份制度及完善的索引体系等这些条件，可以不输出纸面资料。

9. 企业获得的需要外部单位或者个人证明的原始凭证和其他会计资料，如果同时满足会计资料附有可靠的电子签名且电子签名经符合《中华人民共和国电子签名法》

的第三方认证、所记载的事项属于本企业重复发生的日常业务、可及时在企业信息系统中查询和输出、企业对相关数据建立了电子备份制度及完善的索引体系等这些条件，可以不输出纸面资料。

10. 企业会计资料的归档管理，遵循国家有关会计档案管理的规定。

11. 实施企业会计准则通用分类标准的企业，应当按照有关要求向财政部报送XBRL财务报告。

三、会计信息化的监督管理

1. 企业使用会计软件不符合《企业会计信息化工作规范》（以下简称《规范》）要求的，由财政部门责令限期改正。限期不改的，财政部门应当予以公示，并将有关情况通报同级相关部门或其派出机构。

2. 财政部采取组织同行评议，向用户企业征求意见等方式对软件供应商提供的会计软件遵循《规范》的情况进行检查。省、自治区、直辖市人民政府财政部门发现会计软件不符合《规范》的，应当将有关情况报财政部。

3. 软件供应商提供的会计软件不符合《规范》的，财政部可以约谈该供应商主要负责人，责令限期改正。限期内未改正的，由财政部予以公示，并将有关情况通报相关部门。

【本章复习思考题】

1. 什么是AIS？什么ERP？它们之间有何联系？
2. 什么是云？云技术对会计电算化有哪些影响？
3. 手工会计有哪些缺陷？
4. 相比传统会计，电算化会计面临哪些新问题？

【下一章预习知识】

1. 了解计算机硬件，掌握14纳米制造工艺、Xeon、Core、Atom等名词。
2. 了解路由器、集线器等设备，掌握无线路由器的设置。

第二章　计算机（微型机）硬件

【学习目的】掌握计算机硬件组成，熟悉计算机的性能指标、选购技巧，能够判断、处理计算机常见的硬件故障。

【重点与难点】计算机常见故障判定、处理、硬盘的维护。

第一节　微型机硬件的主要构成部件

计算机（Computer），全称“电子计算机”，俗称“电脑”。由硬件和软件组成，两者同等重要，如果把硬件比作人的躯体，软件就是人的灵魂，没有健康躯体的人是伤残，缺失灵魂的人是植物人；同样硬件和软件是不可分割的，没有安装任何软件的计算机称为“裸机”，无法进行信息处理，需要使用者安装软件后，方能自动、高速地进行大量数值计算和各种信息处理。

计算机按性能高低分为巨型计算机（又称“超级计算机”）、大型计算机、中型计算机、小型计算机、微型计算机。通常人们接触最多的是个人电脑（PC），属于微型机范畴，微型机硬件的主要构成部件主要有 CPU、主板、内存、电源、硬盘等。

一、CPU

CPU，即中央处理器（Central Processing Unit）的简称，是电子计算机的主要设备之一，是处理机中解释和执行指令的部件。其功能相当于人的大脑，CPU 决定了电脑的运算速度，一台电脑的价格基本是由 CPU 的档次决定的，电脑的升级换代就是 CPU 的更新换代。目前 Intel 公司的 CPU 因稳定性高，发热量低成为微型机的首选 CPU。

（一）CPU 的发展和变化

Intel 公司创始人之一戈登·摩尔（Gordon Moore）于 1965 年 4 月 19 日提出了著名

的“摩尔定律”：“晶体管的密度每过 18 个月就会翻一番，但价格却下降一半。”摩尔定律提出 3 年后，英特尔公司诞生了，1971 年至今，Intel 处理器产品的升级周期一般为 18 个月，很好地验证了“摩尔定律”。

1971 年 1 月，还处在发展阶段的 Intel 公司的霍夫（Marcian E. Hoff）研制成功世界上第一块 4 位微处理器芯片 Intel 4004，标志着第一代微处理器问世，微处理器和微机时代从此开始。因发明微处理器，霍夫被英国《经济学家》杂志列为“第二次世界大战以来最有影响力的 7 位科学家”之一。

以下是全球最主要的 CPU 生产商 Intel，发展史上最具代表性的 CPU 回顾。

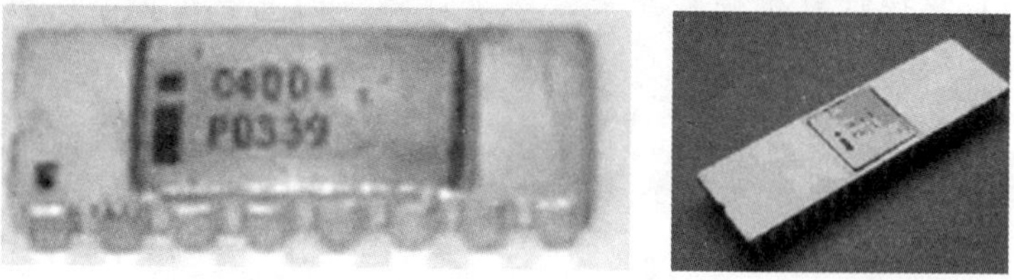

Intel 公司的霍夫研制成功的世界上第一块 4 位微处理器芯片 Intel 4004

英特尔的第一颗 CPU—4004

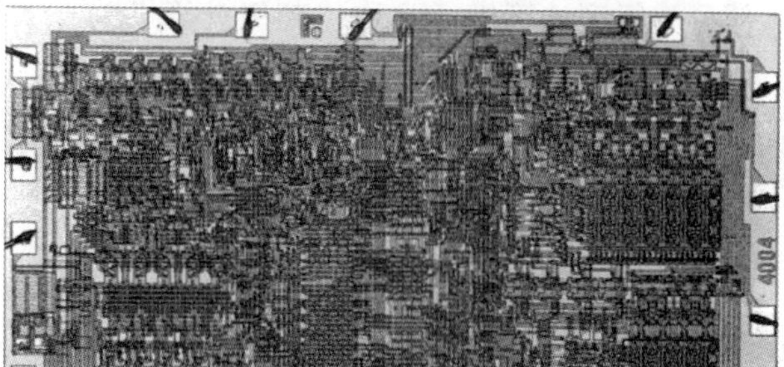

4004 的核心。4004 当时只有 2300 个晶体管，尺寸规格为 3mm ×4mm，是 4 位系统，时钟频率仅为 108KHz，每秒执行 6 万条指令（0.06 MIPs）

1971 年 11 月，Intel 推出 MCS－4 微型计算机系统，包括 4001 ROM 芯片、4002 RAM 芯片、4003 移位寄存器芯片和 4004 微处理器，最初售价为 200 美元，这也是第一款个人有能力买得起的电脑系统。从此以后，Intel 公司与微处理器结下了不解之缘，CPU 的发展历程，就是 Intel 公司 X86 系列 CPU 的发展历程。

C8008，现在它的价值等于同体积的黄金

1972 年 4 月，霍夫等人开发出第一个 8 位微处理器英特尔 8008，仍属第一代微处理器。

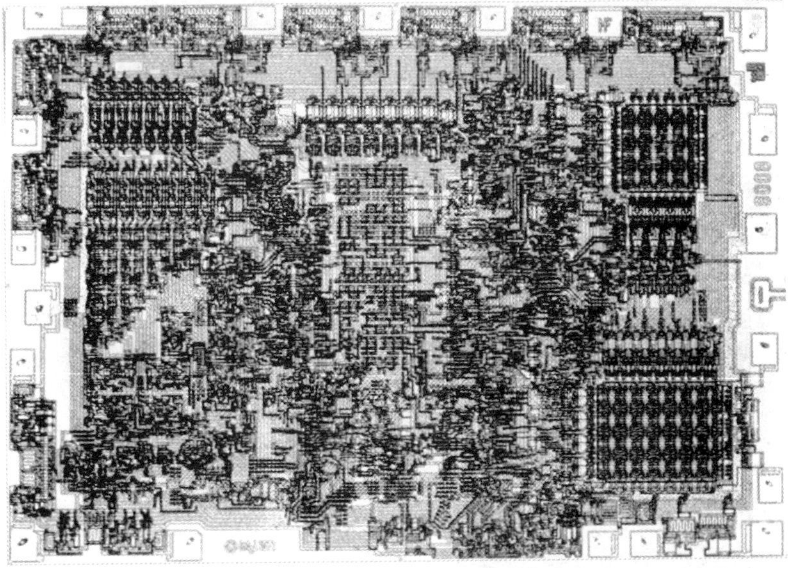

8008 的核心照片，比 4004 复杂很多

1973 年 8 月，霍夫等人研制出 8 位微处理器英特尔 8080，主频 2MHz 的 8080 处理器运算速度比 8008 快 10 倍。C8080A，这是 Intel 授权 AMD 生产的 8080 处理器，这种 CPU 是 Intel 最成功的 CPU 之一，许多交通控制灯电路板上现在还在使用它，AMD 也正式从这里开始了宏图大业。

X86 时代正式降临。1978 年 6 月，英特尔推出 8086 处理器，标志着第三代微处理器问世，1 年后，推出价格更低的准 16 位微处理器 8088

IBM1981 年初发布了世界上第一台个人 PC（IBMPC－XT），采用 Intel 准 16 位的 X86 处理器 8088

1982 年 2 月 1 日，经典的 80286 处理器发布了。Compaq 等众多“兼容机”公司开始生产电脑，让 IBM 的竞争对手越来越多，最后 IBM 不得不把 PC 业务卖给了我国的 Lenovo（联想）集团。

经典的 Intel 386。将 PC 机从 16 位时代带入了 32 位时代。它具有比 80286 更多的指令集。1988 年 6 月 16 日发布的 80386SX，是 80386DX 的廉价版本，只有 16 - bit 总线宽度

A80386，频率是 16M，带有两个“西格玛”。Intel 生产第一批 386 时，发现了一个“32 位乘法 bug”，改进后的 386 加上双西格玛标记，表示没有 bug；有 bug 的第一批 386，Intel 并没有将其销毁，而是加上“16 Bit Only”的标记，卖给要求不高的 16 位用户

80386 的核心图，拥有 275000 个晶体管

当年 AMD 的 386。AMD 那时就开始走低价路线

1989 年 5 月 10 日，80486 芯片由英特尔推出。486DX 其实就是 80386 + 80387 协处理器 + 8KB 一级缓存，它集成了 1200000 个晶体管，使用 1 微米的制造工艺

1991 年 5 月 22 日，廉价的 80486SX 发布，它和 DX 的区别是没有整合 FPU（Float Point Unit）

AMD 的 486，高达 133MHz 的频率！它比普通的 Pentium 的速度还要快很多

Intel 经典的 Pentium CPU

1993 年 3 月 22 日，Intel 发布 Pentium CPU。为了摆脱 486 时代微处理器名称混乱的困扰，Intel 把产品命名为 Pentium（奔腾）以区别 AMD 的产品。

早期的 Pentium CPU 存在浮点运算错误，Intel 向用户致歉并回收产品，回收耗费了 Intel 公司 4 亿多美元，却为 Intel 赢得了信誉，Pentium 成为市场上最畅销的产品。

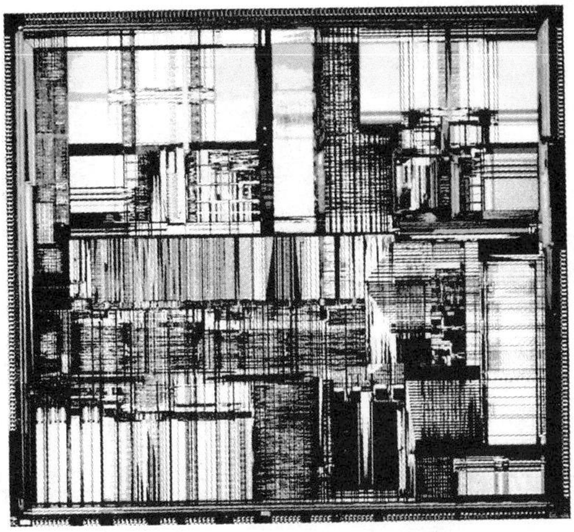

Intel 的 Pentium 的核心图，集成了 3100000 个晶体管

1995 年 11 月 1 日，英特尔推出了 Pentium Pro 处理器。Pentium Pro 采用了“PPGA”封装技术，为以后 Intel 推出 PⅡ奠定了基础

AMD 的 K5，属于 Pentium 级别的 CPU

Intel 的 MMX 奔腾处理器

1997 年 1 月 8 日，Intel 推出了 Pentium MMX。Pentium MMX 新增加了 57 条 MMX 多媒体指令，专门用来处理音频、视频等数据，比普通 CPU 处理多媒体的能力提高了 60%左右。

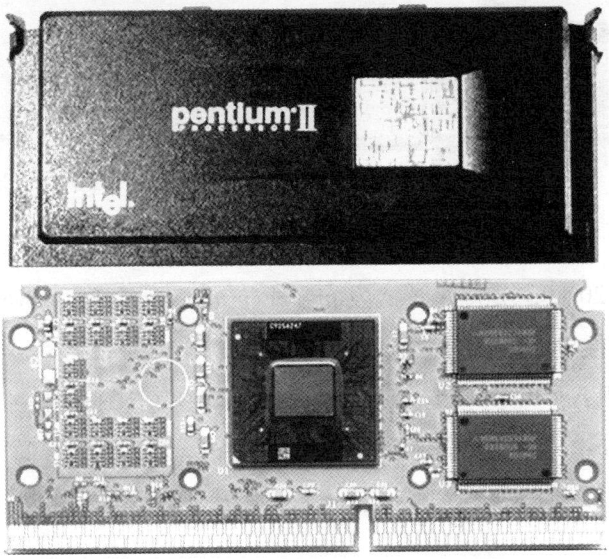

1997 年 4 月 7 日 。英特尔发布了 Pentium Ⅱ处理器。Pentium Ⅱ架构已经从 Socket 7 转成 Slot 1，并首次引入了 S. E. C 封装（Single Edge Contact）技术，将高速缓存与处理器整合在一块 PCB 板上

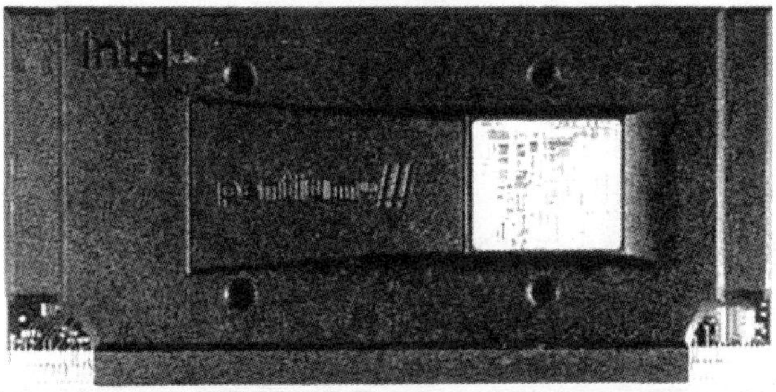

1999 年 1 月，Intel 推出采用 0. 25 微米制造工艺的 Pentium Ⅲ处理器，1999 年 10 月，Intel 推出 0. 18 微米工艺制造的 Pentium Ⅲ处理器，性能显著提高

英特尔 0. 18 微米 Pentium Ⅲ

423 接口 Pentium 4

2000 年 11 月 20 日，英特尔正式发布了 Pentium 4。最早为 SOCKET 423 接口，后改为 SOCKET 478 接口，最后过渡到 LGA775 接口。

Pentium 4 采用 Net Burst CPU 结构，在此之前英特尔在前端总线（FSB）方面一直不敌 AMD。Pentium4 的数据传输速度为 3200MB/秒，超过 AMD CPU 的 2133 MB/秒的数据传输率。

Intel 的 Northwood 处理器

423 接口的 Pentium 4 耗电惊人，Intel 开发出了 Northwood 核心的 CPU。Northwood 核心的 Pentium 4 采用 0. 13 微米工艺制造，之后又开发出 Prescott 核心的 Pentium 4，生产工艺升级为 90 纳米。

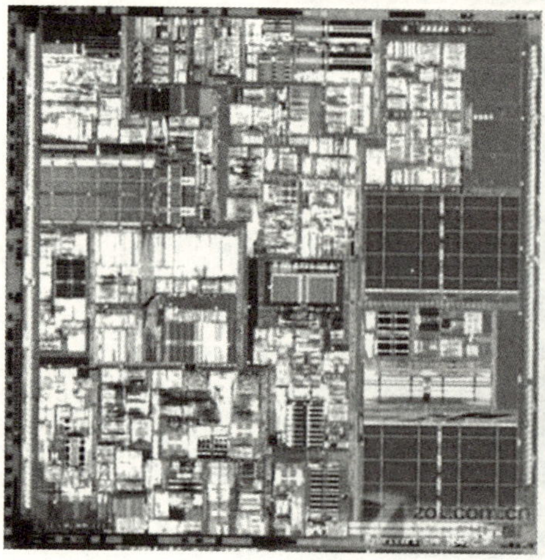

Northwood 核心图

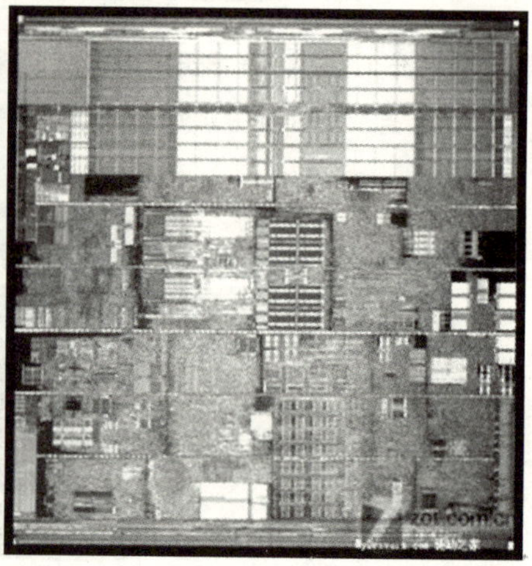

Prescott 核心图

此时英特尔 Pentium 核心已经发展到了巅峰，为了追求更高性能，2006 年英特尔推出了 Core 系列 CPU。Core 之前 Intel 处理器的前端总线频率有 800MHz、1066MHz、1333MHz 几种，2007 年 11 月，Intel 将 Core 处理器的前端总线频率提升至 1600MHz（默认外频 400MHz），比 2003 年最高的 800MHz 的 FSB 总线频率提升了一倍，数据传输达到 12. 8GB/秒。

从 2007 年起，Intel 生产的 CPU 一直延续着内核架构、制造工艺逐渐交替升级的 Tick－Tock 策略，即“工艺年—架构年”，同时每年也都带来一个新的代号。工艺年指的是英特尔会在该年推出核心面积更小、制程更先进的处理器，而架构年则指的是推出采用新架构的处理器。Intel 的“Tick－Tock”开发模式，使得该公司一直处于同行业的领先水平。2008 年的 Nehalem 是采用 45 纳米工艺的新架构，2009 年的 West mere 升级到 32 纳米，2011 年初的 Sandy Bridge 又是新架构。2012 年推出“Ivy Bridge”，也就是 Sandy Bridge 的 22 纳米工艺升级版。2013 年推出“Haswell”，基于 22 纳米工艺的又一个新架构。2014 年则推出“Broadwell”，14 纳米制程，也就是 Haswell 架构的制程工艺的升级版。2015 年则推出“Sky Lake”，基于 14 纳米制程的新的一个架构。2016 年将推出“Sky Mont”，11 纳米制程，就是 Sky Lake 架构的制程工艺的升级版。

一般来说，制程升级会让处理器拥有更加出色的功耗表现，但性能提升并不明显。Intel 公布的第五代 Broadwell 系列处理器，分为 M、U 和 H 系列。M 系列专为超低电压设备设计，由于发热量极低，无须风扇而采用被动散热设计，Intel 还发布了基于 Core M 的原型机，重量不到 500 克，厚度只有现在笔记本的一半，续航能力翻倍，不过在性能方面 M 系列却仅能满足轻度用户的需求；低电压 U 系列主要用于新款超极本与下一代 MacBook 中，功耗和性能比较平衡，能够应对一般的图像处理及视频编辑；H 系列针对桌面设备，无须考虑功耗，因此性能非常强大。和四代 Haswell 相比，五代 Broadwell 主要的变化有：

1. 制程升级，“瘦身”效果好

说到“瘦身”，并不是指的芯片体积，而是晶体管的大小。Haswell 采用了 22 纳米晶体管，而在 Broadwell 上晶体管的大小缩小至 14 纳米，而第一代酷睿处理器的晶体管大小为 65 纳米，Intel 在这 8 年间的技术进步可见一斑。如果你想感觉一下晶体管到底有多大，拔下一根头发摸摸粗细，那是 9 万个晶体管的厚度。正是通过上亿个晶体管通力合作，处理器才实现了终端设备如此复杂的功能。

2. 功耗降低

根据英特尔的说法，Broadwell 相比于 Haswell 在功耗上降低 30% 左右，同时性能还有小幅提升，这些改进即使是普通消费者也很容易理解。其实，Haswell 相比于第三代处理器 Ivy Bridge 已经在功耗方面有了长足的进步，使得 Windows 笔记本和 MacBook 在续航上有了大幅提升，也让超极本成为可能。

举个简单的例子，搭载 Ivy Bridge 系列处理器的 13 英寸 MacBook Air 的网页浏览续航时间为 7 小时，而搭载 Haswell 系列处理器的 13 英寸 MacBook Air 将成绩提高到了惊人的 12 小时，这与 Haswell 的优秀能耗表现是分不开的。Broadwell 能在 Haswell 的基础上降低 30% 的功耗，那么 2015 年新款 MacBook Air 的续航时间将为 15 小时，将超过了市面上大部分平板电脑。

Broadwell之后还会有新的继任者出现，而它就是Skylake。根据“工艺年—架构年”技术路线图，Skylake的架构将被重新设计，但会继续沿用14纳米制程，Skylake的集成显卡性能将是Broadwell的150%以上。

极低的功耗不仅带来了超长的续航时间，而且节省出来的电量可以分配给其他电脑配件，比如高分辨率显示屏。虽然在近几年智能手机与平板电脑屏幕技术已经有了质的飞跃，但笔记本电脑屏幕不管在软件还是硬件方面都落后很多。其中一个原因就是由于高分辨率屏幕功耗较大，进而会对设备整体功耗产生较大影响，不过Broadwell的出现将会改变这一现状。苹果将会推出配备Retina屏幕的MacBook Air，而Broadwell将会是这类超薄本升级高分屏的决定性因素之一。

Intel处理器已采用14纳米制造工艺，发热量和稳定性都强于AMD生产的CPU，因此实施会计电算化应首选Intel CPU，建议选择Core i5及以上，至少选用i3。

3. 集成显卡性能增强

除了运算核心升级以外，Broadwell系列的集成显卡性能也会提升，Broadwell的集成显卡核心性能基本能与目前主流独立显卡匹敌。与Haswell一样，不同版本的Broadwell处理器集成显卡性能有着较大差距，Broadwell的集成显卡有HD 5500、HD 6000和HD 6100三种型号以拉开差距。值得一提的是，Broadwell集成显卡仍采用Haswell架构，但是处理单元数量却增加了20%。另外，考虑到集成显卡性能越来越强，中低端独立显卡市场将被进一步压缩，整个显卡市场格局也会因此改变。

（二）CPU的性能指标

从CPU的历代发展，可以看出影响CPU的性能指标有主频、外频、前端总线（FSB）频率、CPU的位和字长、倍频系数、缓存、CPU扩展指令集、CPU内核和I/O工作电压、制造工艺、指令集、超流水线与超标量、封装形式、多线程、多核心、多处理结构（SMP）、NUMA技术、乱序执行技术、CPU内部的内存控制器18项指标。

1. 主频

主频也叫时钟频率，单位是MHz（或GHz），用来表示CPU的运算、处理数据的速度。一般来说，主频越高，CPU的速度越快，但由于内部结构不同，时钟频率相同的CPU的性能会不一样。

很多人认为主频就决定着CPU的运行速度，但CPU的主频与CPU实际的运算能力是没有直接关系的，主频表示在CPU内数字脉冲信号震荡的速度。在Intel的处理器产品中，可以看到这样的例子：1 GHz Itanium芯片能够跟2.66 GHz至强（Xeon）一样快，或是1.5 GHz Itanium 2大约跟4 GHz Xeon一样快。CPU的运算速度还要看CPU的流水线、总线等各方面的性能指标。只能说主频仅仅是CPU性能表现的一个方面，而不代表CPU的整体性能。

2. 外频

外频和主频的关系为：CPU主频＝外频×倍频系数，外频是CPU的基准频率，单位是MHz。CPU的外频决定着主板的运行速度。通俗地说，在台式机中，所说的超频，都是超CPU的外频（当然一般情况下，CPU的倍频都是被锁住的）。会计电算化工作中，超频是绝对不允许的，如果把服务器CPU超频了，改变了外频，会产生异步运行，会造成整个服务器系统的不稳定。

3. 前端总线（FSB）频率

前端总线（FSB）频率（即总线频率）是直接影响CPU与内存直接数据交换速度。计算公式是数据带宽＝（总线频率×数据位宽）÷8，比如，64位的至强Nocona，前端总线是800MHz，按照公式，它的数据传输最大带宽是6.4GB/秒。

外频与前端总线（FSB）频率的区别：前端总线的速度指的是数据传输的速度，外频是CPU与主板之间同步运行的速度。目前，绝大部分电脑的外频与主板前端总线不是同步速度的。

4. CPU的位和字长

位：在数字电路和电脑技术中采用二进制，代码只有“0”和“1”，其中无论是“0”或是“1”在CPU中都是一“位”。

字长：电脑技术中对CPU在单位时间内（同一时间）能一次处理的二进制数的位数叫字长。所以能处理字长为8位数据的CPU通常就叫8位的CPU。同理32位的CPU就能在单位时间内处理字长为32位的二进制数据。字节和字长的区别：由于常用的英文字符用8位二进制就可以表示，所以通常就将8位称为一个字节。字长的长度是不固定的，对于不同的CPU、字长的长度也不一样。8位的CPU一次只能处理一个字节，而32位的CPU一次就能处理4个字节，同理字长为64位的CPU一次可以处理8个字节。

5. 倍频系数

倍频系数是指CPU主频与外频之间的相对比例关系。在相同的外频下，倍频越高CPU的频率也越高。但实际上，在相同外频的前提下，高倍频的CPU本身意义并不大，这是因为CPU与系统之间数据传输速度是有限的，一味追求高倍频会出现明显的“瓶颈”效应：CPU从系统中得到数据的极限速度不能够满足CPU运算的速度。一般除了工程样版的Intel的CPU都是锁了倍频的，少量的如Intel酷睿2核心的奔腾双核E6500K和一些至尊版的CPU不锁倍频。

6. 缓存

缓存是位于 CPU 和内存之间的临时存储器，它的容量比内存小但交换速度快。缓存大小也是 CPU 的重要指标之一，而且缓存的结构和大小对 CPU 速度的影响非常大，CPU 内缓存的运行频率极高，一般是和处理器同频运作，工作效率远远大于系统内存和硬盘。实际工作时，CPU 往往需要重复读取同样的数据块，而缓存容量的增大，可以大幅度提升 CPU 内部读取数据的命中率，而不用再到内存或者硬盘上寻找，以此提高系统性能。但是由于 CPU 芯片面积和成本的因素来考虑，缓存都很小。

一级缓存（L1 Cache）是 CPU 第一层高速缓存，分为数据缓存和指令缓存。内置的 L1 高速缓存的容量和结构对 CPU 的性能影响较大，不过高速缓冲存储器均由静态 RAM 组成，结构较复杂，在 CPU 管芯面积不能太大的情况下，L1 级高速缓存的容量不可能做得太大。一般服务器 CPU 的 L1 缓存的容量通常在 32～256KB。

二级缓存（L2 Cache）是 CPU 的第二层高速缓存，分内部和外部两种芯片。内部的芯片二级缓存运行速度与主频相同，而外部的二级缓存则只有主频的一半。在 CPU 核心不变的情况下，L2 高速缓存容量增加能使 CPU 性能大幅增加，原则是越大越好，以前家庭用 CPU 容量最大的是 512KB，现在笔记本电脑中也可以达到 2M 以上，而服务器和工作站上用 CPU 的 L2 高速缓存更高，可以达到 8M 以上。

三级缓存（L3 Cache）分为两种，早期的是外置，现在的都是内置的，是临时存放数据的地方，它的作用就像一个临时货场，L3 缓存的应用可以进一步降低内存延迟，同时提升大数据量计算时处理器的性能。降低内存延迟和提升大数据量计算能力对游戏性能很有帮助。而在服务器领域增加 L3 缓存在性能方面仍然有显著的提升。比方具有较大 L3 缓存的配置利用物理内存会更有效，故它比较慢的磁盘 I/O 子系统可以处理更多的数据请求。具有较大 L3 缓存的处理器在遇到复杂计算的时候会占优势。

但 L3 缓存对处理器的性能提高显得不是很重要，比如配备 1MB L3 缓存的 Xeon MP 处理器却仍然不是 Opteron 的对手，由此可见，前端总线的增加，要比缓存增加带来更有效的性能提升。

7. CPU 扩展指令集

CPU 依靠指令来计算和控制系统，每款 CPU 在设计时就规定了一系列与其硬件电路相配合的指令系统。指令的强弱也是 CPU 的重要指标，指令集是提高微处理器效率的最有效工具之一。从现阶段的主流体系结构讲，指令集可分为复杂指令集和精简指令集两部分，而从具体运用看，如 Intel 的 MMX（Multi Media Extended）、SSE、SSE2（Streaming - Single instruction multiple data - Extensions 2）、SEE3、SSE4 系列和 AMD 的

3DNow 等都是 CPU 的扩展指令集，分别增强了 CPU 的多媒体、图形、图像和 Internet 等的处理能力。通常会把 CPU 的扩展指令集称为“CPU 的指令集”。

8. CPU 内核和 I/O 工作电压

从 586CPU 开始，CPU 的工作电压分为内核电压和I/O电压两种，通常 CPU 的核心电压小于等于 I/O 电压。其中内核电压的大小是根据 CPU 的生产工艺而定，一般制作工艺越小，内核工作电压越低；I/O 电压一般都在1.6～5V,低电压能解决耗电过大和发热过高的问题。

9. 制造工艺

制造工艺的微米是指 IC 内电路与电路之间的距离。制造工艺的趋势是向密集度越高的方向发展。密度越高的 IC 电路设计，意味着在同样大小面积的 IC 中，可以拥有密度更高、功能更复杂的电路设计。Intel 已经使用 14 纳米的制造工艺，CPU 的功率大大降低。

10. 指令集

指令集包括 CISC 指令集、RISC 指令集、EPIC 指令集等。

CISC 指令集也称为复杂指令集，英文名是 CISC（Complex Instruction Set Computer 的缩写）。在 CISC 微处理器中，程序的各条指令是按顺序串行执行的，每条指令中的各个操作也是按顺序串行执行的。顺序执行的优点是控制简单，但计算机各部分的利用率不高，执行速度慢。

X86 指令集是 Intel 为其第一块 16 位 CPU（i8086）专门开发的，IBM1981 年推出的世界第一台 PC 机中的 CPUi8088（i8086 简化版）使用的也是 X86 集。虽然随着 CPU 技术的不断发展，Intel 陆续研制出 i80386、i80486，直到今天的酷睿 I3、I5、I7 系列、至强 E 系列，为了保证电脑能继续运行以往开发的各类应用程序，继承丰富的软件资源，Intel 公司所生产的所有 CPU 仍然继续使用 X86 指令集，所以它的 CPU 仍属于 X86 系列，形成了今天庞大的 X86 系列及兼容 CPU 阵容。

RISC 指令集，是英文“Reduced Instruction Set Computing ”的缩写，中文意思是“精简指令集”。复杂的指令系统必然增加微处理器的复杂性，使处理器的研制时间长，成本高，而且会降低计算机的速度。基于上述原因，20 世纪 80 年代 RISC 型 CPU 诞生了，相对于 CISC 型 CPU，RISC 型 CPU 不仅精简了指令系统，还采用了一种叫作“超标量和超流水线结构”的处理系统，大大增加了并行处理能力。RISC 指令集是高性能 CPU 的发展方向，它与传统的 CISC（复杂指令集）相对。相比而言，RISC 的指令格式统一，种类比较少，寻址方式也比复杂指令集少，当然处理速度就提高很多了。

由于 RISC 指令系统的确定与特定的应用领域有关，故 RISC 机器更适合于专用机，而 CISC 机器则更适合于通用机。目前中高档服务器中 PowerPC 处理器、SPARC 处理器、PA－RISC 处理器、MIPS 处理器、Alpha 处理器，均普遍采用 RISC 指令系统。RISC 指令系统更加适合高档服务器的操作系统 UNIX，现在 Linux 也属于类似 UNIX 的操作系统。RISC 型 CPU 与 Intel 和 AMD 的 CPU 在软件和硬件上并不兼容。

EPIC（Explicitly Parallel Instruction Computers），精确并行指令计算机，是 Intel 的处理器迈向 RISC 体系的重要步骤。Intel 这样做的原因是，它们想摆脱容量巨大的 X86 架构，从而引入精力充沛而又功能强大的指令集，于是采用 EPIC 指令集的 IA－64 架构便诞生了。Intel 采用 EPIC 技术的第一款 64 位服务器 CPU 是 Itanium（安腾）处理器，它瞄准高端企业市场，专为要求苛刻的企业和技术应用而设计，安腾处理器是构建在 IA－64（Intel Architecture 64），IA－64 在很多方面来说，都比 X86 有了长足的进步。突破了传统 IA32 架构的许多限制，在数据的处理能力，系统的稳定性、安全性、可用性、可观理性等方面获得了突破性的提高。微软专门开发了代号为 X64 的 Windows 操作系统，从理论上说，EPIC 体系设计的 CPU，在相同的主机配置下，处理 Windows 的应用软件比基于 UNIX 下的应用软件要好得多。

11. 超流水线与超标量

流水线是 Intel 在 486 芯片中开始使用的，在 CPU 中由 5～6 个不同功能的电路单元组成一条指令处理流水线，然后将一条 X86 指令分成 5～6 步后再由这些电路单元分别执行，这样就能实现在一个 CPU 时钟周期完成一条指令，因此提高 CPU 的运算速度。经典奔腾每条整数流水线都分为四级流水，即指令预取、译码、执行、写回结果，浮点流水又分为八级流水。

超标量是通过内置多条流水线来同时执行多个处理器，其实质是以空间换取时间。而超流水线是通过细化流水、提高主频，使得在一个机器周期内完成一个甚至多个操作，其实质是以时间换取空间。例如，Pentium 4 的流水线就长达 20 级。将流水线设计的步（级）越长，其完成一条指令的速度越快，因此才能适应工作主频更高的 CPU。但是流水线过长也带来了一定副作用，很可能会出现主频较高的 CPU 实际运算速度较低的现象，Intel 的奔腾Ⅳ就出现了这种情况，虽然它的主频可以高达 1.4G 以上，但其运算性能却远远比不上 AMD 1.2G 的速龙甚至奔腾Ⅲ。

12. 封装形式

CPU 封装是采用特定的材料将 CPU 芯片或 CPU 模块固化在其中以防损坏的保护措施，一般必须在封装后 CPU 才能交付用户使用。由于市场竞争日益激烈，目前 CPU 封装技术的发展方向以节约成本为主。

13. 多线程

多线程（Simultaneous Multithreading，SMT）可通过复制处理器上的结构状态，让同一个处理器上的多个线程同步执行并共享处理器的执行资源，可最大限度地实现宽发射、乱序的超标量处理，提高处理器运算部件的利用率，缓和由于数据相关或Cache未命中带来的访问内存延时。当没有多个线程可用时，SMT处理器几乎和传统的宽发射超标量处理器一样。SMT最具吸引力的是只需小规模改变处理器核心的设计，几乎不用增加额外的成本就可以显著地提升效能。多线程技术则可以为高速的运算核心准备更多的待处理数据，减少运算核心的闲置时间。这对于桌面低端系统来说无疑十分具有吸引力。Intel从3.06GHz Pentium 4开始，所有处理器都将支持SMT技术。

14. 多处理结构

多处理结构（Symmetric Multi－Processing，SMP），对称多处理结构的简称，是指在一个计算机上汇集了一组处理器（多CPU），各CPU之间共享内存子系统以及总线结构。在这种技术的支持下，一个服务器系统可以同时运行多个处理器，并共享内存和其他的主机资源。像双至强，也就是所说的二路，这是在对称处理器系统中最常见的一种（至强MP可以支持到四路，AMD Opteron可以支持1～8路）。也有少数是16路的。但是一般来讲，SMP结构的机器可扩展性较差，很难做到100个以上多处理器，常规的一般是8个到16个，不过这对于多数的用户来说已经够用了。在高性能服务器和工作站级主板架构中最为常见，像UNIX服务器可支持最多256个CPU的系统。

构建一套SMP系统的必要条件是：支持SMP的硬件包括主板和CPU；支持SMP的系统平台，再就是支持SMP的应用软件。为了能够使得SMP系统发挥高效的性能，操作系统必须支持SMP系统，如Windows NT、Linux以及UNIX等32位操作系统。即能够进行多任务和多线程处理。多任务是指操作系统能够在同一时间让不同的CPU完成不同的任务；多线程是指操作系统能够使得不同的CPU并行的完成同一个任务 。

要组建SMP系统，对所选的CPU有很高的要求。首先，CPU内部必须内置APIC（Advanced Programmable Interrupt Controllers）单元；其次，Intel多处理规范的核心就是高级可编程中断控制器（Advanced Programmable Interrupt Controllers，APICs）的使用；再次，相同的产品型号，同样类型的CPU核心，完全相同的运行频率；最后，尽可能保持相同的产品序列编号，因为两个生产批次的CPU作为双处理器运行的时候，有可能会发生一颗CPU负担过高，而另一颗负担很少的情况，无法发挥最大性能，更糟糕的是可能导致死机。

15. 多核心

多核心指单芯片多处理器（Chip MultiProcessors，CMP）。CMP 是由美国斯坦福大学提出的，其思想是将大规模并行处理器中的 SMP（对称多处理器）集成到同一芯片内，各个处理器并行执行不同的进程。从体系结构的角度看，SMT 比 CMP 对处理器资源利用率要高。SMT 设计更加灵活，但半导体工艺进入 0.18 微米以后，芯片线延迟已经成为阻碍处理器性能提高的主要障碍，要求微处理器的设计通过划分许多规模更小、局部性更好的基本单元结构来进行。相比之下，由于 CMP 结构已经被划分成多个处理器核来设计，每个核都比较简单，有利于优化设计，因此 CMP 的分布式设计要明显优于 SMT 的集中式设计。多核处理器可以在处理器内部共享缓存，提高缓存利用率，同时简化多处理器系统设计的复杂度。

16. NUMA 技术

NUMA 即非一致访问分布共享存储技术，它是由若干通过高速专用网络连接起来的独立节点构成的系统，各个节点可以是单个的 CPU 或是 SMP 系统。在 NUMA 中，Cache 的一致性有多种解决方案，需要操作系统和特殊软件的支持。图 2 中是 Sequent 公司 NUMA 系统的例子。这里有 3 个 SMP 模块用高速专用网络联起来，组成一个节点，每个节点可以有 12 个 CPU。像 Sequent 的系统最多可以达到 64 个 CPU 甚至 256 个 CPU。显然，这是在 SMP 的基础上，再用 NUMA 的技术加以扩展，是这两种技术的结合。

17. 乱序执行技术

乱序执行（Out of Order Execution），是指 CPU 允许将多条指令不按程序规定的顺序分开发送给各相应电路单元处理的技术。这样将根据个电路单元的状态和各指令能否提前执行的具体情况分析后，将能提前执行的指令立即发送给相应电路单元执行，在这期间不按规定顺序执行指令，然后由重新排列单元将各执行单元结果按指令顺序重新排列。采用乱序执行技术的目的是为了使 CPU 内部电路满负荷运转并相应提高了 CPU 的运行程序的速度。分枝技术：（Branch）指令进行运算时需要等待结果，一般无条件分枝只需要按指令顺序执行，而条件分枝必须根据处理后的结果，再决定是否按原先顺序进行。

18. CPU 内部的内存控制器

许多应用程序拥有更为复杂的读取模式（几乎是随机地，特别是当 cache hit 不可预测的时候），并且没有有效地利用带宽。典型的这类应用程序就是业务处理软件，即使拥有如乱序执行这样的 CPU 特性，也会受内存延迟的限制。这样 CPU 必须得等到运算所需数据被除数装载完成才能执行指令（无论这些数据来自 CPU cache 还是主内存系统）。当前低段系统的内存延迟大约是 120～150ns，而 CPU 速度则达到了 3GHz 以上，一次单独的内存请求可能会浪费 200～300 次 CPU 循环。即使在缓存命中率（Cache Hit Rate）达到99%的情况下，因为内存延迟的缘故，CPU 也可能会花 50%的时间来等待内存请求的结束。

二、主板

1. 主板的构造

主板，又叫主机板（MainBoard）、系统板（SystemBoard）或母板（MotherBoard）；它安装在机箱内，是电脑最基本的重要的部件之一。主板是平台（Platform）的角色，就像汽车的底盘，把显卡、声卡、网卡、硬盘、键盘、鼠标器、打印机等所有零件连成一个整体，让 CPU 可以掌控。主板连接所有的零件，所以主板“稳不稳”是电脑能否稳定运行的决定因素之一。ASUS（华硕）的主板的产量全球第一，厂家研发能力强和产品质量好，是首选主板品牌。

主板为矩形电路板，主要有 BIOS 芯片、I/O 控制芯片、键盘和面板控制开关接口、指示灯插接件、扩充插槽、主板及插卡的直流电源供电接插件等元件。

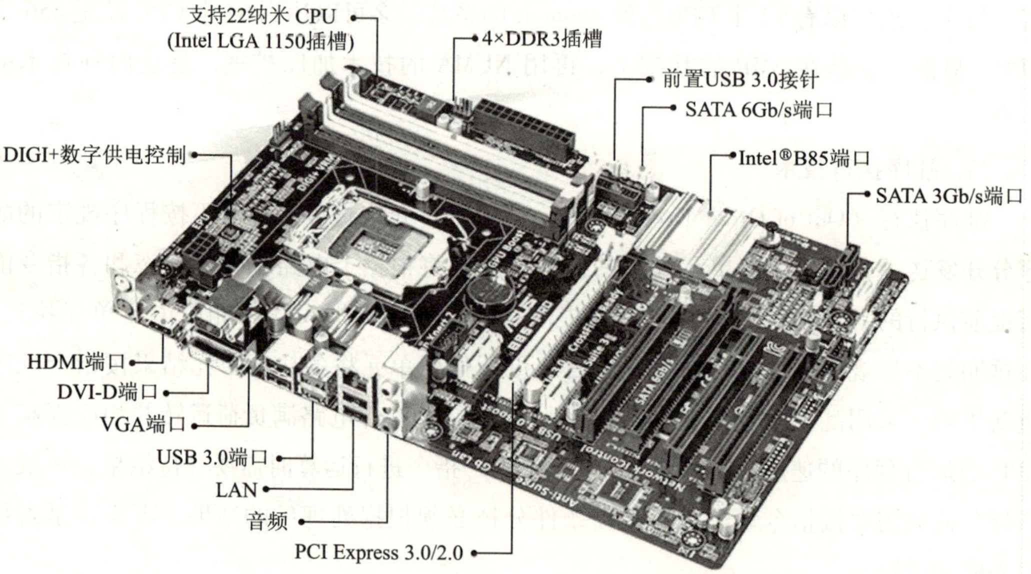

ASUS B85PRO 主板

上图为 ASUS B85PRO 主板，采用 Intel B85 芯片，主板为 4 路供电。

ASUS Z97－C 主板

上图为 ASUS Z97－C 主板，采用 Intel Z97 芯片，主板为 6 路供电。

BIOS 芯片，是一块方块状的存储器，里面存有与该主板搭配的基本输入输出系统程序；能够让主板识别各种硬件，还可以设置引导系统的设备，调整 CPU 外频等。为了保证 BIOS 存贮的设置和时间等资料不会丢失，主板上有个专门给 BIOS 供电的电池，就算拔掉电源，资料也可以保留很长一段时间。BIOS 软件通常放在 Flash ROM 芯片里面，BIOS 芯片是可以写入的，方便用户更新 BIOS 的版本，以获取更好的性能及对电脑最新硬件的支持。

电脑开机时会显示按什么键可以进入 BIOS 设置，这个过程一闪而过，需要尽快按 Delete 或 F2 进入 BIOS；进入 BIOS 后可对 BIOS 进行设置或升级。BIOS 升级不仅可以扩展主板的功能。支持更多的 CPU 型号，而且会提高计算机的稳定性。

主板芯片组（Chipset）是主板的核心组成部分，可以比作 CPU 与周边设备沟通的桥梁。在电脑界称设计芯片组的厂家为 Core Logic，Core 的中文意义是核心或中心，光从字面的意义就足以看出其重要性。对于主板而言，芯片组几乎决定了这块主板的功能，进而影响到整个电脑系统性能的发挥，芯片组是主板的灵魂。芯片组性能的优劣，决定了主板性能的好坏与级别的高低。目前CPU的型号与种类繁多、功能特点不一，如果芯片组不能与CPU良好地协同工作，将严重地影响计算机的整体性能，甚至不能正常工作。

下面是Intel 8系列主板芯片组规格、功能对比：

表2-1　　**Intel 8系列主板芯片组规格、功能对比**

8系列主板规格对比				
	Z87	H87	B85	H81
CPU插槽	LGA 1150	LGA 1150	LGA 1150	LGA 1150
内存插槽	最多4条	最多4条	最多4条	最多2条
磁盘接口	4~6个SATA3.0	4~6个SATA3.0	4个SATA3.0 2个SATA2.0	2个SATA3.0 2个SATA2.0
USB3.0接口	4~6个	4~6个	4个	2个
显卡支持	PCI-E 3.0 单卡/X8+X8/X8+X4+X4	PCI-E 3.0 单卡	PCI-E 3.0 单卡	PCI-E 2.0 单卡
芯片扩展	8×PCI-E 2.0	8×PCI-E 2.0	8×PCI-E 2.0	6×PCI-E 2.0
多屏支持	3屏	3屏	3屏	2屏

8系列主板功能对比				
	Z87	H87	B85	H81
配K系列超频	支持	破解支持	破解支持	破解支持
RAID磁盘阵列	支持	支持	不支持	不支持
AHCI支持	支持	支持	支持	仅硬件支持
I/O灵活配置	支持	支持	不支持	不支持
动态磁盘加速	支持	不支持	不支持	不支持
智能响应	支持	支持	不支持	不支持
快速启动	支持	支持	支持	不支持

	Z87	H87	H81	B85	Z77	H77
CPU支持	Haswell	Haswell	Haswell	Haswell	Ivy Bridge Sandy Bridge	Ivy Bridge Sandy Bridge
CPU超频	Yes	No	No	No	Yes	No
PCIE支持	1×16/2×8 /1×8+2×4	1×16/2×8	1×16	1×16	1×16/2×8 /1×8+2×4	1×16
Max DIMMS	4	4	2	4	4	4
SATA 6Gbps	6	6	2	4	2	2
SATA 3Gbps	0	0	2	2	4	4

续表

	Z87	H87	H81	B85	Z77	H77
UST 3.0 接口	6	6	2	4	4	4
UST 2.0 接口	14	14	8	12	10	10
SRT	√	√	×	AHCI Only	√	√
RST	√	√	AHCI Only	AHCI Only	√	√
DSA	√	×	×	×	×	×
PCI－E 2.0	8	8	6	8	8	8

表 2－1 中，只有 Z87 或 H77 芯片组支持 CPU 超频。

2. 主板的插槽

主板的扩展槽部分，即所谓的“插拔部分”，这部分的配件可以用“插”来安装，用“拔”来反安装。

CPU 插槽（CPU Socket）：主板一定有个插槽放 CPU，不同的主板通常会有不同的 CPU 针脚，前面 ASUS 的 B85 和 Z97 主板仅支持 1150 针的 CPU，而即使主板和 CPI 插槽针脚完全一致，主板也不一定支持该 CPU。因此某些厂家宣传的电脑易升级，纯粹是忽悠，通常电脑使用一两年后，升级时主板和 CPU 必须同时更换；隔代的电脑升级就是购买全新的电脑。

上图电脑主板 CPU 供电为 4 相；ASUS 工作站级主板，CPU 供电相数相当夸张。

CPU 是整个电脑系统的核心部分，也是最敏感的部件之一。CPU 想要很安全地工作必须要有很稳定、干净的电源才行。什么是很稳定呢？稳定就是在 CPU 突然满负荷运作时，电源可以提供相对稳定的电压，而不是因为 CPU 负荷突然变化了，电压也跟着一起变化，这就是我们说的稳定。

选择主板时，务必看清 CPU 供电相数，一般来说，供电相数越多，CPU 电压就越稳定，寿命也越长，但电源相数越多，需要的电子器件也越多，主板的价格会更高。而要看是几相供电，可以数一下电容或电感的个数，电容数除 2 或电感个数通常就是相数；但这不是绝对的，如三相电路有的是3×2的，有的是3×3的。这里说的3×2是指每一相有两个Mos管；3×3就是指每相有3个Mos管。3×3的好处是什么呢？大家知道，在线圈释放能量的时候，整个回路要有大电流通过，下桥的Mos管正好在这个回路中，这个时候Mos管内阻的大小就很重要了，下桥用两个Mos管并联来降低内阻，发热量会减少很多。目前，CPU三相供电已经成为基本配置，最高供电相数可达夸张的16相，而内存和芯片组供电也开始使用两相乃至三相供电。为保证电算化时电脑稳定运行，应选择四相以上CPU供电的主板。

内存插槽：内存插槽一般位于CPU插座下方，目前最常用的是240线的DDR3插槽。

PCI Express插槽：主板上独立显卡接口，为2.0或3.0，有些主板带两个PCI Express插槽，距离CPU近的是PCI－E×16，远的那个是PCI－E×8。

PCI插槽：PCI插槽多为乳白色，是主板的必备插槽，可以插上软Modem、声卡、股票接受卡、网卡、多功能卡等设备。

CNR插槽：多为淡棕色，长度只有PCI插槽的一半，可以接CNR的软Modem或网卡。这种插槽的前身是AMR插槽。CNR和AMR不同之处在于：CNR增加了对网络的支持性，并且占用的是ISA插槽的位置。共同点是它们都是把软Modem或是软声卡的一部分功能交由CPU来完成。这种插槽的功能可在主板的BIOS中开启或禁止。

3. 主板的对外接口

硬盘接口：硬盘接口可分为IDE接口和SATA接口。在型号老些的主板上，多集成2个IDE口，通常IDE接口都位于PCI插槽下方，而新型主板上，IDE接口大多缩减，甚至没有，代之以SATA接口，SATA的全称是“Serial Advanced Technology Attachment”，是由Intel、IBM、Dell、APT、Maxtor和Seagate公司共同提出的硬盘接口规范。在IDF Fall 2001大会上，Seagate宣布了Serial ATA 1.0标准，将硬盘的外部传输速率理论值提高到了150MB/s，比PATA标准ATA/100高出50%，比ATA/133也要高出约13%，随着未来后续版本的发展，SATA接口的速率扩展到2X和4X（300MB/s和600MB/s）。

软驱接口：连接软驱所用，多位于IDE接口旁，比IDE接口略短一些，因为它是34针的，所以数据线也略窄一些。

COM接口（串口）：目前大多数主板都提供了两个COM接口，分别为COM1和COM2，作用是连接串行鼠标和外置Modem等设备。COM1接口的I/O地址是03F8h－03FFh，中断号是IRQ4；COM2接口的I/O地址是02F8h－02FFh，中断号是IRQ3。由此可见COM2接口比COM1接口的响应具有优先权，现在市面上已很难找到基于该接口的产品。

PS/2 接口：PS/2 接口的功能比较单一，仅能用于连接键盘和鼠标。一般情况下，鼠标的接口为绿色、键盘的接口为紫色。PS/2 接口的传输速率比 COM 接口稍快一些，虽然现在绝大多数主板依然配备该接口，但支持该接口的鼠标和键盘越来越少，大部分外设厂商也不再推出基于该接口的外设产品，更多的是推出 USB 接口的外设产品，但很多使用者在使用 USB 接口的键盘鼠标时，更愿意通过 PS/2 – USB 转接器插到 PS/2 上使用，而且键盘鼠标产品的寿命都非常长，因此该接口现在依然使用效率极高，但将来被 USB 接口所完全取代的可能性极高。

USB 接口：USB 全称是 Universal Serial Bus。USB 接口是现在最为流行的接口，最大可以支持 127 个外设，并且可以独立供电，其应用非常广泛，已经成为 MP3、U 盘、移动硬盘、打印机等主要接入方式。USB 接口可以从主板上获得 500mA 的电流，支持热拔插，真正做到了即插即用。一个 USB 接口可同时支持高速和低速 USB 外设的访问，由一条四芯电缆连接，其中两条是正负电源，另外两条是数据传输线。高速外设的传输速率为 12Mbps，低速外设的传输速率为 1.5Mbps。此外，USB2.0 标准最高传输速率可达 480Mbps，USB3.0 已经被普及推广。不仅如此，USB 接口也可为常见的电子设备充电。

LPT 接口（并口）：一般用来连接打印机或扫描仪，现在使用 LPT 接口的打印机与扫描仪已经很少了，多改为 USB 接口的打印机与扫描仪，新主板已经不再支持 LPT 接口，用老式针式打印机打印票据时，要注意新配电脑是否和这些打印机匹配。

三、内存

内存又称主存，内存（Memory）也被称为内存储器，其作用是用于暂时存放 CPU 中的运算数据，以及与硬盘等外部存储器交换的数据，是 CPU 能直接寻址的存储空间。内存由半导体器件制成，内存是电脑中的重要的部件，内存是相对于外存而言的，它是外存与 CPU 进行沟通的桥梁，计算机中所有程序的运行都是在内存中进行的，因此内存的性能对计算机的影响非常大，只要计算机在运行中，CPU 就会把需要运算的数据调到内存中进行运算，当运算完成后 CPU 再将结果传送出来，内存的运行也决定了计算机的稳定运行。

平常使用的程序，如 Windows 操作系统、打字软件、游戏软件等，一般都是安装在硬盘等外存上的，但必须把它们调入内存中运行，才能使用其功能，我们平时输入一段文字，或玩一个游戏，其实都是在内存中进行的。就好比在一个书房里，存放书籍的书架和书柜相当于电脑的外存，而我们工作的办公桌就是内存。通常我们把要永久保存的、大量的数据存储在外存上，而把一些临时的或少量的数据和程序放在内存上，当然内存的好坏会直接影响电脑的运行速度。

DDR 内存的发展：DDR SDRAM（Double Data Rate SDRAM）简称 DDR，也就是“双倍速率 SDRAM”的意思，DDR 的数据传输速度为 SDRAM 的两倍。第一代 DDR200 规范并没有得到普及，第二代 PC266 DDR SRAM（133MHz 时钟 ×2 倍数据传输 = 266MHz 带宽）是由 PC133 SDRAM 内存所衍生的，DDR400 内存被广泛使用，成为 800FSB 处理器搭配的基本标准，随后的 DDR533 规范则成为超频用户的选择对象。第三代 DDR3 相比起 DDR2 有更低的工作电压，从 DDR2 的 1.8V 降落到 1.5V，性能更好更为省电；DDR2 的 4bit 预读升级为 8bit 预读。DDR3 目前最高能够达到 2000MHz 的速度。

目前电脑的内存容量多为 4G、8G、甚至超过 16G，32 位操作系统已经不能完全发挥电脑的性能，64 位操作系统用户越来越多。内存的厂家非常多，金士顿、三星、海盗船品牌都值得选择。

相比 DDR3 内存，将要普及的 DDR4 主要变化如下：

DDR4 最重要的使命当然是提高频率和带宽。虽然标准规定最低是 DDR4－1600，但实际起步 DDR4－2133，最高则是 DDR4－3200。新内存的每个针脚都可以提供 2Gbps（256MB/秒）的带宽，DDR4－3200 那就是 51.2GB/秒，比之 DDR3－1866 高出了超过 70%。

内存条厚度从 1.0 毫米增至 1.2 毫米，主要是因为 PCB 层数增多了，内存条上的数据也从 1 个大幅增加到了 9 个。

针脚数量：DIMM（台式机 DDR4）的从 DDR3 的 240 针增至 284 针，同时针脚间距从 1.0 毫米缩短到 0.85 毫米，总长度基本不变；DIMM 内存条的长度维持 133.35 ± 0.15 毫米不变，高度从 30.35 ±0.15 毫米略微增加到 31.25 ±0.15 毫米。

SO－DIMM（笔记本 DDR4）的从 204 针增至 256 针，同时针脚间距从 0.6 毫米缩短到 0.5 毫米，因为针脚增加更多、间距缩小却更少，总长度有所增加，故而内存条也变长了 1 毫米；SO－DIMM 笔记本内存条的长度从 67.6 毫米增至 68.6 毫米，高度从 30.35 ±0.15 毫米略微增加到 31.25 ±0.15 毫米。

金手指底部之前一直都是平直的，DDR4 却是弯曲的，其中两头较短、中间较长，这样主要是为了更方便插拔。金手指缺口的位置也和 DDR3 的不一样了，以防止插错。

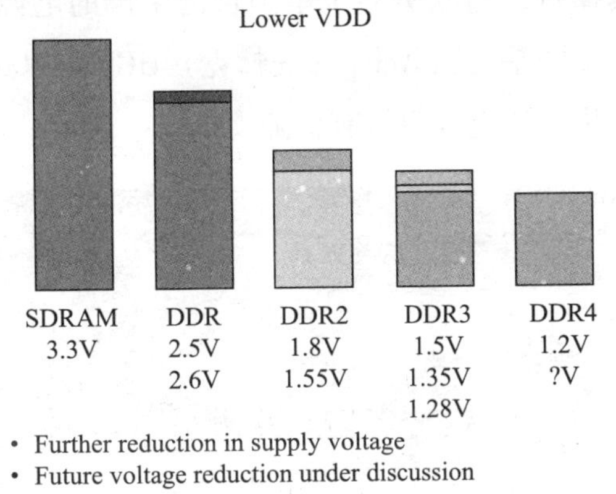

DDR4 电压降至 1.2V，1.2V 是标准版电压，低压版会更低，比 DDR 功耗降低不少，而频率提升至 2133MHz，未来进一步电压降至 1.0V。

四、电源

电源是提供计算机中所有部件所需要的电能。台式机电源是一种安装在主机箱内的封闭式独立部件，它的作用是将交流电通过开关电源变压器换为 5V，－5V，＋12V，－12V，＋3.3V 等稳定的直流电，以供应主版、CPU、内存、硬盘及各种扩展卡等部件使用。

如果把 CPU 比作大脑，电源就是心脏，电源功率的大小，电流和电压是否稳定，将直接影响计算机的稳定性和使用寿命。质量可靠的电源和插座是计算机正常工作的保障，计算机 80% 的故障是电源故障造成的，因此当计算机出现故障时首先应考虑电源故障。一台合格的电脑电源主要由以下几部分组成：

目前国内电源山寨横行，与欧美甚至中国台湾生产的电源差距很大，为求电脑稳定不应选择国内电源。下图是美国 Antec（安钛克）HCP－1000 内部图，全是密密麻麻的电子元件，基本可以推断该电源质量有保障。

下图是美国海盗船电源 AX1200I 内部图，同样是各种电子元件。

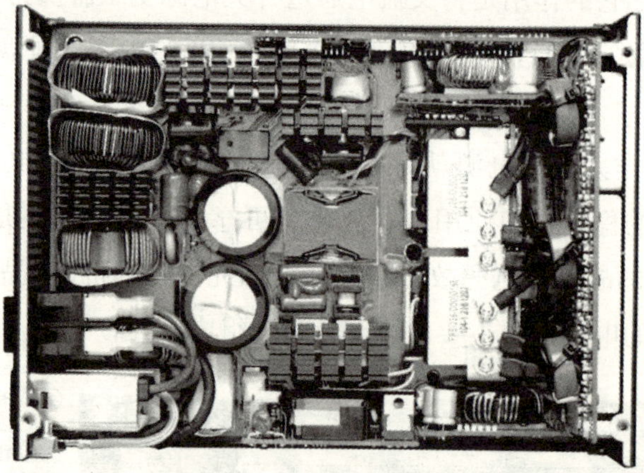

不间断电源（UPS），通俗来讲就是一个备份电源，在突然停电的时候替代供电，可提防电脑瞬间掉电，资料丢失。

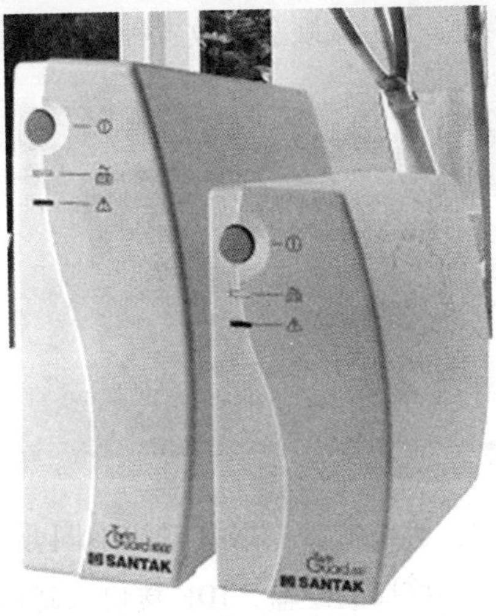

不间断电源（UPS）

五、外存设备

1. 硬盘

（1）机械硬盘（Hard Disc Drive，HDD，港台称为硬碟）：是电脑主要的存储媒介，由一个或者多个铝或者玻璃制的碟片组成。这些碟片外覆盖有铁磁性材料。绝大多数硬盘都是固定硬盘，被永久性地密封固定在硬盘驱动器中。

（2）固态硬盘 SSD（Solid State Disk、IDE FLASH DISK、Serial ATA Flash Disk）：由于固态硬盘没有普通硬盘的旋转介质，因而抗震性极佳，同时工作温度很宽，可工作在 -45℃ ~ +85℃，广泛应用于军事、车载、工控、视频监控、网络监控、网络终端、电力、医疗、航空等、导航设备等领域。固态硬盘比机械硬盘读写速度快，电算化工作中首选固态硬盘，但固态硬盘容量较小，在电算化工作中应配合机械硬盘使用，

用固态硬盘做系统盘和备份盘，用机械硬盘存放各种数据资料。

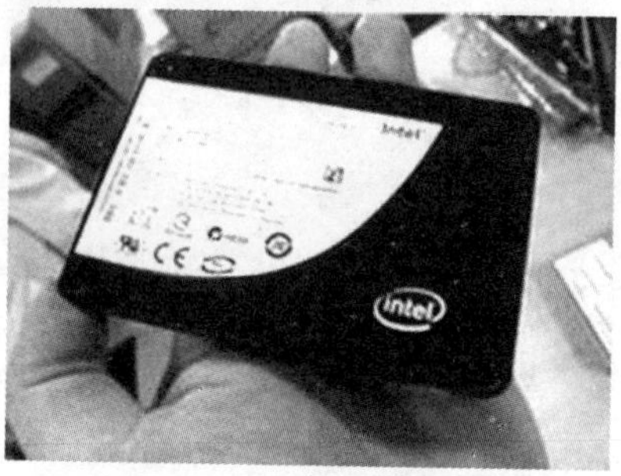

目前最常用的是机械硬盘，机械硬盘根据接口的不同分为：电子集成驱动器（Integrated Drive Electronics，IDE）接口的硬盘，IDE 接口的硬盘正逐渐退出市场；串行高级技术附件（Serial Advanced Technology Attachment，SATA）接口的硬盘，又叫串口硬盘，是目前主流的 PC 机硬盘，与 IDE 硬盘对比纠错能力更强，数据传输的可靠性更高，而且结构简单、支持热插拔等优点；小型计算机系统接口（Small Computer System Interface，SCSI）接口硬盘，SCSI 接口应用范围广、多任务、带宽大、CPU 占用率低，支持热插拔等优点，但价格较高，主要应用于小型机上。

机械硬盘的物理结构：磁头是硬盘中最昂贵的部件，也是硬盘技术中最重要和最关键的一环。传统的磁头是读写合一的电磁感应式磁头，而 MR 磁头（Magneto Resistive Heads），即磁阻磁头，采用的是分离式的磁头结构：写入磁头仍采用传统的磁感应磁头（MR 磁头不能进行写操作），读取磁头则采用新型的 MR 磁头，即所谓的感应写、磁阻读。目前，MR 磁头已得到广泛应用，而采用多层结构和磁阻效应更好的材料制作的 GMR 磁头（Giant Magneto Resistive Heads）也逐渐普及。

磁道，当磁盘旋转时，磁头若保持在一个位置上，则每个磁头都会在磁盘表面划出一个圆形轨迹，这些圆形轨迹就叫作磁道。这些磁道用肉眼是根本看不到的，因为它们仅是盘面上以特殊方式磁化了的一些磁化区，磁盘上的信息便是沿着这样的轨道存放的。相邻磁道之间并不是紧挨着的，这是因为磁化单元相隔太近时磁性会相互产生影响，同时也为磁头的读写带来困难。

扇区，磁盘上的每个磁道被等分为若干个弧段，这些弧段便是磁盘的扇区，每个扇区可以存放 512 个字节的信息，磁盘驱动器在向磁盘读取和写入数据时，要以扇区为单位。

柱面，硬盘通常由重叠的一组盘片构成，每个盘面都被划分为数目相等的磁道，并从外缘的“0”开始编号，具有相同编号的磁道形成一个圆柱，称之为磁盘的柱面。磁盘的柱面数与一个盘单面上的磁道数是相等的。无论是双盘面还是单盘面，由于每个盘面都有自己的磁头，因此，盘面数等于总的磁头数。所谓硬盘的 CHS，即 Cylinder（柱面）、Head（磁头）、Sector（扇区），只要知道了硬盘的 CHS 的数目，即可确定硬盘的容量，硬盘的容量 = 柱面数 × 磁头数 × 扇区数 ×512B。

希捷公司成立于 1979 年，现为全球最大的硬盘、磁盘和读写磁头制造商，希捷在设计、制造和销售硬盘领域居全球领先地位，提供用于企业、台式电脑、移动设备和消费电子的产品，是硬盘的首选品牌。

2. USB 存储设备

U 盘，全称“USB 闪存盘”，英文名“USB flash disk”。自 1998 年至 2000 年，有很多公司声称自己是第一个发明了 USB 闪存盘的公司，真正获得 U 盘基础性发明专利的却是中国朗科公司。2002 年 7 月，朗科公司“用于数据处理系统的快闪电子式外存储方法及其装置”（专利号：ZL 99 1 17225. 6）获得国家知识产权局正式授权，该专利填补了中国计算机存储领域 20 年来发明专利的空白。2004 年 12 月 7 日，朗科获得美国国家专利局正式授权的闪存盘基础发明专利，美国专利号 US6829672。这一专利权的获得，表明中国朗科公司才是 U 盘的全球第一个发明者。美国时间 2006 年 2 月 10 日，朗科委托美国摩根路易斯律师向美国德克萨斯州东区联邦法院递交诉状，控告美国 PNY 公司侵犯了朗科的美国专利，2008 年 2 月，朗科与 PNY 达成庭外和解，PNY 向朗科公司缴纳专利许可费用 1000 万美元，这是中国企业第一次在美国本土收到巨额专利许可费用，也进一步证明了朗科是 U 盘的全球发明者。

由于朗科已进行专利注册，之后生产的类似技术的设备不能再称之为“优盘”，而改称谐音的“U 盘”，后来 U 盘这个称呼因其简单易记而广为人知。

优点：U 盘最大的优点就是：小巧便于携带、存储容量大、价格便宜、性能可靠。通常使用塑胶或金属外壳，内部含有一张小的印刷电路板，让闪存盘尺寸小到仅大拇指般大小，重量极轻，我们可以把它挂在胸前、吊在钥匙串上、甚至放进钱包里。一般的 U 盘容量有 4G、8G、16G、32G、64G，甚至高达 512GB。价格便宜，以 4GB 为例 50 元就能买到。

U 盘中无任何机械式装置，抗震性能极强，闪存盘还具有防潮防磁、耐高低温等特性，安全可靠性很好。U 盘几乎不会让水或灰尘渗入，也不会被刮伤，这些优点使得 U 盘非常适合用来从某地把个人数据或是工作文件携带到另一地，例如，从家中到学校或是办公室，或是一般来说需要携带到并访问个人数据的各种地点。也可以制作启动 U 盘来引导计算机，完成计算机分区和系统安装。有些 U 盘外壳上有开关进行写保护，可以防止电脑写入或修改磁盘上的数据，可以防止电脑病毒文件写入闪存盘，以防止该病毒的传播，没有写保护功能的 U 盘，则成了多种病毒随自动运行等功能传播的途径。

由于USB在现今的个人电脑中几乎无所不在，因而到处都可以使用U盘。不过，小尺寸的U盘也让它们常常被放错地方、忘掉或遗失。在组装电脑中，错误的USB连接端口接线也可能损坏U盘的电路。

U盘使用的注意事项：寿命维护，U盘都有工作状态指示灯，如果是一个指示灯，当插入主机接口时，灯亮表示接通电源，当灯闪烁时表示正在读写数据。如果是两个指示灯，一般两种颜色，一个在接通电源时亮，一个在U盘进行读写数据时亮。绝对不要在U盘的指示灯闪得飞快时拔出闪盘，因为这时U盘正在读取或写入数据，中途拔出可能会造成硬件、数据的损坏。有些U盘在系统拷贝进度条消失后仍然在工作状态，说明程序还没完全结束，这时拔出U盘，很容易影响备份，文件备份到闪盘后，应过一些时间等读写状态指示灯停止闪烁或灭了才能拔下U盘，以防意外；同样道理，在系统提示“无法停止”时也不要轻易拔出U盘，这样也会造成数据遗失。平时应将U盘放置在干燥的环境中，不要让U盘口接口长时间暴露在空气中，否则容易造成表面金属氧化，降低接口敏感性。不要将长时间不用的U盘一直插在USB接口上，否则一方面容易引起接口老化，另一方面对U盘也是一种损耗。U盘如有写保护开关，应该在U盘插入计算机接口之前切换，不要在U盘工作状态下进行切换。

有些品牌型号的U盘为文件分配表预留的空间较小，在拷贝大量单个小文件时容易报错，这时可以停止拷贝，采取先把多个小文件压缩成一个大文件的方法解决。

为了保护主板以及U盘的USB接口，预防变形以减少摩擦，如果对拷贝速度没有要求，可以使用USB延长线（一般都随U盘赠送。如果需要买，尽量选择知名品牌，线越粗越好。但不能超过3米，否则容易在拷贝数据时出错），注意USB延长线如果是USB1.1（USB2.0 Full Speed）的，速度会很慢。

U盘的存储原理和硬盘有很大出入，不要整理碎片，否则影响使用寿命。

U盘里可能会有U盘病毒，插入电脑时最好进行U盘杀毒。

新U盘买来最好做个U盘病毒免疫，可以很好地避免U盘中毒

U盘在电脑还未启动起来（进入桌面以前）不要插在电脑上，否则可能电脑无法正常启动。

U盘自启动的制作：电脑没有光驱但要装系统怎么办？电脑硬件有损坏怎么办？如何检测硬盘坏道？如何检测内存？这些问题都可以用U盘启动来解决。

首先用U盘做启动盘并不是很容易，先看主板是否支持，U盘是否支持。U盘如果支持，那么你可以找家电脑公司帮你把U盘做成系统系统盘，完成引导、安装系统。

3. 光存储设备

光存储设备其实就是平常所说的“光驱”。光存储设备现在主要可以归为CD光

驱、DVD 光驱、CD 刻录机、DVD 刻录机、Combo、蓝光 DVD。与硬盘相比，光盘虽然容量较小，但携带方便，多数软件都是通过光盘发布的。微软公司建议的 Windows 系统首选安装方式是光盘启动、安装。

光驱早在 1991 年的时候就已经问世，直到 1997 年才普及。光盘的容量只有 640M，人们渴望可以在碟片上面存储更多的数据，DVD 及 DVD 光驱应运而生，DVD 不但可以存储 MPEG2 的视频、音频信息，而且可以存储计算机程序、文件数字信息，满足人们对大存储容量、高性能的存储媒体的需求，成为 Digital Versatile Disk（数字通用光盘）。虽然 Hitachi、JVC、Matsushita、Mitsubishi、Philips、Pioneer、Sony、Thomson、Time Warner 和 Toshiba 这十家公司于 1995 年 9 月发起形成的 DVD 联盟组织，尽力促进和发展 DVD 形式，协调 DVD 规格和对 DVD 技术领域的公司发放许可。但是由于部分成员考虑到市场的问题，刻录格式至今没有达到统一意见，现在的 DVD 格式非常的多，包括 DVD - ROM、DVD - Video、DVD - Audio、DVD + RW、DVD - RW、DVD - R、DVD + R、DVD - VR。

新一代 DVD 标准分裂成三种：一种以索尼、松下、日立、先锋、夏普、三星、LG、飞利浦以及法国的 ThomsonMM 为代表的 Blu - ray 标准（蓝光 DVD）；一种以东芝和 NEC 为代表的 DVD AOD（Advanced Optical Disk）标准，简称 AOD；还有一种是我国台湾省的工研院光电所提出的 HD - DVD 标准。2008 年 2 月 19 日，随着 HD DVD 领导者东芝宣布在 3 月底退出所有 HD DVD 相关业务，持续多年的下一代光盘格式之争正式画上句号，最终由 SONY 主导的蓝光光碟（Blu - ray Disc，BD）最终胜出。蓝光光碟的命名是由于其采用波长 405 纳米的蓝色激光光束来进行读写操作（DVD 采用 650 纳米波长的红光读写器，CD 则是采用 780 纳米波长）。一个单层的蓝光光碟的容量为 25GB 或是 27GB，足够录制一个长达 4 小时的高解析影片。

光盘的维护保养：光盘放置应尽量避免落上灰尘并远离磁场。采用具有防潮、防磁、防静电等功能的储存柜有利于光盘的保存。控制好温湿度，防止不适宜的温湿度对光盘载体的危害。控制好温湿度，防止高温、高湿以及低温、低湿对软盘（磁带）的影响。防止温湿度急剧变化，在 24 小时内温度变化不得超过 ±3℃，相对湿度变化不得超过 ±5%。在使用过程中温度、湿度相差较大时，要在环境中平衡后才能使用。防止外磁场的影响。软盘（磁带）在保存和使用过程中要确保不受外磁场的破坏，一定要远离强磁场；库房建筑最好是由抗磁性材料制成的围护结构，磁性载体应存放于抗磁性的框架内，使周围环境的杂散磁场强度低于 1 奥斯特；珍贵的档案文件可放在金属盒内保存。另外，还要防止静电作用而引起磁性载体的数据信息丢失。

保持清洁，不要吸烟，防止灰尘和有害气体对软盘（磁带）的污染和危害；防止强光的影响，不允许紫外光线直接照射在软盘（磁带）上。不可在软盘（磁带）上堆放、压放重物，以免引起变形和永久性损坏。软盘（磁带）存放时，应使其竖直地放在盒内，确保不被挤压、弯曲和折叠。

光盘在使用时不能用手直接接触盘片的信息部，取用时以手捏光盘的边缘和中心为宜；光盘使用后应放在盘盒中储存，避免长时间暴露在空气中遭受灰尘、有害物质的侵蚀。光盘在保存时，还应注意防止强光（特别是紫外光）和静电对光盘的危害。

严禁折弯盘片和触摸盘片裸露表面。折弯盘片会损坏盘基和磁性涂层；触摸盘片会擦伤介质表面，如留下了指纹，光盘会因粘上灰尘发霉，导致数据存储出错。一旦光盘发霉，绝对禁止使用，以防损伤磁头；光盘表面如发现污渍，可用干净棉布蘸上专用清洁剂由光盘的中心向外边缘轻揉，切勿使用汽油、酒精等含化学成分的溶剂，以免腐蚀光盘内部的精度。光盘因受天气、温度的影响，表面有时会出现水汽凝结，使用前应取干净柔软的棉布将光盘表面轻轻擦拭。

光盘在闲置时严禁用利器接触光盘，以免划伤。若光盘被划伤会造成激光束与光盘信息输出不协调及信息失落现象，如果有轻微划痕，可用专用工具打磨恢复原样。

光盘在存放时因厚度较薄、强度较低，在叠放时以 10 张之内为宜，超之则容易使光盘变形影响播放质量。不能用圆珠笔或铅笔在软盘上直接书写，如需加标记，应先将标签内容填好，然后贴到封套上去。禁止用橡皮筋、夹子等来捆夹光盘，以防造成光盘介质的损坏和变形。严禁折弯盘片，折弯盘片会损坏盘基及记录介质。光盘存放时，应以竖直方式放在盒内，确保不被挤压。光盘若出现变形，可将其放在纸袋内，上下各夹玻璃板，在玻璃板上方压 5 公斤的重物，36 小时后可恢复光盘的平整度。

对于需长期保存的重要光盘，选择适宜的温度尤为重要。温度过高过低都会直接影响光盘的寿命，保存光盘的最佳温度以 20℃ 左右为宜。光盘在正常的保存环境中，每隔 10～15 年复制一次。

六、输入、输出设备

（一）输入设备（Input Device）

输入设备（Input Device）是人或外部与计算机进行交互的一种装置，用于把原始数据和处理这些数的程序输入到计算机中。键盘、鼠标、摄像头、扫描仪、光笔、手写输入板、游戏杆、语音输入装置等都属于输入设备。

1. 键盘（Keyboard）是常用的输入设备，它是由一组开关矩阵组成，包括数字键、字母键、符号键、功能键及控制键等。键盘往往和鼠标一起销售，而且蓝牙无线键盘鼠标越来越普及，有取代有线键盘鼠标的趋势。Logitech（罗技）键盘鼠标质量较好。

每一个按键在计算机中都有它的唯一代码。当按下某个键时，键盘接口将该键的二进制代码送入计算机主机中，并将按键字符显示在显示器上。当快速大量输入字符，主机来不及处理时，先将这些字符的代码送往内存的键盘缓冲区，然后再从该缓冲区中取出进行分析处理。键盘接口电路多采用单片微处理器，由它控制整个键盘的工作，如上电时对键盘的自检、键盘扫描、按键代码的产生、发送及与主机的通信等。

2. 鼠标器（Mouse）是一种手持式屏幕坐标定位设备，它是适应菜单操作的软件和图形处理环境而出现的一种输入设备，特别是在现今流行的 Windows 图形操作系统环境下应用鼠标器方便快捷。常用的鼠标器有两种，一种是机械式的，另一种是光电式的。

鼠标器有两个键的，也有三个键的。最左边的键是拾取键，最右边的键为消除键，中间的键是菜单的选择键。由于鼠标器所配的软件系统不同，对上述三个键的定义有所不同。一般情况下，鼠标器左键可在屏幕上确定某一位置，该位置在字符输入状态下是当前输入字符的显示点；在图形状态下是绘图的参考点。在菜单选择中，左键（拾取键）可选择菜单项，也可以选择绘图工具和命令。当做出选择后系统会自动执行所选择的命令。鼠标器能够移动光标，选择各种操作和命令，并可方便地对图形进行编辑和修改，虽然不能直接输入字符和数字，但借助软键盘缓慢点击录入，可有效防止密码泄露。

3. 其他输入设备

光学标记阅读机是一种用光电原理读取纸上标记的输入设备，常用的有条码读入器和计算机自动评卷记分的输入设备等。

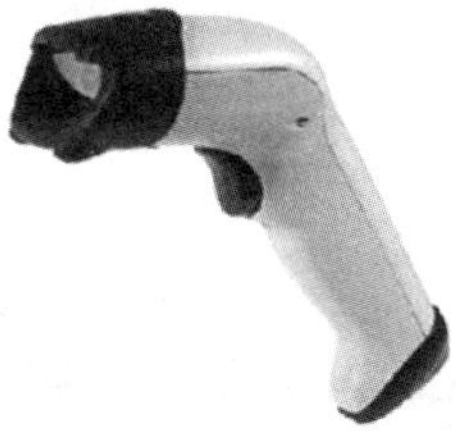

手持扫描仪是利用光电扫描将图形（图像）转换成像素数据输入到计算机中的输

入设备。目前一些部门已开始把图像输入用于图像资料库的建设中。如人事档案中的照片输入，公安系统案件资料管理，数字化图书馆的建设，工程设计和管理部门的工程图管理系统，都使用了各种类型的图形（图像）扫描仪。

现在人们正在研究使计算机具有人的“听觉”和“视觉”，即让计算机能听懂人说的话，看懂人写的字，从而能以人们接收信息的方式接收信息。为此，人们开辟了新的研究方向，其中包括模式识别、人工智能、信号与图像处理等，并在这些研究方向的基础上产生了语言识别、文字识别、自然语言理解与机器视觉等研究方向。语言和文字输入技术的实质是使计算机从语言的声波及文字的形状领会到所听到的声音或见到的文字的含义，即对声波与文字的识别。

（二）输出设备

输出设备（Output Device）是人与计算机交互的一种部件，用于数据的输出。它把各种计算结果数据或信息以数字、字符、图像、声音等形式表示出来。常见的有显示器、打印机、绘图仪、影像输出系统、语音输出系统、磁记录设备等。

1. 显示卡

电脑的显示效果取决于显卡的档次，显卡档次越高能达到的分辨率和刷新率越高。显卡的核心是显示芯片，常见的显卡分为集成显卡和独立显卡。显卡的档次取决于以下指标。

（1）显卡的SP单元也叫流处理器单元，SP是Stream Processor的缩写，SP就像是多核CPU中的一个核，是一个独立的计算单元，数量越多性能越好，但需注意的是，NVIDIA和AMD两家的设计理念不同，AMD的流处理器计算方法和NV的流处理器计算方法不同，不能直接对比。

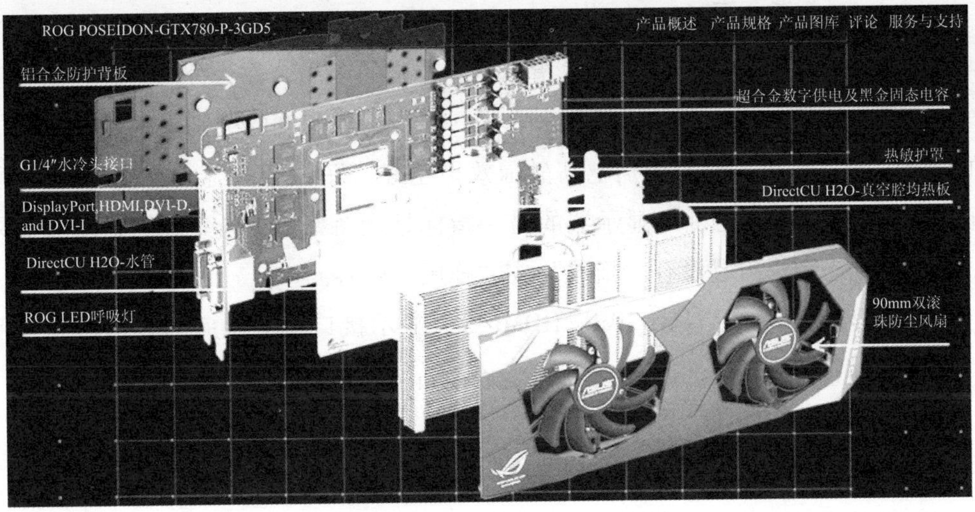

（2）显示核心——显示核心是决定一个显卡等级最最重要的标准，现在生产显示芯片的厂商主要是两家，NVIDIA 和 ATI，他们两家的产品型号非常繁多，区分这么多烦琐的显示核心的性能高低，一般为同一系列里数字越高性能越好，注意，必须是同一芯片厂商的同一系列里的才能这样对比。至于两个厂商之间的对比，就一句话——一分钱一分货。

（3）显存位宽——这个也是直接影响到性能的关键因素，同样是越高越好。主流的显存位宽一般为 128bit 和 256bit。高端的有 384bit，另外还有另类的 192bit。

（4）核心频率、显存频率和 shader（着色器）频率—越高性能越好，跟 CPU 上的频率类似。

（5）显存容量——是以上这么多参数中对性能影响最小的，不过随着一些超大材质的游戏越来越多，显示器的分辨率也越来越大，显存容量的重要性也会越来越高。

2. 显示器

显示器（Display ）是计算机必备的输出设备，常用的有液晶显示器。ASUS、Dell 显示器显示效果较好。

上图 ASUS 生产的 PA279Q，LED 显示器，画面比例 16:9，分辨率 2560×1440

显示器静态画质的两个重要技术指标是：像素的多少，称为分辨率；光点亮度的深浅变化层次，即灰度，可以用颜色来表示。分辨率和灰度的级别是衡量静态图像质量的标准，分辨率和灰度的级别越高显示效果越好。好的显示器颜色接近自然颜色，画质柔和，对视力损害较小。显示器的另一指标是刷新率，刷新率越高，动态效果越好，所谓的动态效果就是没有“拖尾”或“拖尾”较轻。

常用的显示接口有 VGA、DVI、HDMI 等，显示接口配上相应的显示器和显示软件，才能发挥它们的最高性能。

3. 打印机

打印机（Printer）是计算机最基本的输出设备之一。它将计算机的处理结果打印在纸上。打印机按印字方式可分为击打式和非击打式两类。击打式打印机（针式打印机）是利用机械动作，将字体通过色带打印在纸上，打印机常用打印头的针数来命名，如 9 针打印机、24 针打印机等，针式打印机虽然噪音大，打印效果差，但一次可以打印多层，因此适用范围最广，增值税专用发票等只能用针式打印机打印，企业、超市、银行均广泛使用。

非击打式打印机是用各种物理或化学的方法印刷字符的，如静电感应，电灼、热敏效应，激光扫描和喷墨等。其中激光打印机（Laser Printer）和喷墨式打印机（Inkjet Printer）是目前最流行的两种打印机，激光打印机接收来自 CPU 的信息，然后进行激光扫描，将要输出的信息在磁鼓上形成静电潜像，并转换成磁信号，使碳粉吸附到纸上，加热定影后输出，其打印效果最好。喷墨式打印机是将墨水通过精制的喷头喷到纸面上形成字符和图形的，常见的喷墨打印机都能打印彩色，如打印照片。

第二节　微型机的选购

一、选购合适的品牌机

一台电脑是一个完整的整体，组成电脑的配件只要有一个出现问题，电脑就不能正常工作，组装电脑对多数人来讲难度较大，因此建议大家首选购买品牌机。国内市场上销量最大的品牌机是 Lenovo（联想），购买电脑时首选 Lenovo 而且应选择销量最大的中高端畅销机型。

首选 Lenovo 的理由如下：

1. Lenovo 电脑的销量大，用户多，特别是畅销机型，使用环境复杂，Lenovo 电脑提供各种 Windows 操作系统驱动；使用过程中，不同用户会遇到各种不同的问题，即用户越多向厂家反映需要解决的问题越多，因此 Lenovo 畅销机型的 BIOS 和硬件驱动升级快，不断的升级使稳定性越来越强，相比其他品牌电脑更稳定。

2. Lenovo 的用户群体大，Lenovo 正版 Windows XP、Windows 7 操作系统随机光盘发行多，比较容易找到，系统安装维护容易。

3. Lenovo 销量大，出现问题的机器数量多，使 Lenovo 售后网点覆盖较广，维修人员经验丰富，畅销机型的备件充足，即使出现故障，修理速度快。

至少选择中高端产品的理由如下：低档产品的配件质量低，更容易出现各种故障；低档产品不预装正版 Windows 操作系统，对商业用户来讲盗版系统风险太高，因此应敬而远之。

二、组装个性化的兼容机

兼容机相比品牌机，没有预装操作系统和常用软件，因此同等配置价格相对较低，而且兼容机可以根据自己的需要安装更强的显卡、更好的音响、更大的显示器、更好用的鼠标等满足自己的个性需要。但如果对电脑配件不熟悉，组装的兼容机可能会出现各种问题，自己动手组装电脑仅适用于不怕麻烦、敢于冒风险者。

1. CPU 的选择

全球最大的电脑 CPU 生产厂商是 Intel，Intel 生产的 CPU 稳定性和功耗都较 AMD 好，应该首选 Intel 系列 CPU。目前 Intel 的酷睿 CPU 含 i3、i5、i7 三个档次，建议选择 i5 或 i7。

2. 主板的选择

首选研发能力强，推出新品速度快，产品线齐全，高端产品过硬的一线品牌。目前全球最大的主板厂家是 ASUS，其研发实力和产品质量均高于其他品牌产品，ASUS 主板会提供 DOS、Windows98、Windows XP、Windows 7、Windows 8 等各种操作系统所需要的驱动。

ASUS 主板销量大，特别是 Z87、B85、Z97 芯片组的主板用户多，使用环境复杂，使用过程中，不同用户会遇到的各种不同的问题，ASUS 主板的 BIOS 和硬件驱动升级快，相比其他品牌主板更稳定。有游戏要求的高配电脑首选 Z87 系列主板，办公或电算化选档次更低的 B85 系列主板，为保证电脑运行稳定，所选的主板 CPU 供电相数不能低于 4 相，6 相以上更好。

其他可选的品牌：

微星（MSI）：出货量位居世界前五，一年一度的校园行令微星在大学生中颇受欢迎。其主要特点是附件齐全而且豪华，但超频能力不算出色，另外中低端某些型号缩水比较严重，使得造假者经常找到可乘之机。

技嘉（GIGABYTE）：出货量与微星不相上下，一贯以华丽的做工而闻名，但绝非华而不实，超频方面同样不甚出众，中低端型号与微星一样缩水，也经常受到假货的困扰。

3. 机箱电源的选择

机箱决定电脑散热，决定了电脑能否长时间稳定运行。电脑机箱尽量选用空间大的，空间大散热才能好。用料应该厚一些，不仅强度更高，主板安装后不易变形，而且不会因为机箱边角太锋利导致不小心割伤，因此选购机箱的最简单办法就是掂掂重量，重量大的好；同理音响和电源等也可以用这种方法选择，质量好的用料足、重量大。有些机箱带静音的风扇，依靠卡子安装在机箱上，清理灰尘相当简单，价格贵一些也值。

电源的功能相当于心脏，为电脑的各种配件提供能源。国内电源混乱，航嘉、长城电源虽然销量不小，质量却不可靠，笔者组装的两台电脑频频出现蓝屏重启，先后替换主板、内存等没有解决问题，最后把长城电源换成安奈美的电源才解决问题但因劣质电源损失了三块硬盘。选择 Delta（台达）、Antec（安钛克）、FSP（全汉）等品牌可以降低故障率。

根据 80Plus 给出的节能标准，电源转换效率在输出功率为额定功率 20%、50%、100% 情况下的转换效率，可分为白牌、铜牌、银牌、金牌、白金牌认证，如表 2－2 所示：

表 2－2

	80 PLUS	80 PLUS BRONZE	80 PLUS SILVER	80 PLUS GOLD	80 PLUS PLATINUM
	白牌	铜牌	银牌	金牌	白金牌
负载	转换效率				
20%	80%	82%	85%	87%	90%
50%	80%	85%	88%	89%	92%
100%	80%	82%	85%	87%	89%

上表表明，负载在50%时，电源的转换效率最高，最省电；因此选购电源时电源额定功率应为所配置的电脑功率的2倍，比如所配电脑功率300W，应选择功率600W的电源，电源不满负荷运转，转化效率最高，发热量低；延长电源的使用寿命，保证计算机长期稳定运行。电脑的功率取决于电脑的配置，目前电脑中耗电量最大的是显卡，因此显卡的档次越高，电源的功率也越高。

以i3、i5、i7不超频，4G内存×2，一个硬盘为为例，显卡越高电源需求也越高。低端CPU集成的显卡，用额定功率300W以上的电源足够；中端显卡；需要额定功率400W以上电源，高端显卡，需要额定功率500W以上的电源。选购电源时，为以后升级方便需再留有20%左右的富余。

在配置电脑时许多人注重CPU的档次，主板的品牌，很少有人关注机箱电源，有些人甚至认为机箱电源无所谓，导致电脑频频出现蓝屏重启等故障。有些人舍得花上万元购买电脑，却不舍得花不足百元买个名牌的插排，劣质插排线比较细，插片比较薄比较松，造成接触不良，有些电脑插排断路不能开机，有些因为插排接触不良，出现电火花，插排触头部分过热，进一步加速触头的氧化和加剧接触不良的程度，过热还可能会把触头焊死在静触头上，发生紧急事故的时候不能及时掉电，引起火灾。

因此组装电脑时要注意细节，好的插排，好的电源和主板CPU同样重要，只要一个零部件也现问题，电脑都会不稳定，甚至损坏。

第三节　计算机的未来发展

未来计算机将以超大规模集成电路为基础，向巨型化、微型化、网络化与智能化的方向发展。

一、巨型化

巨型化是指计算机的运算速度更高、存储容量更大、功能更强。目前正在研制的巨型计算机其运算速度可达每秒百亿次。

前IBM董事长沃森（Thomas J. Watson）曾经做出过“世界只需要5台计算机”的判断，但他的这一观点曾被人耻笑，随着云计算和云存储技术越来越被人们熟悉，SWV公司CTO（首席技术官）雷格（Greg Papadopoulos）认为，这一想法最终会成为现实。他在自己的博客中列出了7台计算机——Google、eBay、Amazon. com、微软、雅虎、Salesforce. com，以及他所谓的“Great Computer of China”。其意思是世界上将出现几家超级规模的、全球性宽带计算服务巨头。

上述的服务巨头都拥有大量的安全技术专家，可以24小时不间断对系统进行维护，即使计算机系统出现意外故障，也可以借助镜像在很短的时间内恢复正常，云计算和云存储环境下计算机病毒、木马、黑客，对企业和人的破坏力将会大大降低，甚至会彻底消失；网银支付风险不复存在，电子商务将会高速发展。

二、微型化

随着云技术的发展，笔记本、平板电脑都可以做得更小，人们不用再强调计算机的CPU、硬盘的性能，在未来用一部普通手机，接入互联网后就能分享巨型机提供的云计算能力，其性能会远远超过现在的传统电脑。未来计算机的CPU运算频率远远低于现在的CPU频率，功耗将由目前的接近百瓦降低至小于1瓦，甚至只有几毫瓦。功耗的降低使笔记本、平板等终端的续航时间大大增强，能连续使用10小时甚至上百小时，环保但性能更高。未来的计算机可以取消硬盘，全部资料放于云端的超级计算机，只要有一台能接入互联网的计算机、平板、手机就可以打开、修改资料。总之，未来的个人计算机不再需要操作系统，仅仅是一个浏览器的作用，计算机不会被病毒、木马感染，数据的安全性会大大增强。

三、网络化

随着计算机应用的深入，特别是家用计算机越来越普及，一方面希望众多用户能共享信息资源，另一方面也希望各计算机之间能互相传递信息进行通信。

计算机网络是现代通信技术与计算机技术相结合的产物。计算机网络已在现代企业的管理中发挥着越来越重要的作用，如银行系统、商业系统、交通运输系统等。

目前Internet已拥有了数千万个用户，用户只要把自己的计算机接到这一网络中，就可以与全世界联络，你坐在家中就能获取该系统上的各种信息，如电子新闻、电子图书资料和电子邮件（E-mail）等。未来，人们的交流会越来越多，要求信息的传送速度更快、传送的范围更广。

四、智能化

计算机人工智能的研究是建立在现代科学基础之上。智能化是计算机发展的一个重要方向，新一代计算机，将可以模拟人的感觉行为和思维过程的机理，进行“看”“听”“说”“想”“做”，具有逻辑推理、学习与证明的能力。计算机能为人们提供文字处理的工具，这样人们可以直接使用计算机写文章和写信。现在，有不少的作家与记者都是使用计算机写作的，有不少机关和公司的文员使用计算机起草文件、打印报表、编写各种业务报告。在今天的报社和出版社，已经采用以计算机为主要工具的电子排版系统，取代了有近千年历史的活字印刷技术。

计算机给人们的生活方式带来了深刻变化，全自动洗衣机（洗衣过程由计算机控制）为人们免去了洗衣的烦恼，空调与电冰箱（由计算机根据温度的变化控制其运作）为人们带来一个清凉的世界。在一些先进国家的家庭中，各种家用电器用网络连接起来，人们通过声控、遥控实现了家务劳动自动化，使人们的生活质量有了很大的提高。

计算机还能把家里的视听设备连接起来形成多媒体计算机，利用它人们不仅可以听音乐、看电影，还能够把其中的声音和画面剪辑下来，然后按照自己的意愿加工与处理，形成自己的音像“产品”供自己或家人欣赏。

计算机还可以充当人们生活中的好帮手，如储存朋友们的电话和地址、管理家庭里的收支账目等。

【自学推荐网站】

http：//www. jingpinke. com/

国家精品课程资源网

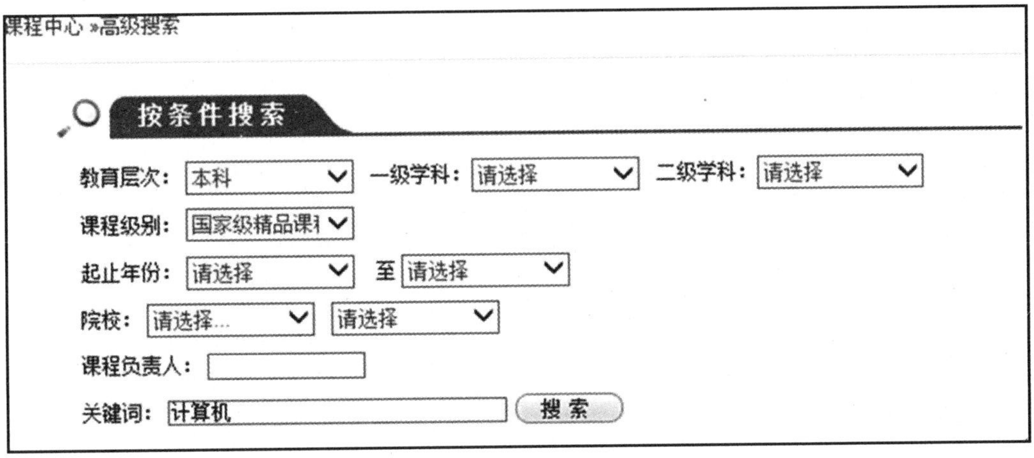

搜索国家级的精品课程自学。

http：//course. jingpinke. com/details? uuid = 8a833999 - 1e4881f5 - 011e - 4881f9b9 - 04df&courseID = S0700215

湖南大学计算机系统组成与体系结构，2009 年国家级精品课程。

【本章复习思考题】

1. Intel CPU 主要有哪些型号？Intel CPU 未来有哪些变化？

2. ASUS 主板的优点有哪些？

3. 如何装一台稳定的计算机？

4. 光盘的使用应注意什么？

5. SSD 硬盘的优势有哪些？主要的 SSD 硬盘生产厂有哪些？

6. 为保护视力，选择显示器时应注意哪些指标？

7. 未来的计算机是什么样子的？

【下一章预习知识】

1. Windows 7 基本知识。

2. Word 2013、Excel 2013、Internet 操作。

第三章　计算机软件

【学习目的】掌握计算机操作系统 Windows7、Office2010 等软件的选择及安装。

【重点与难点】Windows7、Office2010 软件的分类，MSDN 我告诉你下载、安装。

第一节　盗版软件和免费软件的危害

操作系统有盗版系统和正版系统区别，正版 Windows 与盗版 Windows 有着三大区别，分别是安全性、产品质量和售后服务，盗版 Windows 会给用户带来无穷的风险危机。

应用软件有商品化软件和免费软件，免费软件几乎都捆绑了浏览器、安全卫士、杀毒软件等模块，不仅占用系统资源，而且免费软件之间存在冲突，电脑速度会越来越慢。

为保证财务软件的安全安全和稳定运行，必须安装正版 Windows 操作系统、远离各种免费软件。

一、安全性对比，正版 Windows 比盗版安全稳定

正版 Window 的所有系统文件都是来自微软公司，没有经过任何修改，原汁原味，这是 Windows 系统稳定的前提。盗版 Windows 的系统文件 100% 被修改过，这会严重影响个人信息安全。据统计，95．6% 的盗版 Windows 系统 IE 主页和收藏夹被修改，并且被植入垃圾信息；89．9% 的盗版 Windows 系统的防火墙被篡改，使防火墙形同虚设；84．3% 的盗版 Windows 系统已自动打开远程桌面连接，可被黑客进行远程非法操作；78．0% 的盗版 Windows 系统开机启动项被修改，使流氓软件和病毒在开机的时候自动运行；45．9% 的盗版 Windows 系统中含有木马病毒和恶意流氓软件，危害个人电脑的

系统安全。

对于个人信息网上泄密风险越来越高的今天，盗版 Windows 的系统文件不存在未被修改的可能性，黑客对不仅修改盗版 Windows 的系统文件，而且植入盗号木马和流氓软件，容易泄露用户的重要信息，即使隔一段时间就重新安装一次，盗版系统还是会突然崩溃，主页被锁定不能修改，遭遇莫名其妙的弹窗，甚至网银被盗空……

正版 Windows 与盗版 Windows 的安全性对比，一个原汁原味，一个面目全非，孰强孰弱，高低立分，要想做得万无一失，必须选择正版的 Windows，只有使用正版 Windows，才能最大限度地降低风险。

二、正版 Windows 用户，能享受微软公司的服务

微软公司在美国时间每月第二周的星期二，为正版的 Windows 用户提供免费的升级服务，修补系统漏洞避免可能遇到的黑客木马攻击，正版 Windows 用户能在第一时间访问更新和下载。盗版 Windows 因无法通过微软的正版认证而不能升级，无可避免地会遭遇各种黑客木马攻击。

正版 Windows 用户还可以享受微软公司专业的售后服务，一切疑问都能通过电话、在线咨询、邮件等多种方式得到你想要的解决办法。盗版 Windows 用户却无法享受微软公司专业的售后服务，遇到问题要么自认倒霉，要么求助于懂电脑的网友，或者花 30 到 100 元请电脑维修人员再重装一个高风险的盗版 Windows。

三、免费软件比盗版软件风险更高

电脑用户中，真正懂计算机的人非常少，许多人会花几千元买硬件，却不舍得花一分钱买软件，这些用户的电脑都安装有多种免费软件。

盈利是企业经营的唯一目的，免费软件是吸引用户的营销方式，最终目的还是盈利。免费软件通过窃取用户资料，频繁弹窗广告窗口，捆绑浏览器、安全卫士、杀毒等软件获取不菲的收入。为争夺客户，免费软件公司相互经常拆台、甚至诉讼。用户安装免费软件的一种软件后，会被安装其他捆绑的软件。例如，用户安装某输入法后，会弹出“请安装××浏览器”“发现重大漏洞，是否扫描？”“还有×个勋章未领取”窗口，吸引用户安装其他软件，除非用户早有防范予以拒绝，否则就会被安装该输入法捆绑的所有软件。如果一台电脑安装多个免费软件，该电脑会被安装免费软件捆绑的多个浏览器、安全卫士、杀毒软件，不仅占用大量系统资源，电脑速度变慢，而且免费软件之间存在冲突，极易造成系统崩溃。免费软件为盈利频繁地弹出各种广告，更令人厌烦。

Windows 操作系统的源代码是不公开的，世界范围内具备研发和升级 Windows 操作系统能力的只有微软公司，通过 Windows Update 升级 Windows 更新是唯一的途径。许多免费软件提供的 Windows 更新，不仅错把 Windows XP 更新给 Windows 7，或把 Windows7 更新给 Windows XP，而且有些“Windows 更新”是免费软件公司开发的自身就是病毒木马，会窃取用户的账号密码等个人信息。

免费软件会吓唬用户获得安装量或避免被卸载，卸载这些软件时会出现“卸载后将会面临巨大风险!”。如果不怕威胁果断卸载，成功卸载后电脑速度大大提高！但往往因免费软件修改系统内核，卸载这些免费软件后电脑彻底“瘫痪”，只能重做系统，所以卸载免费软件之前，一定要做好数据备份。

总之，软件也是商品，也有自身的价值，必须养成购买商品软件的习惯，不要为省钱安装免费软件！在资金允许的情况下务必购买正版，才能享受到软件开发者提供的售后服务，保证数据的安全。

第二节　计算机操作系统及常用软件下载

一、选择适合的 Windows 版本

Windows 操作系统有 Windows XP、Windows 7、Windows8、Windows8.1 和 Windows10 等多种，Windows 操作系统的开发顺序为 beat 测试版、RTM 正式版、SP1、SP2、SP3 等；SP1 是 RTM 的更新版本，修复一些 bug 和安全漏洞，比 RTM 更加稳定、更加安全；SP2 又是 SP1 的更新，依次类推。

会计电算化工作应使用 Windows 7，目前全球超过一半的电脑安装了 Windows 7，Windows 7 的最新版本是 Windows 7 SP1。Windows XP 虽然在国内用户众多，但已是被微软“抛弃”的陈旧操作系统，不推荐使用；Windows 10 正式版要 2015 年底才能上市，测试版稳定性较差，不符合会计电算化要求。

Windows7 操作系统有 Windows 7 Starter（初级版）、Windows 7 Home Basic（家庭普通版）、Windows 7 Home Premium（家庭高级版）、Windows 7 Professional（专业版）、Windows 7 Enterprise（企业版）、Windows 7 Ultimate（旗舰版）6 个版本。

1. Windows 7 的六个版本功能比较

表 3－1

功能 \ 授权方式 \ 版本	简易版	家庭普通版	家庭高级版	专业版	企业版	旗舰版
授权方式	OEM 授权	零售及 OEM 授权		零售、OEM、批量授权	批量授权	零售及 OEM 授权
32 位和 64 位版本	仅 32 位	都有	都有	都有	都有	都有
32 位支持最大内存	4GB	4GB	4GB	4GB	4GB	4GB
64 位支持最大内存	N/A	8GB	16GB	192GB	192GB	192GB
支持 CPU 数量	1	1	2	2	2	2
创建或加入家庭组	仅加入	仅加入	是	是	是	是
备份和恢复中心	不能备份到网络			可以备份到网络		
Aero 特效	否	部分	是	是	是	是
多点触摸	否	否	是	是	是	是
媒体中心	否	否	是	是	是	是
Tablet PC 功能	否	否	是	是	是	是
加密文件系统（EFS）	否	否	否	是	是	是
位置感知打印	否	否	否	是	是	是
远程桌面主机	否	否	否	是	是	是
演示模式	否	否	否	是	是	是
加入服务域	否	否	否	是	是	是
虚拟 PC 及 XP 模式支持	否	仅虚拟 PC	仅虚拟 PC	是	是	是
BitLocker 驱动器加密	否	否	否	否	是	是
基于 UNIX 的子系统	否	否	否	否	是	是

2. 首选 Windows 7 Professional（专业版）

通过对 Windows 7 各版本功能比较，会计电算化工作应首选 Windows 7 Professional（专业版），Professional 功能够全面。不要盲目追求旗舰版 Windows 7，旗舰版虽比专业版增加了一些功能，但意义不大。为保证电算化系统的安全不能使用盗版。

为防止 Windows 被盗用，Microsoft 公司采用授权激活方式。Windows 7 Professional 的授权方式分为以下三种：RTL 零售版，VL 大客户版和 OEM 版三种激活方式。零售版、VL 和 OEM 版的 Windows 7 都有 x86（32 位）和 x64（64 位），32 位版本和 64 位版本没有外观或者功能上的区别，32 位操作系统比 64 位操作系统占用资源少，但最多支持 4GB 内存，64 位版本支持 8G、16G 甚至更大内存的电脑，最高至 192GB 内存。

RTL（Retail）零售版，一个序列号只能激活一台电脑，价格在三种授权中是最贵的，推荐使用 VL 或 OEM 版的 Windows 7 Professional。

VL 版，采用批量授权，一个序号可激活多台电脑，VL 版的 Windows 操作系统可以从“MSDN 我告诉你下载”，只要有 VL 序列号，就能激活多台 VL 版的 Windows 系统；

OEM 版随 Lenovo（联想）、Dell（戴尔）等厂商的电脑出货，不能零售，也叫随机版。OEM 版 Windows 不需要安装序列号，也无须激活，但只能安装在出厂时预装了操作系统的品牌机上，这些电脑的主板加入了 SLIC 信息激活 OEM 版 Windows。

微软公司用 SLIC 来控制用户对 OEM 版本的非法使用，SLIC 全称是 Software Licensing Internal Code，即软件许可内部码。预装了 Windows 系统的电脑主板 BIOS 里面含有 SLIC，没有预装 Windows 系统的电脑主板 BIOS 里面没有 SLIC。

VL 版和 OEM 版 Windows 各有优点，VL 版 Windows 可以在任何品牌机、兼容机上安装，但 VL 版有安装序列号才能激活；OEM 版无须序列号，但主板须加入各厂家的 SLIC 信息，Lenovo 电脑只能 Lenovo 的 OEM 版 Windows，Dell 的电脑只能安装 Dell 的 OEM 版 Windows。

不是所有的 Lenovo、Dell 电脑都预装 Windows 系统。预装了 Windows 系统的电脑，在电脑上能找到正版 Windows 徽标；找不到 Windows 徽标的电脑，没有预装 Windows 系统。没有预装 Windows 系统的 Lenovo、Dell 电脑和组装的电脑一样，主板没有 SLIC 信息，不能激活 OEM 版 Windows。

判断一台电脑出厂时是否预装了 Windows 7 操作系统，最简单的办法是：看笔记本的 C 面有没有 Windows 7 标志，如果有 Windows 7 标志该台电脑出厂时预装了 Windows 7，即使出厂时安装的是 Windows 7 Home Basic 版，也可以用同品牌高配电脑或厂家网站提供的 Windows 7 Professional（专业版）或 Windows 7 Ultimate（旗舰版）光盘重新安装系统；如果没有 Windows 7 标志，该台电脑和组装机一样，不能用厂家提供的光盘安装 OEM 系统。

二、下载 VL 版 Windows、VOL 版 Office 软件

MSDN 是微软公司为微软会员提供微软公司所有产品的网站，网址 https：//msdn. microsoft. com/zh－cn/，任何人都可免费注册为 MSDN 会员，缴纳 3000 元的年费后，有权下载使用微软的所有软件，微软公司为每种软件提供 10 个序列号，可以激活 Windows 7 Home Basic、Home Premium、Professional、Ultimate 各 10 台电脑，总计 50 台，适合中小企业和个人下载，安装微软的产品。

MSDN 我告诉你，是微软公司为非 MSDN 会员提供微软公司软件下载的网站，包括各种版本的 Windows、office、SQL 数据库软件等，网址 http：//www. itellyou. cn/。该网站不提供软件的序列号，需要用户单独购买。

在“MSDN 我告诉你”网站，任何人都能免费下载 Windows XP Professional 大客户版（VL）、Windows 7 Professional 大客户版（VL）、Microsoft Office2003 Professional Plus、Office2010 Professional Plus 大客户版（VOL）等微软公司开发的软件。

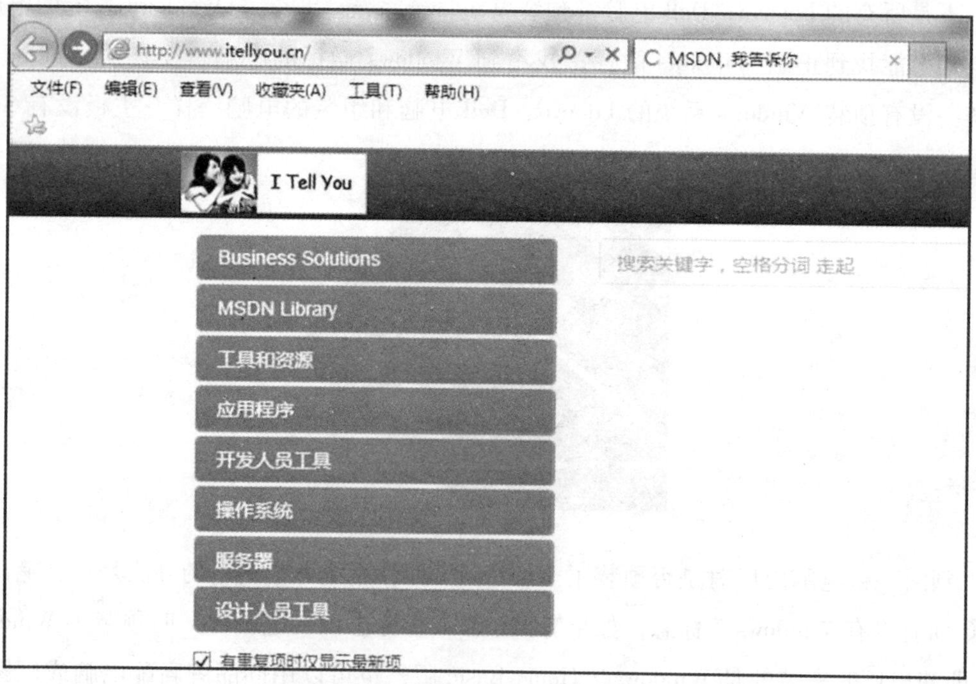

MSDN 我告诉你网站主页，提供应用程序、操作系统、服务器等下载选项

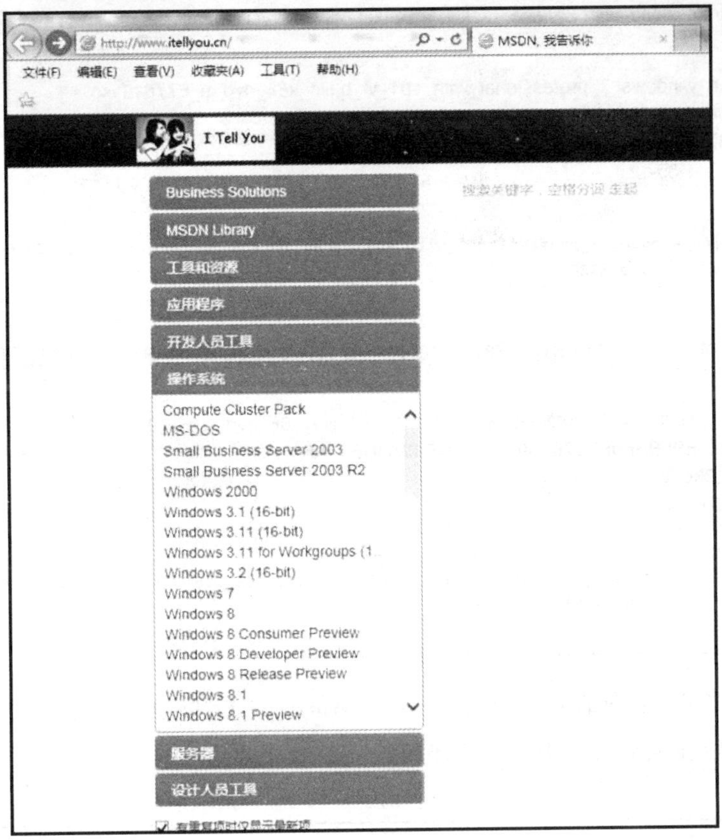

“操作系统”选项，“MSDN 我告诉你”提供所有 Windows 操作系统下载

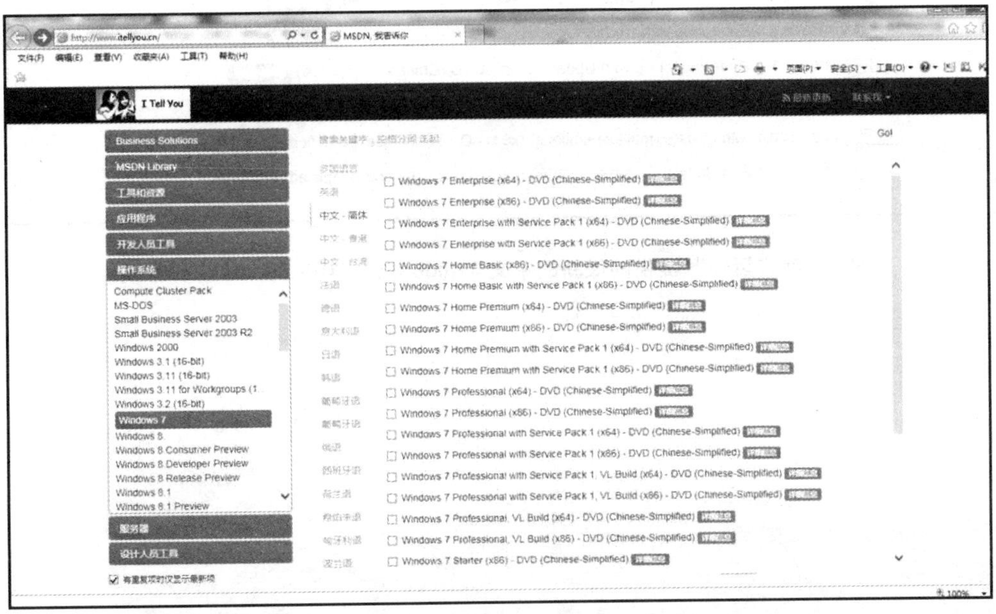

“操作系统”选项，“MSDN 我告诉你”提供的中文 Windows7 操作系统

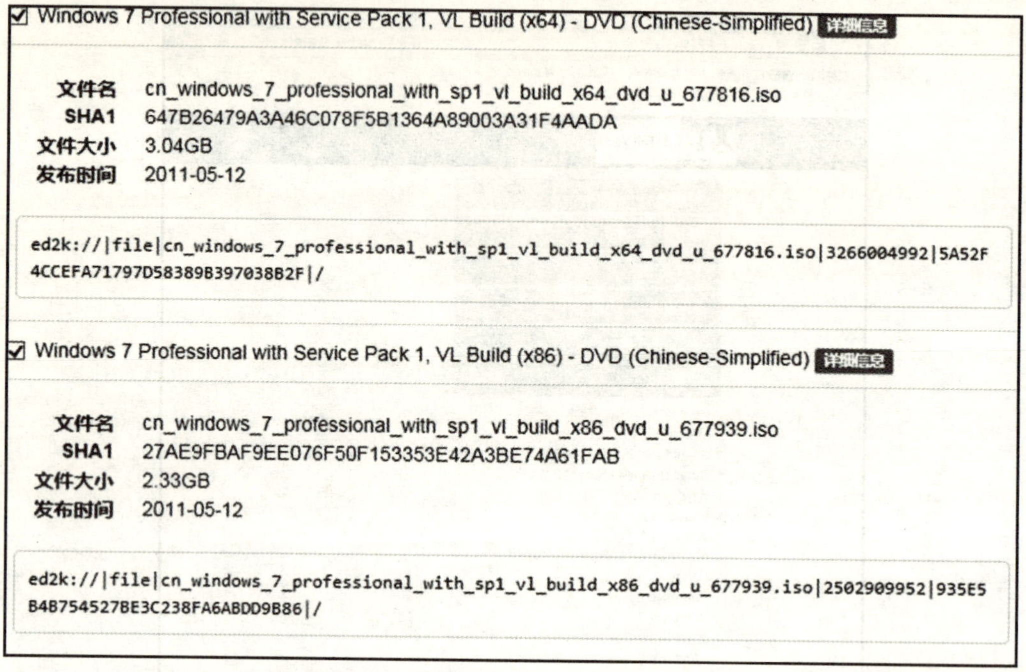

"MSDN 我告诉你"提供的 VL（大客户）中文 Windows7 Professional SP1 操作系统 iso 映像文件（把下载链接复制粘贴到迅雷即可下载）

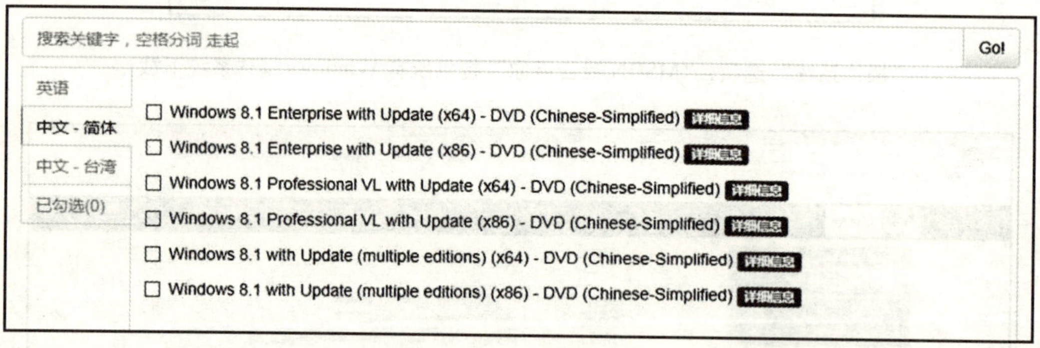

"MSDN 我告诉你"提供的最新的中文 Windows8. 1 with update 操作系统。

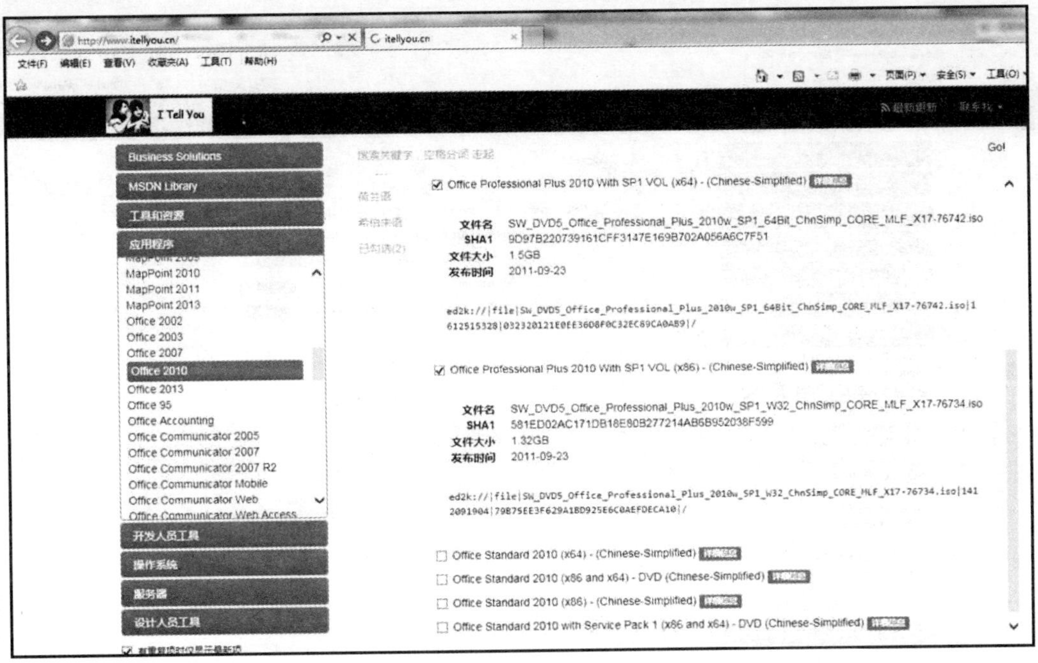

“应用程序”选项，“MSDN 我告诉你”提供的中文 Office Professional Plus 2010 With SP1 VOL 的 iso 映像文件

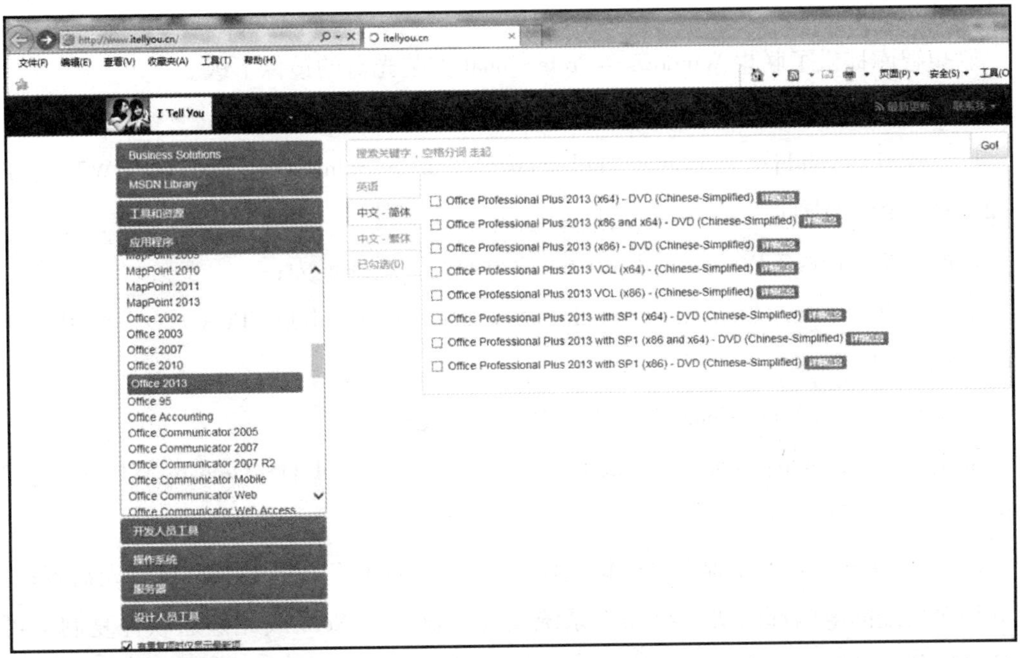

“MSDN 我告诉你”提供的中文 Office Professional Plus 2013 VOL

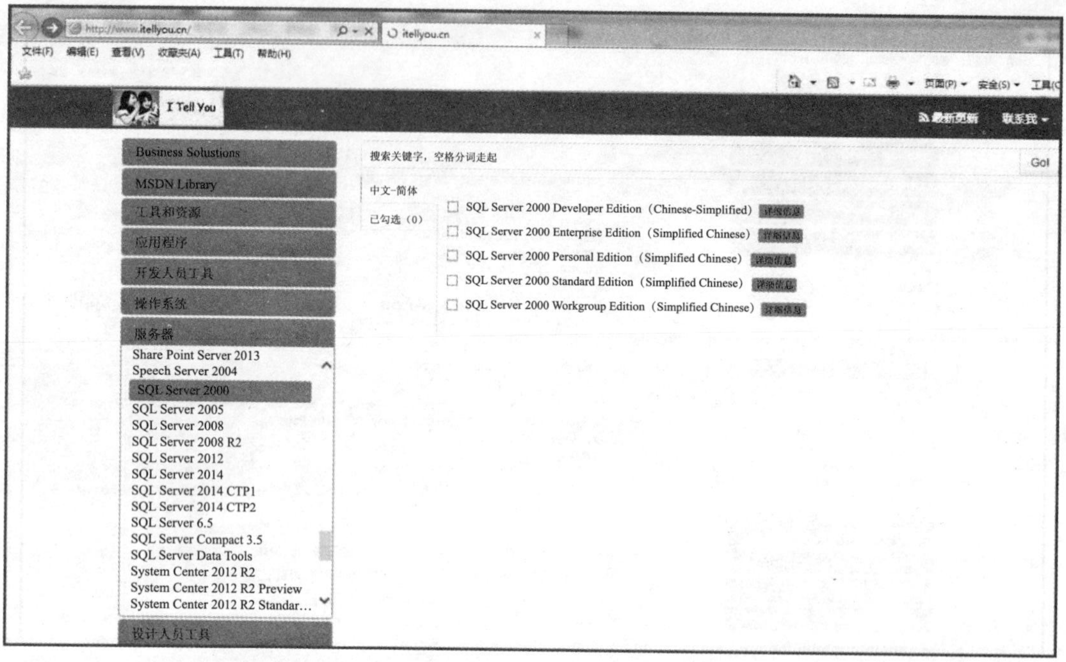

“服务器”选项，“MSDN 我告诉你”提供的中文 SQL Server 数据库

三、下载 Lenovo OEM 版 Windows

联想智库提供了联想 Windows 7 Professional 安装光盘的镜像下载。

Lenovo Windows 7 Professional 32 位镜像，下载地址为：

http：//lenovohdq：lenovohy@ kbdl. lenovo. com. cn/qiuml/OS/LENOVO_ W7P1_ PR_ 32_ SC_ RDVD. iso

Lenovo Windows 7 Professional SP1 64 位镜像，下载地址为：

http：//lenovohdq：lenovohy@ kbdl. lenovo. com. cn/qiuml/OS/LENOVO_ W7P1_ PR_ 64_ SC_ RDVD. iso

Lenovo XP SP3 Professional 带 AHCI 镜像，下载地址为：

http：//lenovohdq：lenovohy@ kbdl. lenovo. com. cn/qiuml/OS/Lenovo_ XP_ SP3_ 32_ SC_ Pro_ AHCI. rar

Lenovo、Dell HP 等品牌电脑的销量比较大，Windows 7 Professional 安装光盘容易找到，许多高配的电脑都随机带有操作系统安装光盘，用 Nero 或光碟通软件复制即可；其他品牌的电脑因销量较小，较难找到厂家提供的操作系统安装光盘，这也是实施会计电算化首选 Lenovo、Dell、HP 等品牌电脑的原因。

四、用 Nero 刻录 Windows 7 Professional 系统盘

Nero 2014 主界面，刻录时需选择 Nero Burning ROM

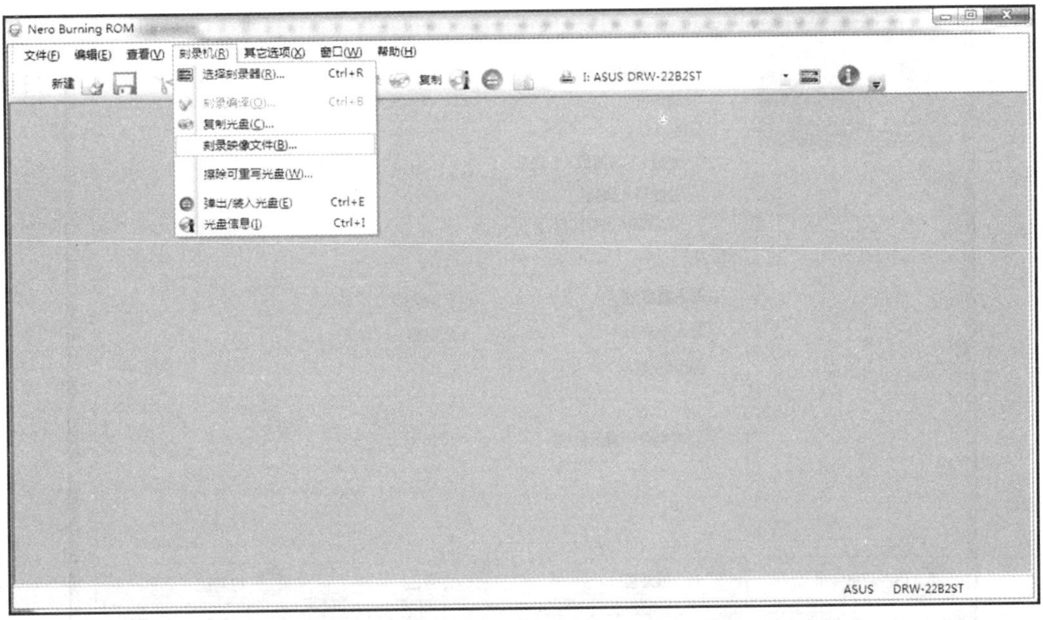

Nero Burning ROM 主界面，选择“刻录机”菜单下的“刻录映像文件”

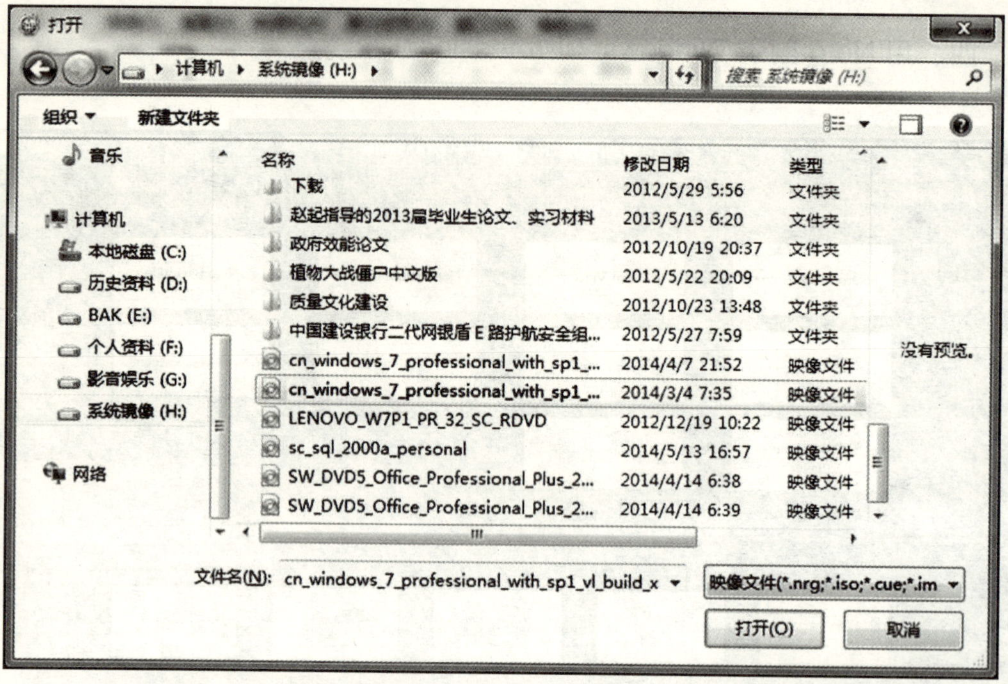

选择需要刻录成安装盘的 **Windows 7 Professional** 映像文件

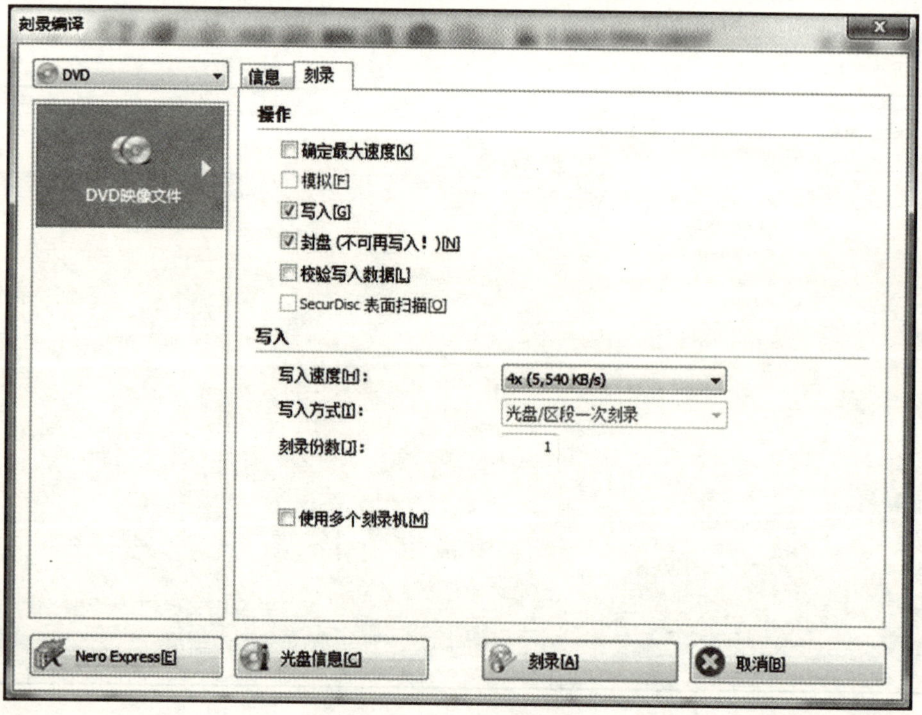

设置刻录时的写入速度，注意尽量选择最慢的速度，速度太快会刻录失败。插入空白 DVD 刻录光盘，点击刻录就开始刻盘，刻录成功就有了 Windows 7 Professional 系

统盘。进 BIOS 设置光盘启动，或按 F9 或 F12 从光盘启动，用刻录成功的 Windows 7 Professional 系统盘进行系统修复或安装。

五、购买 VL 版 Windows 和 Office 激活序列号

购买 VL 版 Windows 和 Office 激活序列号的途径如下：

1. 成为 MSDN 会员，获取 Windows、Office 正版序列号，订户下载地址 https://msdn.microsoft.com/zh-cn/subscriptions/downloads/。

2. 微软公司针对在校大学生的校园先锋活动，在校大学生低价购买序列号，微软教育频道网址 http://item.shop.edu.cn/brand/microsoft。

3. 京东、淘宝上购买VL版的Windows 7 Professional和VOL版Office 2010序列号。

Windows XP、Office 2003、Office 2007都已过时，微软不再继续销售和提供升级服务，允许任何单位和个人免费使用。Windows XP Professional VL版安装序列号为MRX3F－47B9T－2487J－KWKMF－RPWBY，Office 2003 Professional PLUS VOL版安装序列号为FTYBP－J2B4K－K7JHY－3JG2K－MT9VM，Office 2007 Professional PLUS VOL版安装序列号为M7YXX－XJ8YH－WY349－4HPR9－4JBYJ，都可以无限次安装，但都无法Windows Update升级，使用风险很高。

第三节　Windows操作系统安装

一、根据需要对硬盘分区

Windows 7安装时应至少把硬盘分为四个以上的分区，分别为C、D、E、F……C盘空间以60G－100G为宜，分区时以M为单位，近似换算为60000M－100000M；D盘也以60G－100G为宜；E盘应100G以上；余下的可以全部给F盘或划分为更多的分区。以下公式算出的数值让硬盘分区为整数，FAT32格式分区公式（N－1）×4＋1024×N，NTFS格式分区公式1024×N＋1，比如NTFS格式分60G分区，套用公式1024×60＋1＝61441（M）。

用Windows 7 Professional光盘启动划分分区后，应重启一次电脑重新进入分区界面，否则光盘盘符可能出现在硬盘盘符之间，如硬盘盘符为C、E、F……光驱盘符为D。在安装系统前，重启一次电脑，重新进一次分区界面，则硬盘盘符会自动调整为连续的C、D、E、F……光盘盘符显示为硬盘最后盘符后面的字母。Windows 7 Professional应安装在C盘，Office安装到C盘，杀毒软件和常用软件也安装在C盘上；QQ聊天记录、阿里旺旺聊天记录一定安装在E、F……盘，这样即使将来电脑软件出现故障一键还原，聊天记录还能保存。

Windows操作系统的安装费时、费力，整个安装过程分为四个主要阶段：Windows 7 Professional的安装、硬件驱动的安装、通过Windows Update升级，安装常用应用软件。

二、用Windows 7 Professional系统盘安装操作系统

Windows 7 Basic……Ultimate等六个版本的安装方法是完全一样的，将Windows7安

装光盘放入光驱，在电脑启动时进入 BIOS 并把第一启动设备设置为光驱，按 F10 保存设置并退出 BIOS；有些电脑不需要修改启动顺序，开机按 F9 或 F12 选择从光盘启动即可。

1. 电脑出现下图提示时，务必快速按回车键，从光盘启动电脑，如果没有及时按回车键，电脑将从硬盘启动，导致从光盘启动失败，只能再次重启。

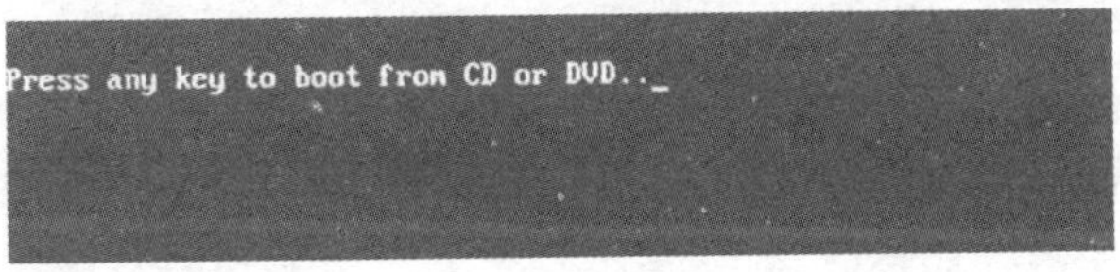

2. 电脑从光驱启动后开始加载安装程序文件。

3. 安装程序文件加载完成后出现 Windows7 安装界面，因为 Windows7 安装光盘是简体中文的，所以这里全部选择默认值，点击下一步。

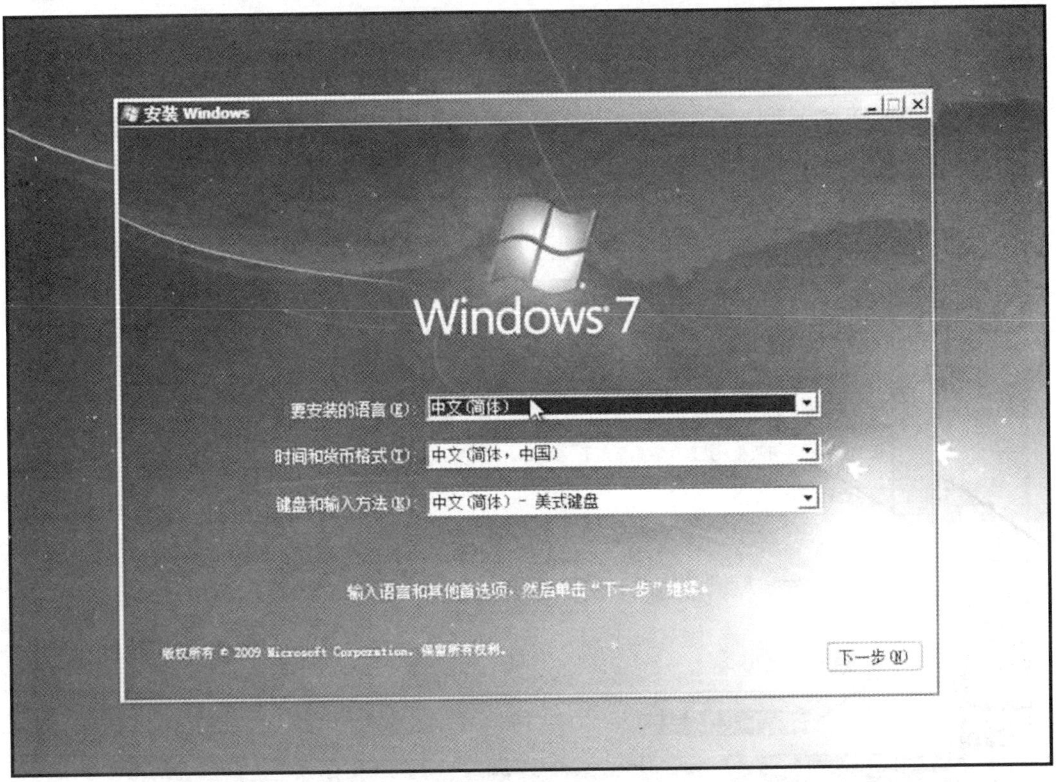

4. 点击“现在安装”按钮开始安装。

5. 出现许可协议条款，在“我接受许可条款”前面打上钩，接着下一步。

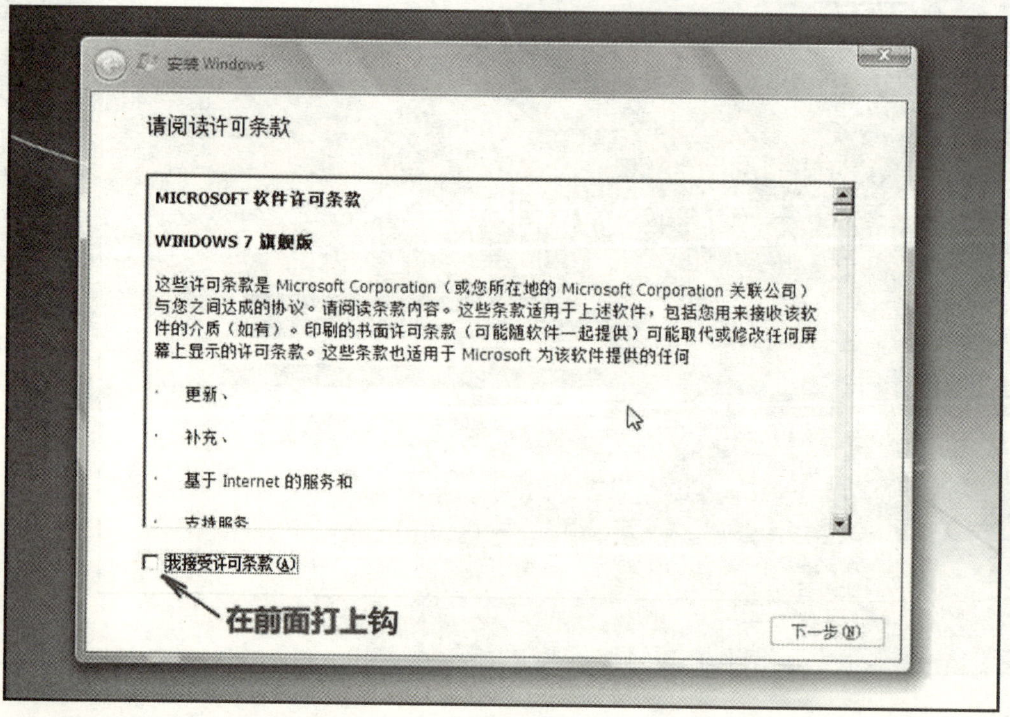

6. 出现安装类型选择界面，因为我们不是升级，所以选择自定义（高级）选项。

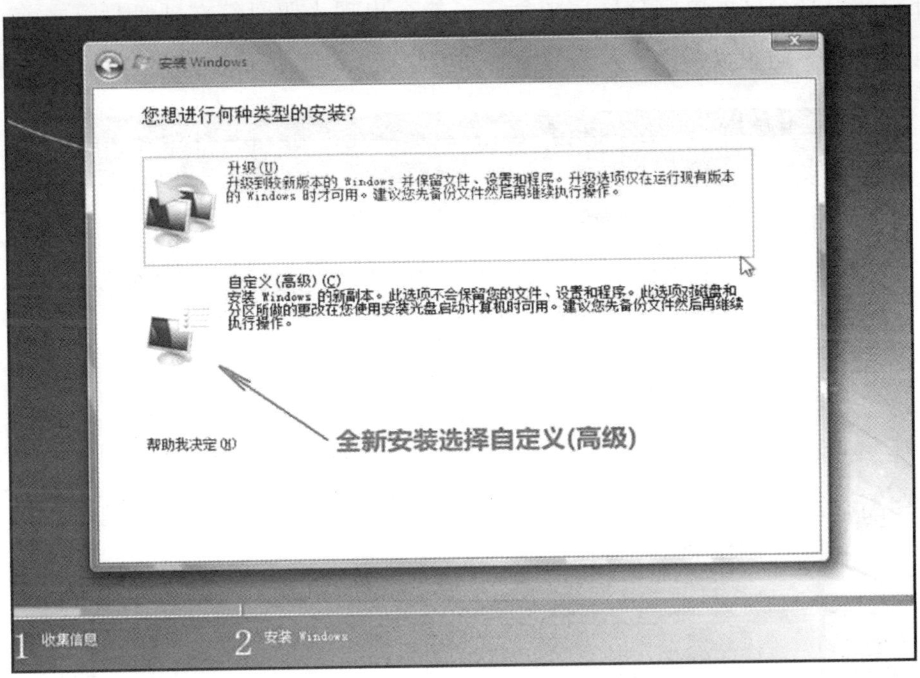

7. 出现安装位置选择界面，在这里选择安装系统的分区，如果要对硬盘进行分区或格式化操作，点击驱动器选项（高级）。

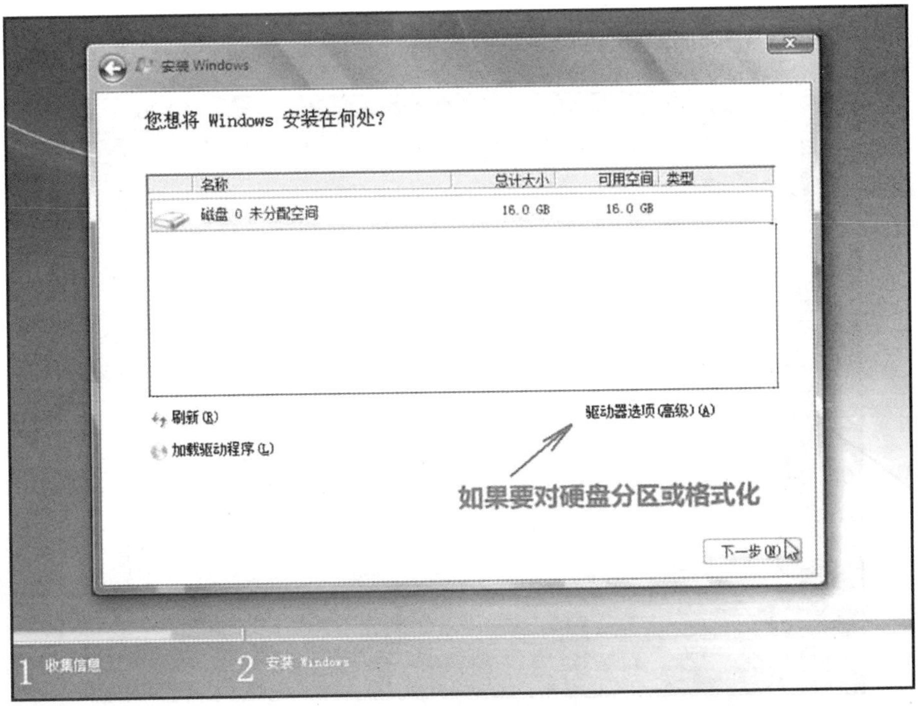

8. 下图可以对硬盘进行分区，也可对分区进行格式化，选择好安装系统的分区后，点击下一步。新分区的电脑分区完成后，可能会出现光驱盘符在硬盘盘符之前，所以务必重启一次，防止盘符错乱；重新安装的电脑在安装时选择格式化对C盘格式化。

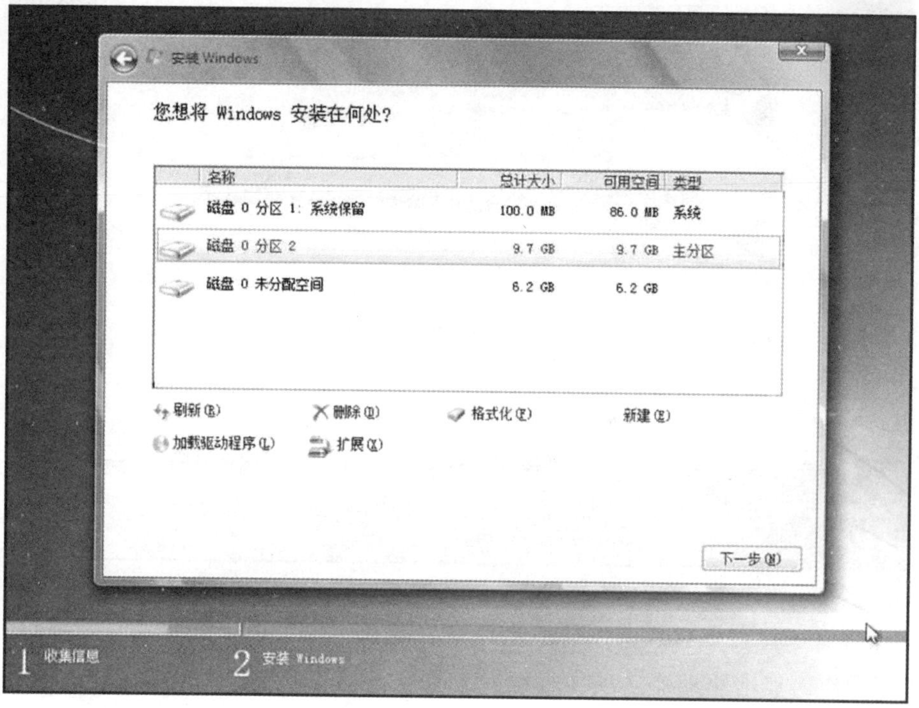

9. 按下一步，Windows7 开始安装。

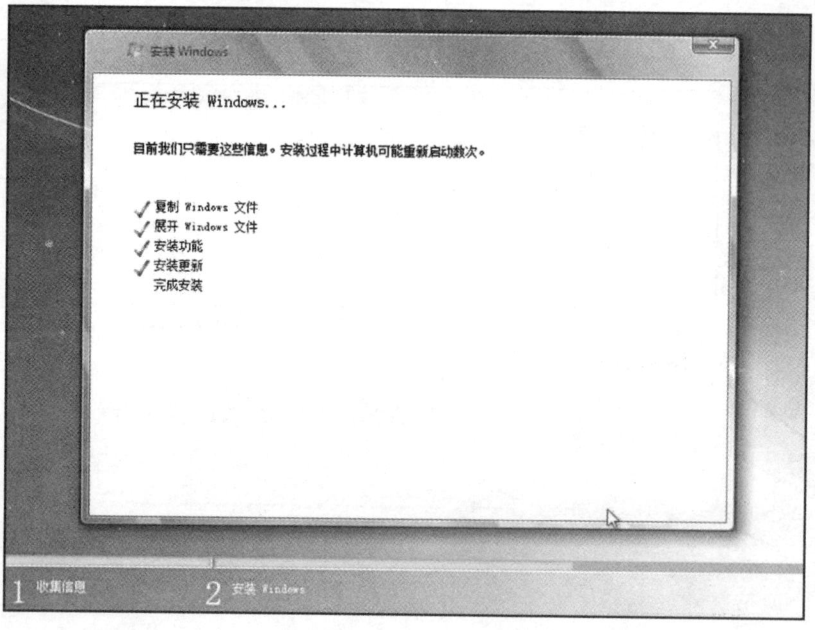

10. 安装完成后，电脑需要重新启动。

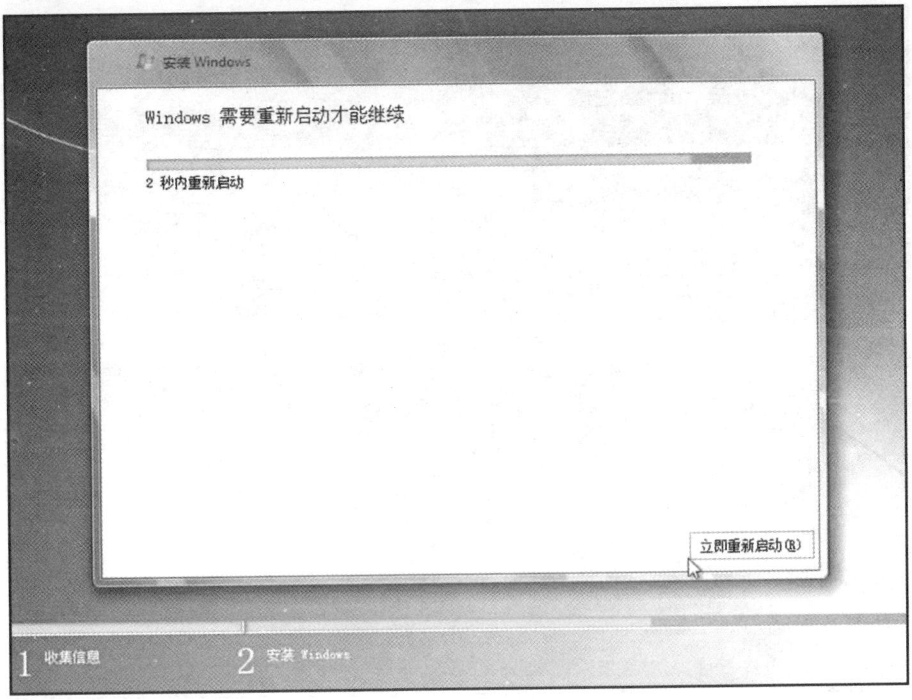

11. 电脑重新启动后开始更新注册表设置。

12. 启动服务。

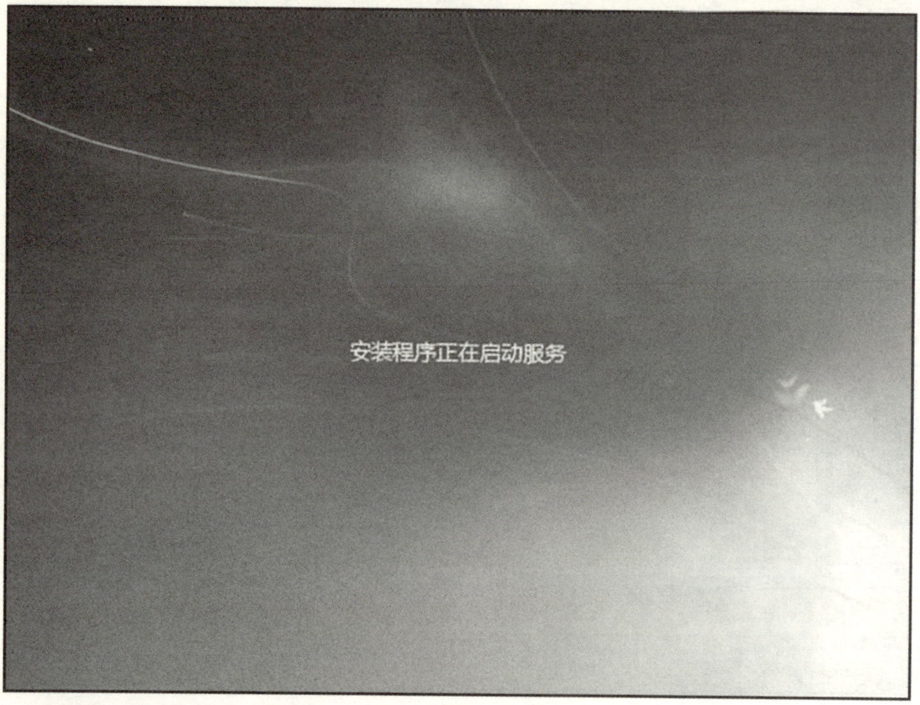

13. 这时才进入最后的完成安装阶段。

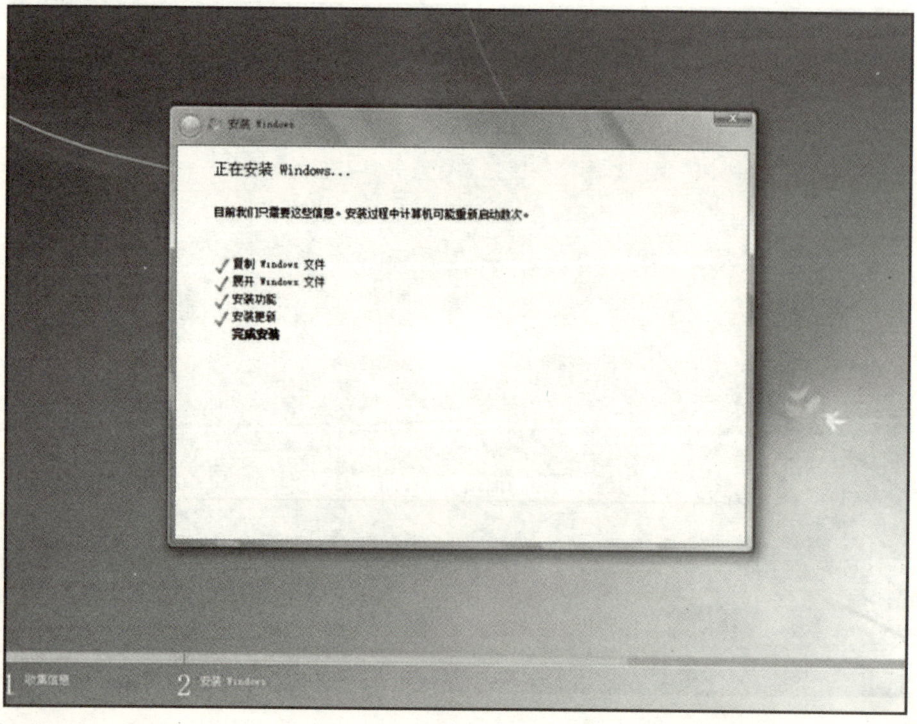

14. 完成安装阶段完成后，电脑需要重新启动。

15. 电脑重新启动后，安装程序为首次使用计算机做准备。

16. 输入用户名和计算机名称，计算机名必须是字母开头，可以是纯字母组成也可以是字母开头跟数字；一般填完用户名后，计算机名自动变为“用户名－PC”，删除计算机名中的“－”后，点击下一步。

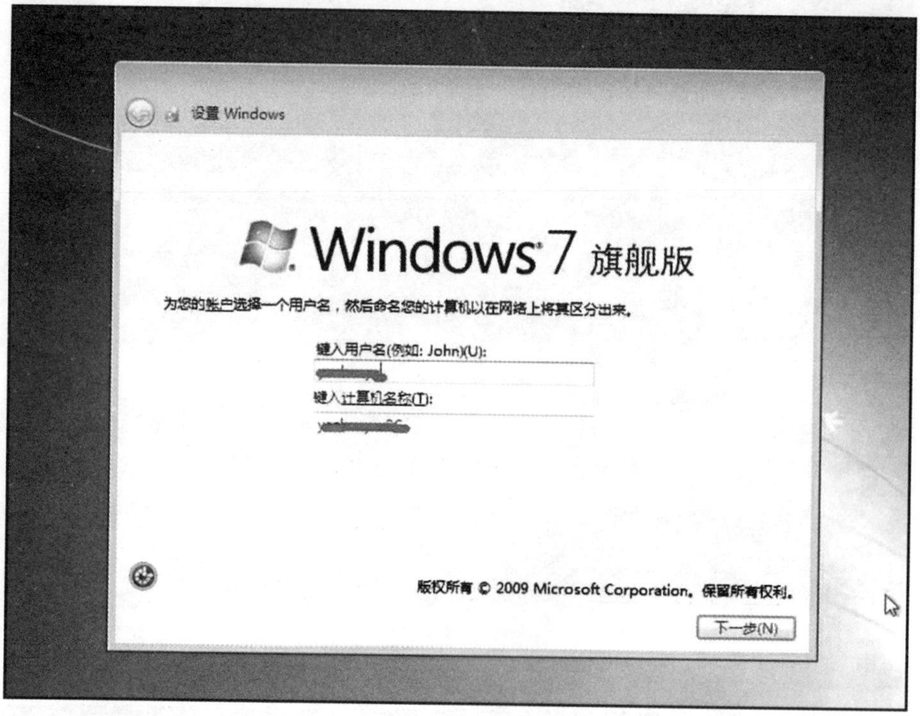

17. 为账户设置密码，一般个人电脑可不设置密码（留空），以后电脑启动时就不会出现输入密码的提示，而是直接进入系统。

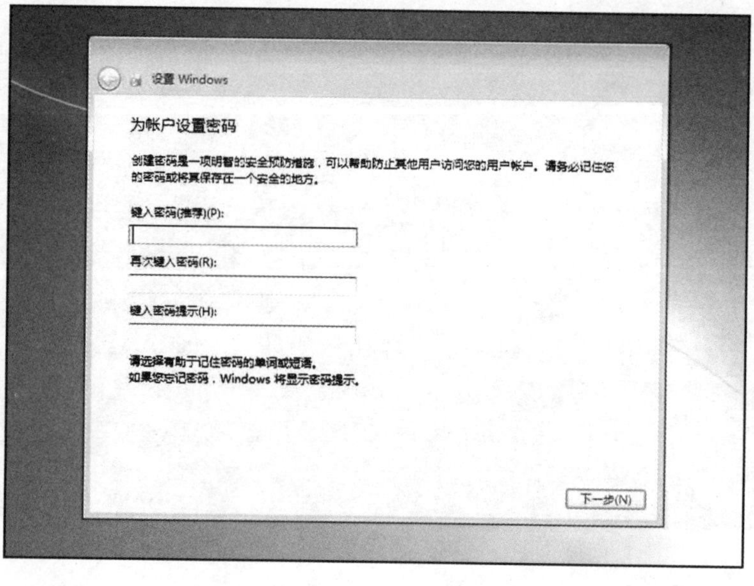

18. 设置系统更新方式，建议选择推荐的选项。

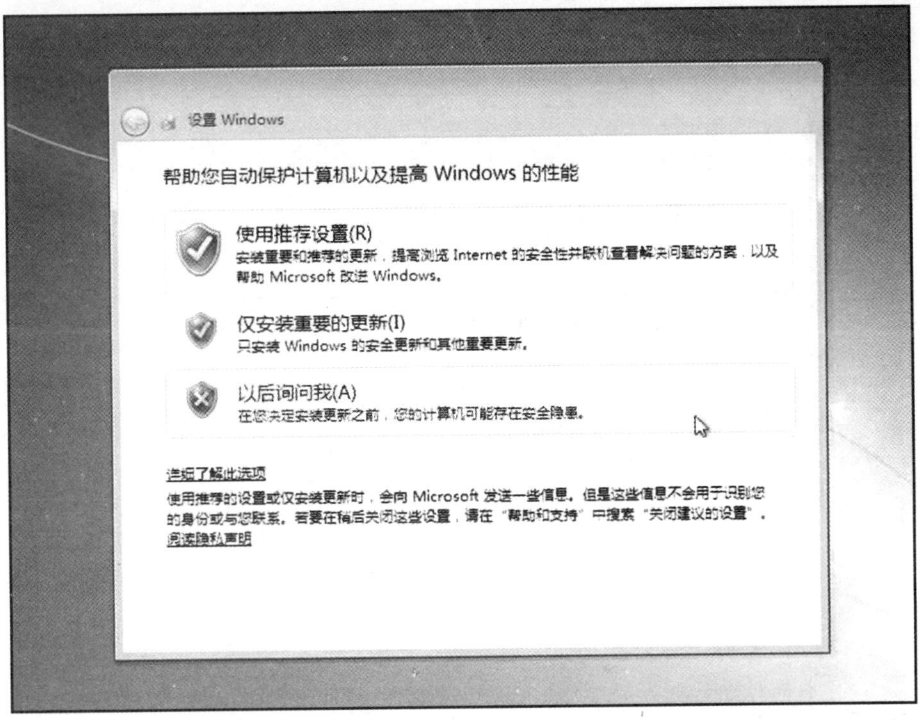

19. 设置电脑的日期和时间。

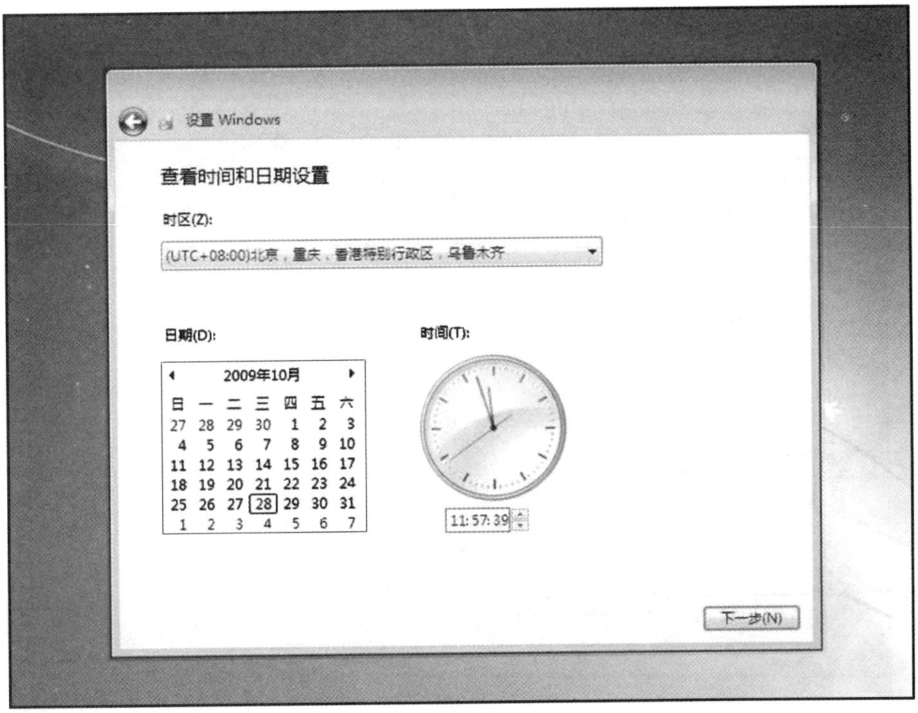

20. 设置网络位置，有家庭、工作和公用三个选项，其中家庭网络最宽松，公用网络最严格，根据自己的实际情况进行选择。

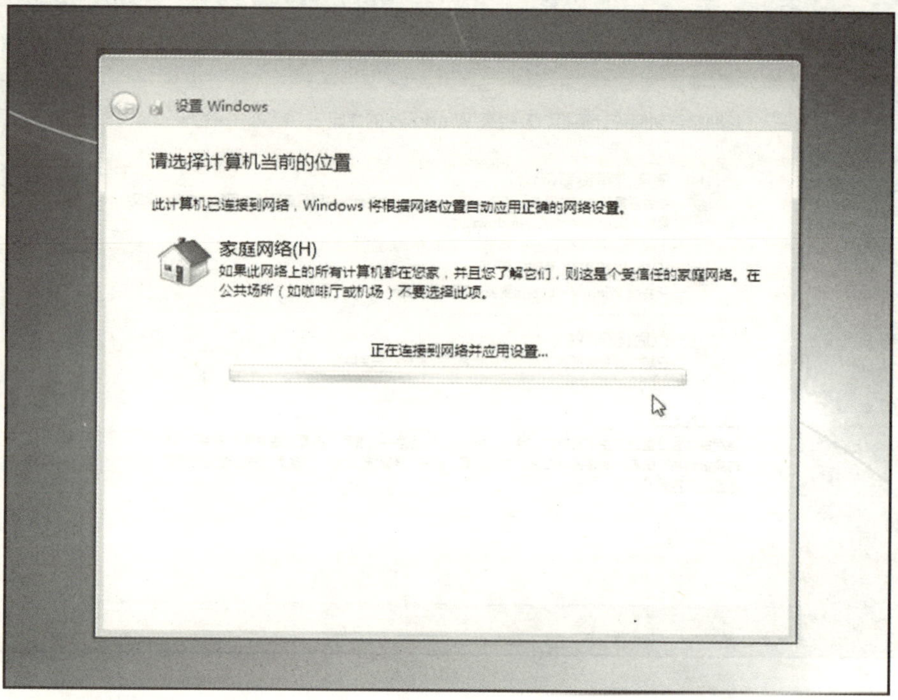

21. 准备桌面。

22. 进入系统桌面。

三、安装硬件驱动

多数人在购买电脑时多考虑计算机硬件配置和外观，根本没有考虑该机型的销量，我们建议购买电脑时，尽量选择有随机驱动盘的机型。比较规范的公司都针对 Windows 32 位和 64 位系统开发了不同版本的驱动，因此，用随机光盘安装驱动是最简单，也是最靠谱的。

如果随机驱动盘丢失，应从官方网站下载驱动，品牌机中 Lenovo（联想）的官网查找和下载驱动是非常容易的，但一些比较便宜的机型和销量比较大的商务机型相比，驱动的更新频率和对多种操作系统的支持，差距还是很大的，因此我们不建议购买价格较低的机型，应购买中高端以上销量较大的机型，如 ThinkPad 的 T、X 系列就比 ThinkPad E 的驱动容易寻找。

1. 品牌机，联想 ThinkPad T、X 系列驱动容易找到

上图是联想的 ThinkPad 服务网站，http：//think. lenovo. com. cn/，非常简洁明了，选择笔记本电脑进入下图。

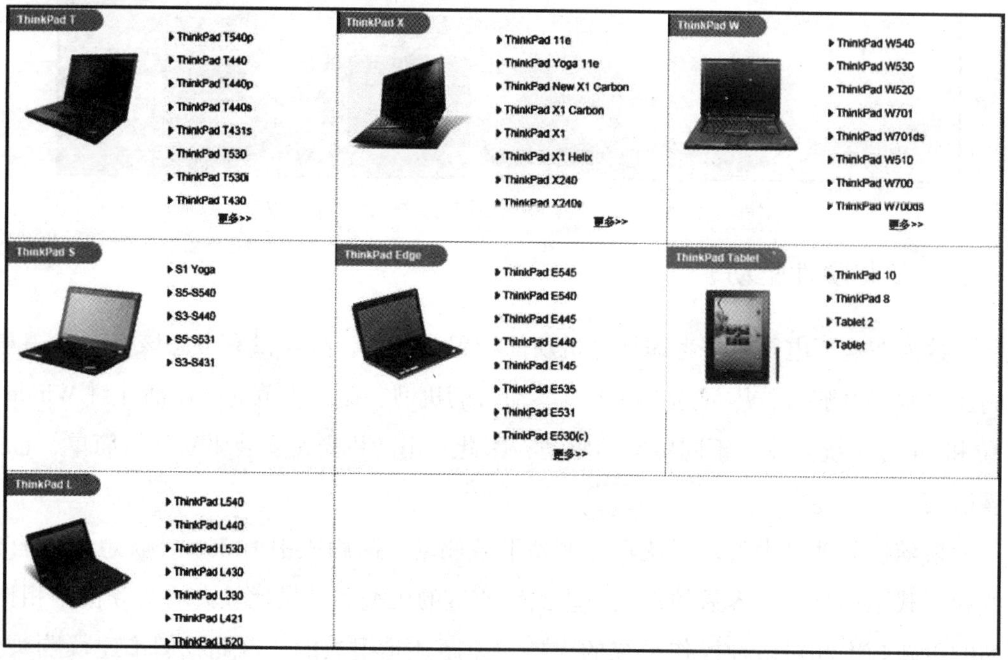

上图是 ThinkPad 笔记本，分类非常清晰！选择 ThinkPad X，再选择 ThinkPadX61 进入下图。

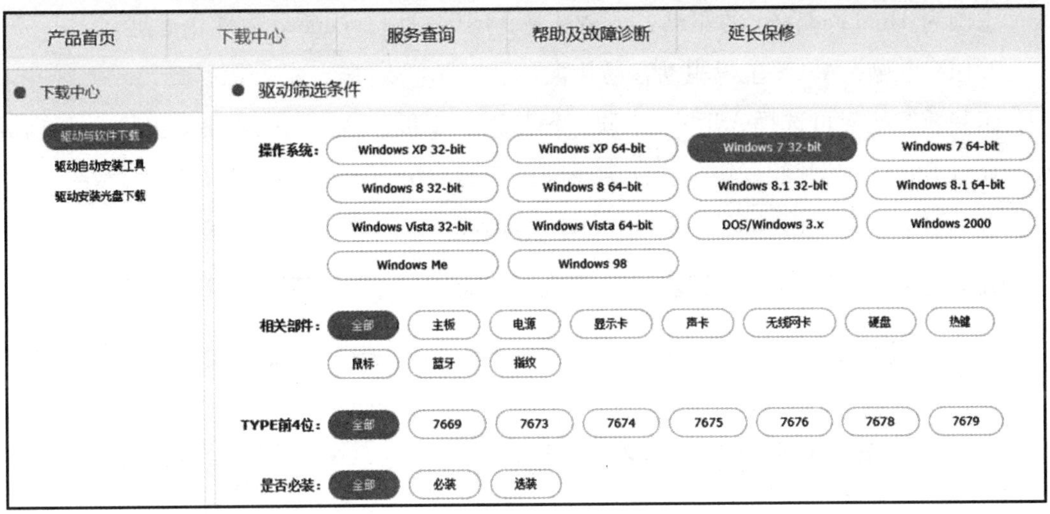

上图为 ThinkPad X61 驱动页，最上面可选择 DOS/Windows32、Windows98、WindowsME、Windows2000、WindowsXP、WindowsVista、Windows7、Windows8、Windows8.1 所有 Windows32 位和 64 位操作系统的驱动，和 ACER 某些机型只提供 Windows 8 驱动，选择空间很大，使用者可在任意 Windows 操作系统中正常使用 ThinkPad X61 电脑。

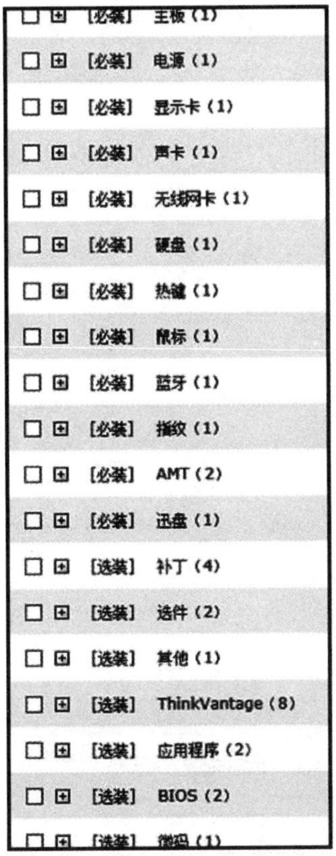

上图为 ThinkPad X61 的驱动，清清楚楚，明明白白，Lenovo 人性化十足。

2. DIY 电脑，ASUS 主板驱动容易找

组装兼容机时可选择 ASUS（华硕）销量大的主板，这些主板能不仅提供全面的驱动，而且 BIOS 和芯片组、声卡、网卡驱动更新速度快，主板稳定。

ASUS 的服务网址，http：//www. asus. com. cn/support/

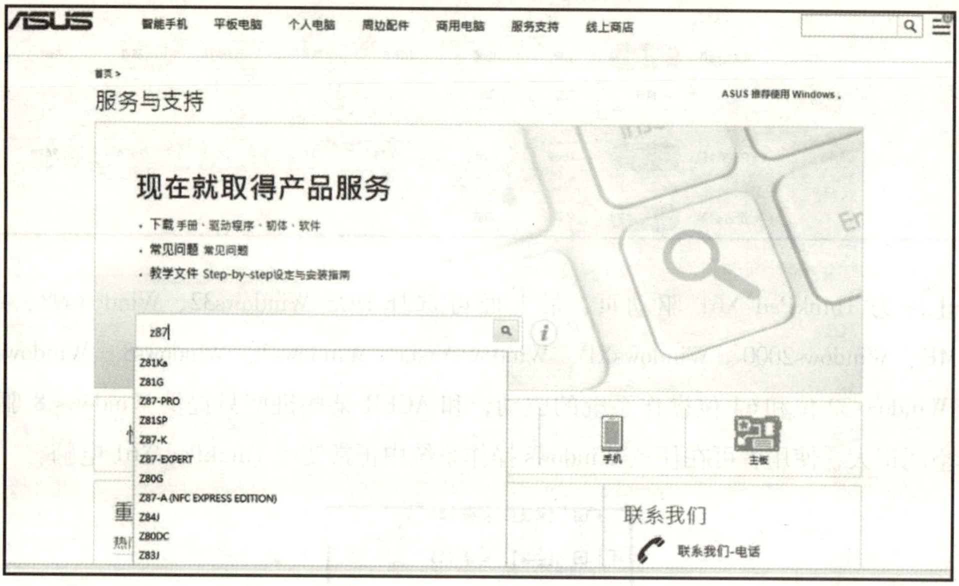

在搜索栏输入 Z87，Z87 芯片组的所有主板都罗列出来，比如选择 Z87 - PRO。

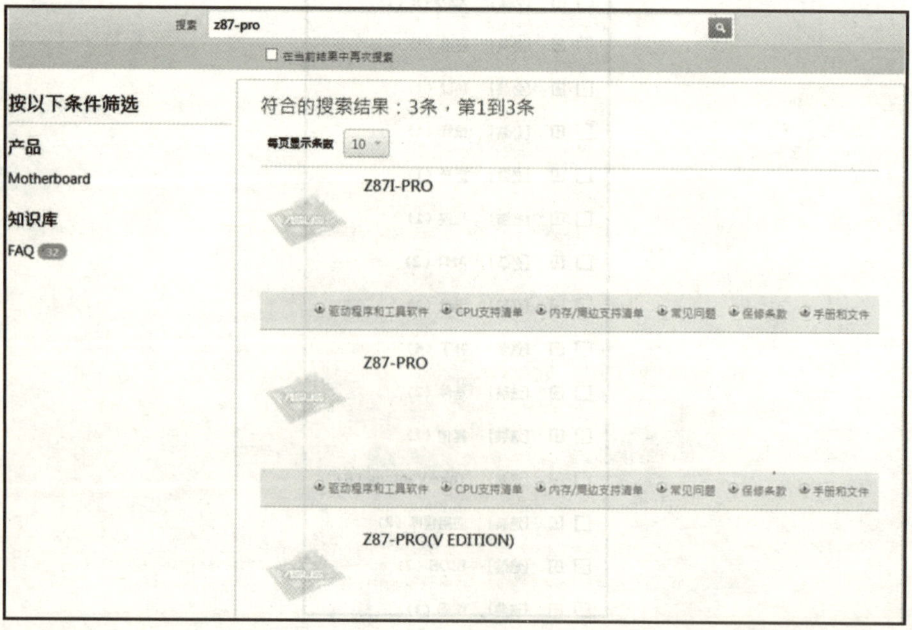

Z87 – PRO 细分为三种型号，再次让用户选择，防止驱动下载错误，ASUS 非常注重细节，我们选择不带无线的 Z87 – PRO（V EDITION）。

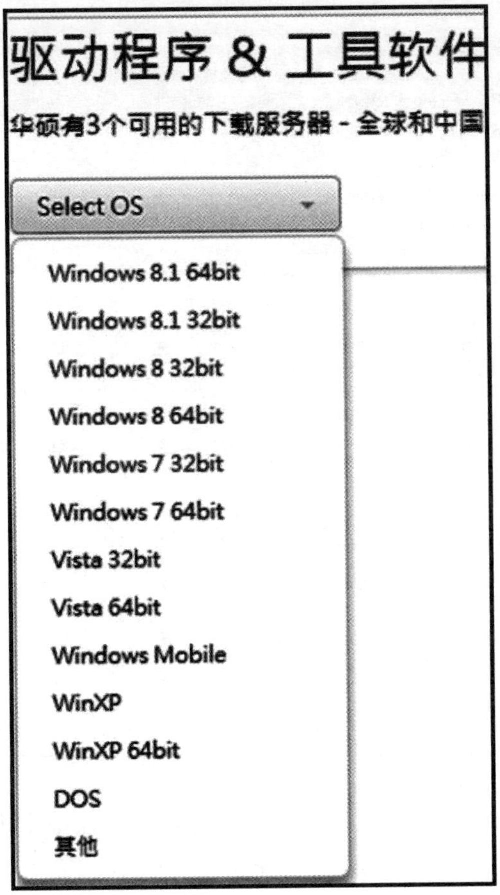

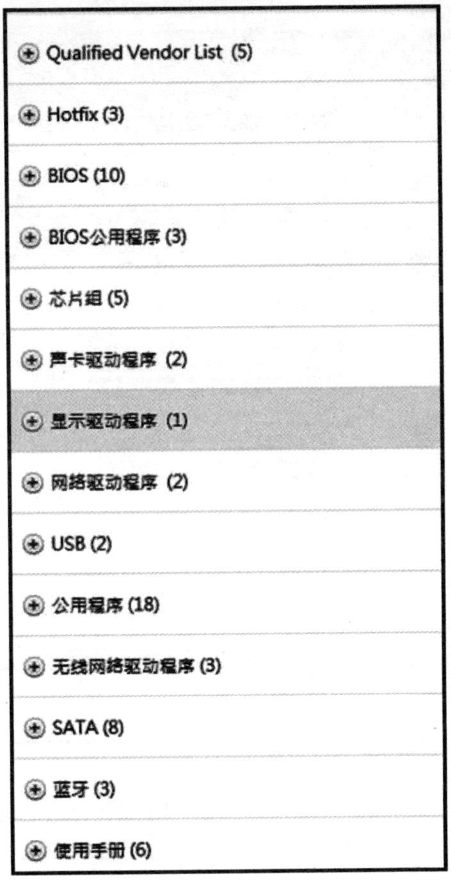

支持的操作系统列表，DOS、Windows XP、Windows Vista、Windows 7、Windows 8、Windows 8. 1 等 32 位和 64 操作系统都能找到合适的驱动，比如选择 Windows 7 64 位。

Z87 – PRO（V EDITION）的 Windows 7 64 位操作系统下的主板驱动，清清楚楚，明明白白，人性化十足。

Windows 7 64bit

下载清单（0）

Qualified Vendor List（5）

Hotfix（3）

BIOS（10）

版本	描述	系统	文件大小	更新	下载	选择
2.00.02	BIOS updater for New 4th Gen Intel Core Processors 在您使用Intel第四代酷睿处理器前，我们建议您先下载BIOS updater for new Intel 4th Gen Core Processors，然后用此工具来升级BIOS。	Windows 7 64bit	7.33 MBytes	2014/07/24		□
2005	Z87-PRO（V EDITION）BIOS 2005 and BIOS updater 发送系统性能 Note：Must apply the attached BIOS updater tool first before using the new Intel 4th Gen Core processors.	Windows 7 64bit	12.64 MBytes	2014/06/12		□
beta version 2003	Z87-PRO BIOS 2003 增强与新版Anniversary Edition and Devil'Canyon CPU的兼容性. Note：Must apply the attached BIOS updater tool first before using the new Intel 4th Gen Core processors.	Windows 7 64bit	7.39 MBytes	2014/05/30		□
1802	Z87-PRO BIOS 1802 1.改善系统稳定性 2.支持Intel第四代酷睿处理器 3.在您使用Intel第四代酷睿处理器前，我们建议您先通过USB BIOS flashback来升级BIOS，或者您也可以下载BIOS updater for new Intel 4th Gen Core Processors，然后用此工具来升级BIOS。	Windows 7 64bit	5.33 MBytes	2014/03/14		□
1707	Z87-PRO BIOS 1707 1.改善系统稳定性 2.支持Intel第四代酷睿处理器 3.在您使用Intel第四代酷睿处理器前，我们建议您先通过USB BIOS flashback来升级BIOS，或者您也可以下载BIOS updater for new Intel 4th Gen Core Processors，然后用此工具来升级BIOS。	Windows 7 64bit	5.32 MBytes	2013/12/25		□
1602	Z87-PRO BIOS 1602 微语BIOS说明字符串	Windows 7 64bit	5.29 MBytes	2013/11/08		□
1504	Z87-PRO BIOS 1505 1.增强与某些PCIE设备的兼容性 2.微语BIOS说明字符串	Windows 7 64bit	5.29 MBytes	2013/10/30		□
1405	Z87-PRO BIOS 1405 改善系统稳定性	Windows 7 64bit	5.26 MBytes	2013/08/29		□
1205	Z87-PRO BIOS 1205 1.改善系统稳定性 2.修复了XMP button的问题 3.微语■文说明字符串	Windows 7 64bit	5.19 MBytes	2013/07/05		□
1007	Z87-PRO BIOS 1007	Windows 7 64bit	5.19 MBytes	2013/06/03		□

上图为Z87－PRO（V EDITION）的BIOS驱动，几乎每个月都有升级，保证了主板的兼容性和稳定性。我们不建议购买价格较低或销量较小的品牌电脑，BIOS极少升级甚至从未升级，不仅驱动不好找，而且许多机型不提供Windows XP或Windows 7驱动。

一般应禁止安装非官方提供的驱动，错误的驱动会导致分辨率不高，声音失真，甚至蓝屏死机，有些机型特别是比较便宜的机型不带驱动盘，在安装系统时需要从官网找驱动程序。有些销量小的品牌和不常见的机型，官网不提供驱动，网卡驱动需要去Intel、Broadcom寻找、Realtek，显卡驱动去AMD、NVIDIA、Intel寻找，很难一次安装成功，浪费大量的精力，不要购买销量小的品牌和不常见的机型或配件。

四、Windows Update升级Windows系统

任何操作系统都不可避免地存在着许多未被发现的缺陷或问题统称为bug（漏洞），Windows操作系统也不例外，如果不及时修补这些bug，不仅会造成系统不稳定，而且还存在着被木马黑客利用的风险，因此操作系统必须通过Windows Update对Windows操作系统进行升级。升级方法：开始按钮→所有程序→Windows Update，安装所有重要更新。

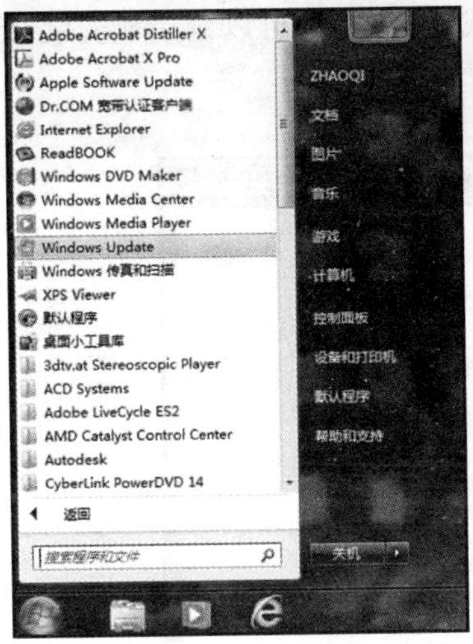

上图所示，左图为开始菜单下的 Windows Update；右图为安装所有重要更新后，没有重要更新的 Windows Update 界面。

再次提醒，Windows 系统更新只能通过 Windows Update，不要用免费软件进行升级。

第五节　应用软件的安装

一、Office Professional Plus 2013 安装

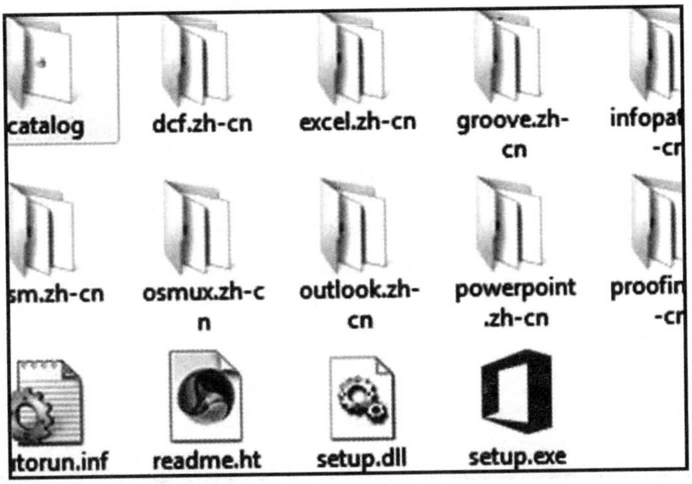

安装文件下载，推荐下载地址 MSDN 我告诉你，下载的 iso 文件可以刻录成安装光盘或用 WinRAR 解压缩，双击“setup. exe”进行安装。

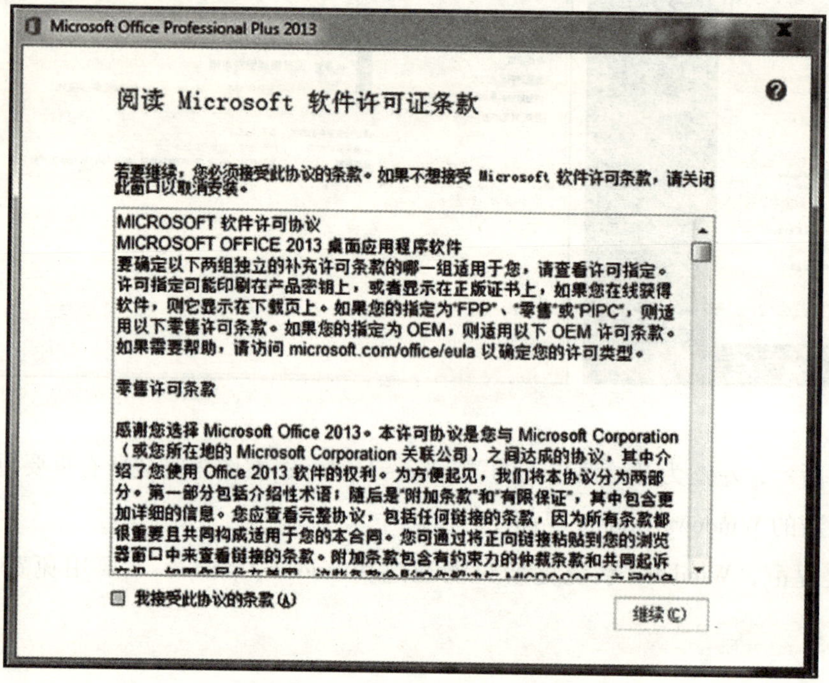

阅读 Microsoft 软件许可证条款，点“我接受此协议的条款”，继续。

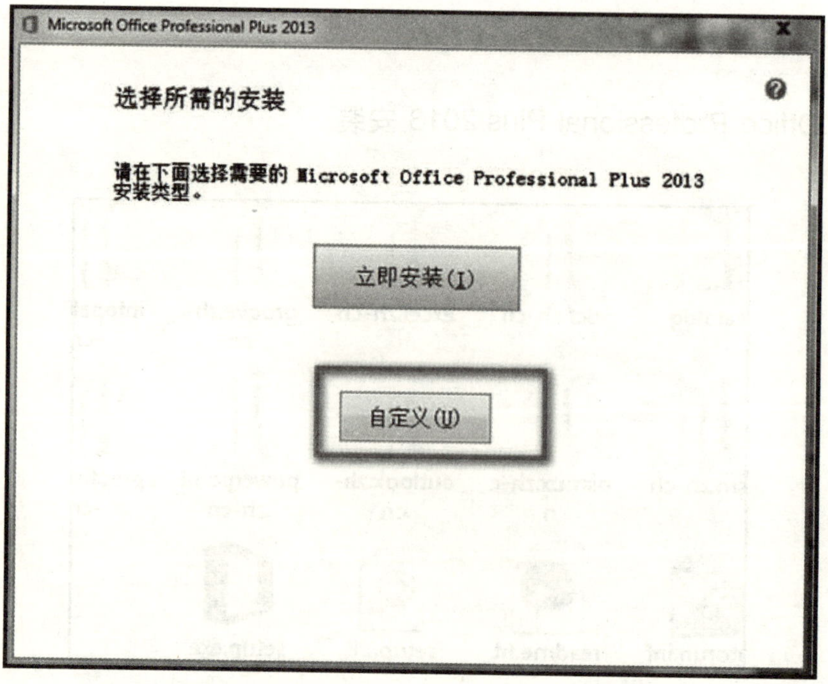

在选择安装的时候，建议安装在默认的 C 盘，保证在机器出故障一键还原后 Office 还能正常使用，选择自定义继续。

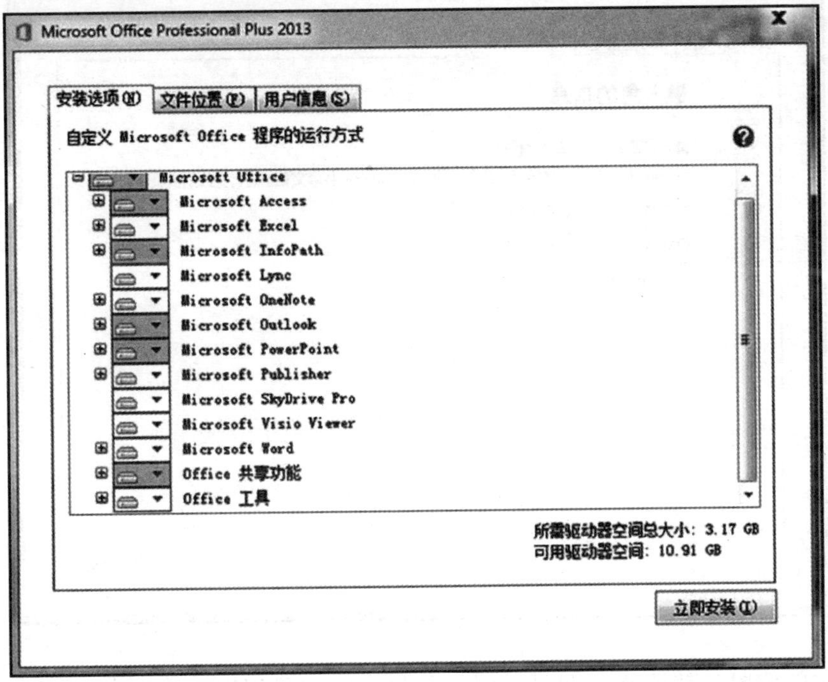

不要安装所有项目，建议只安装 Excel、PowerPoint 和 Word 三项。

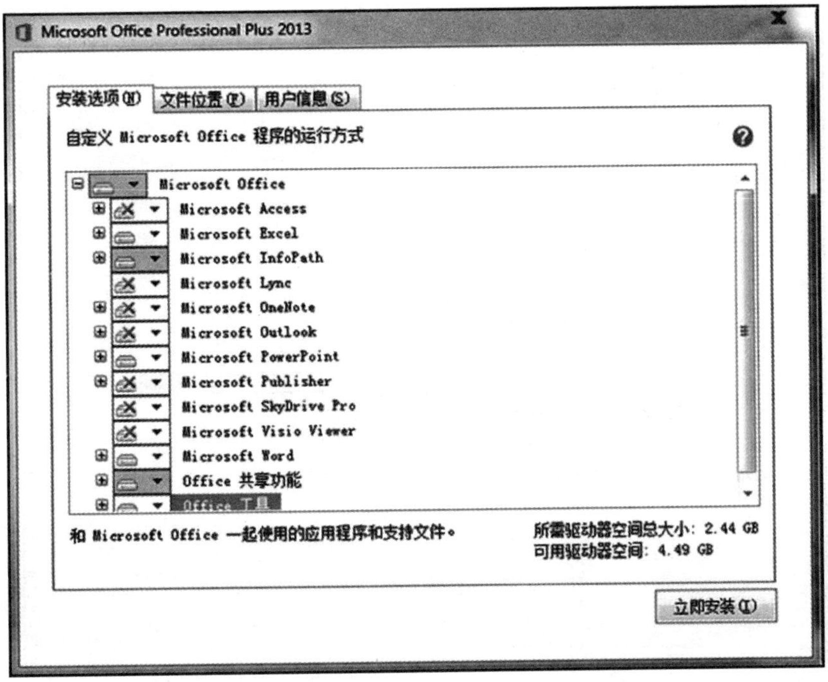

去掉其他的选项，如果需要安装 Access，就选中它。

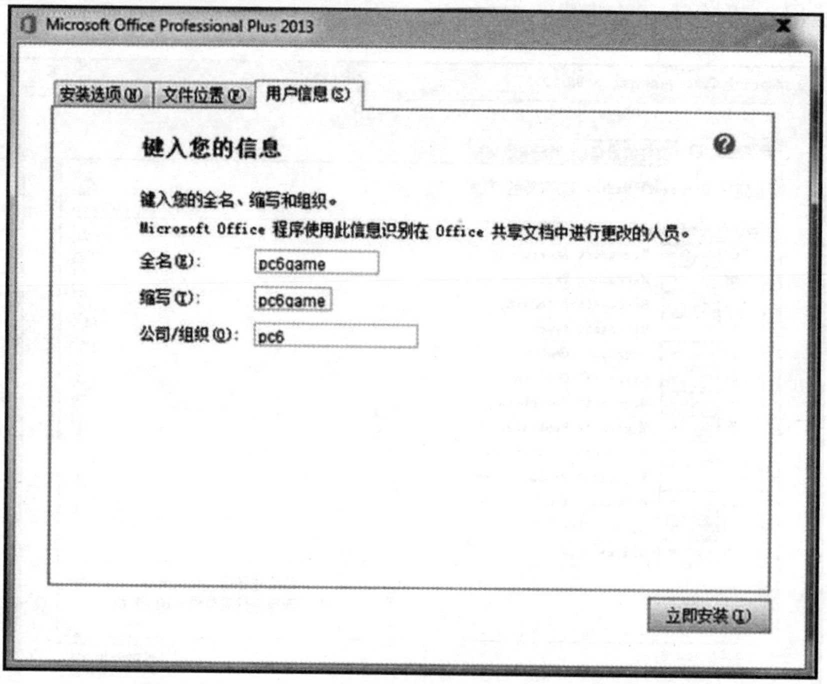

选择文件位置，默认路径即可；用户信息一栏，可以写上自己的名字，以后文件的根名称是自己的。

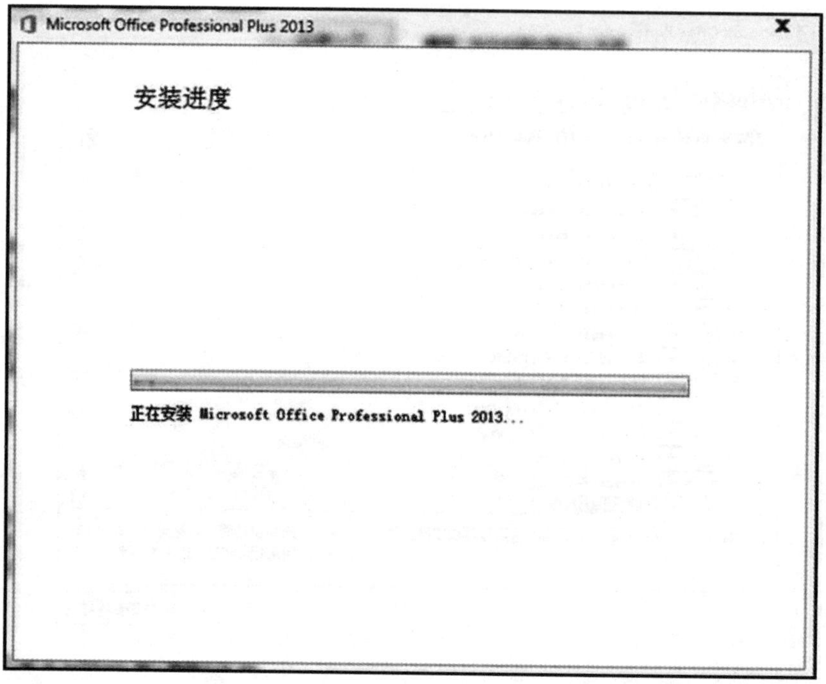

开始安装……

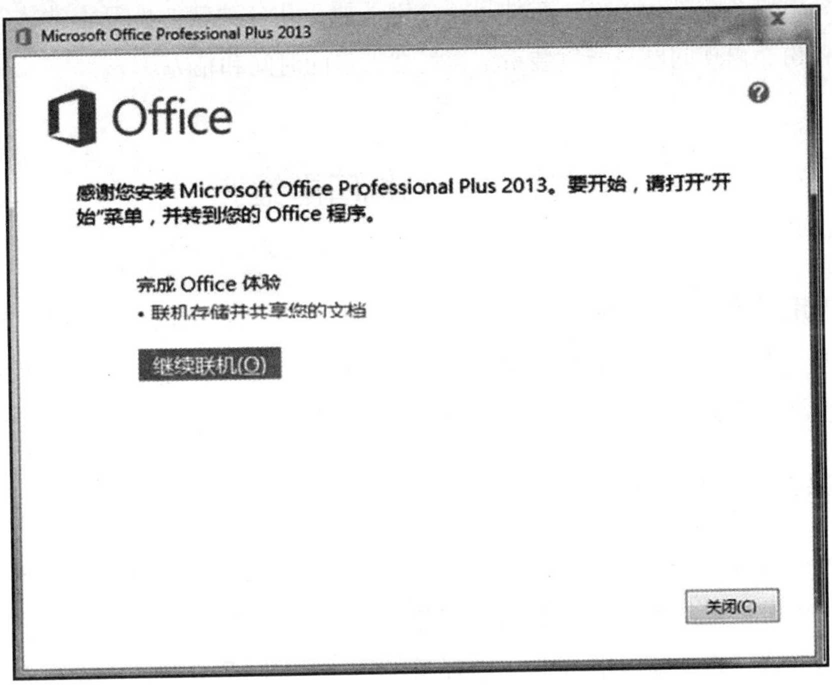

安装完成，关闭。

开始—所有程序—Microsoft Office，运行 Word，打开后，进入激活页面，输入我们购买的 Office 2013 序列号完成激活。

二、购买被广泛使用的应用软件，尽量不用免费软件

为保证会计电算化软件正常运行，应购买安装被广泛使用的应用软件，从京东、淘宝等渠道购买软件的序列号。压缩软件推荐用 WinRAR、系统优化清理推荐用 CCleaner……

免费软件虽然吸引了大量用户，但免费软件捆绑的软件泛滥，许多电脑被安装了多种浏览器、多种杀毒软件，这些软件之间存在冲突，导致电脑速度变慢、不能上网、没有声音、打不开网页、其他软件无法运行等故障。因此尽量不用免费软件，如果必须使用免费软件，安装时选择自定义安装，把捆绑的软件统统去掉。

会计电算化操作员应培养从官网下载驱动和其他软件的习惯，官网的软件未经第三方修改，可以有效避免木马、病毒的侵扰。

为保证会计电算化系统稳定运行，必须做到两点：

第一，仅安装经常使用的商业软件，不常用的软件不要安装，软件安装的越多，

占用的资源越多，电脑速度会越慢。

第二，电脑系统进行备份，软件问题一键还原，几分钟就能恢复正常。省时省力，如果没有备份，出现问题只能重装系统，耗费大量的时间和精力。

第六节　计算机日常维护

即使选用了质量可靠的硬件，安装了正版商业软件，也不能保证电脑不出现故障，为保证万无一失，提前做好系统备份是十分必要的，一旦系统崩溃，能在很短的时间内使电脑恢复正常工作。

一、系统备份和还原

Windows 7 系统自带的备份和还原功能非常方便，通过开始—所有程序—维护—备份和还原，备份 C 盘的资料，备份时可以选择 D 盘、E 盘、F 盘……中的一个分区，建议备份到 D 盘，即 D 盘用作备份，做好备份的 Windows 7 系统，可以在意外崩溃的时候，开机时按 F8 一键修复系统。

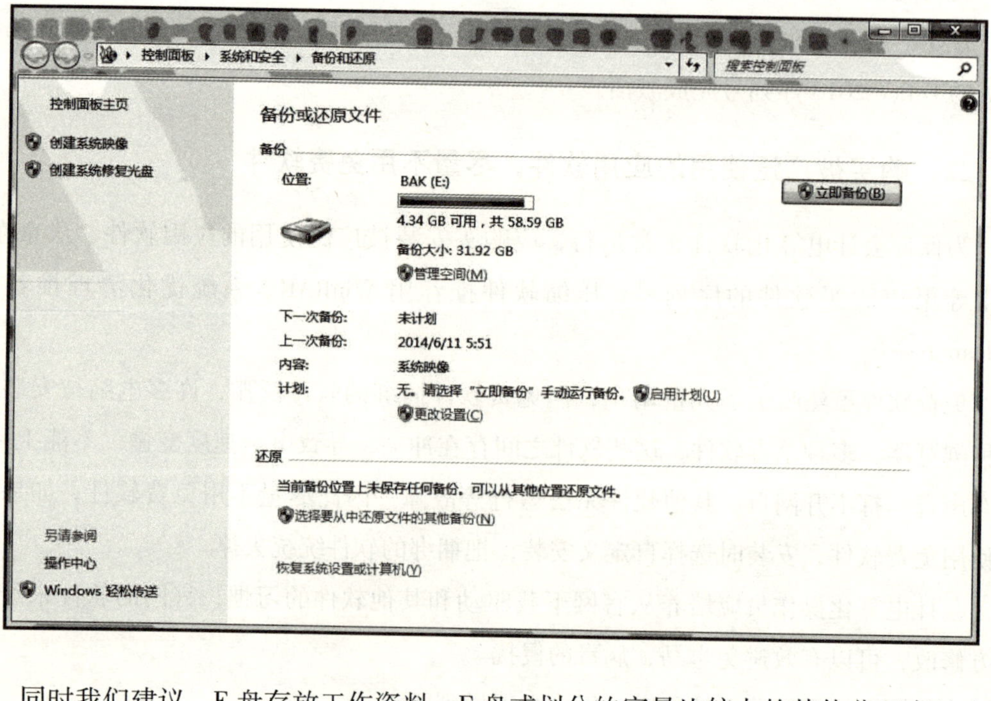

同时我们建议，E 盘存放工作资料；F 盘或划分的容量比较大的其他分区存放占用空间比较大的多媒体资料；把 QQ 聊天记录存放到 E 盘，F 盘用来存放工作资料，如果

喜欢玩游戏可以增加一个 G 盘。养成定期把桌面和 C 盘里面的重要资料，备份到 E 盘的习惯，这样既能保证工作娱乐，又能应对系统可以可能遇到的各种问题，保障数据的安全性。

二、计算机常见故障分析

计算机常见的故障中大约 80% 是软件故障，因此当计算机突遇故障时，一定要本着先易后难、先软件后硬件的顺序查找；计算机硬件故障中，最主要的是电源故障，其次是内存、硬盘等故障，主板和 CPU 一般不会出故障。现列举一些常见的计算机故障如下。

1. 计算机不能开机

首先，检查插座有没有松脱，选择价格稍贵一些的插排如公牛、酷博等品牌。现在很多的单位和个人，选择计算机和其他电器时，求贵求好，却忽视插排的作用，实际工作中经常出现插排质量低下导致的计算机故障，劣质插排常因接触不良而出现打火，不仅危及计算机系统的正常运行，而且容易引起火灾。

其次，考虑电源故障，很多计算机特别是兼容机，常因使用质量差的电源导致此类故障，因此，在购买计算机时一定要选择航嘉、长城等名牌电源，并且保证额定功率够用。

还有一种情况值得注意，就是开机后 CPU 风扇启动，但计算机不能启动，很可能是因计算机意外关机或主板静电过多，导致 Bios “被锁”，需要抠出主板电池，稍等一会再安装上，即可解决。

2. 黑屏或蓝屏

首先要考虑操作系统的关键程序丢失，Windows XP 系统需要插入安装光盘按照提示，按“R”键修复系统，Windows 7 系统就更简单了，开机后按“F8”还原系统镜像一般即能解决上述问题。

还原系统后，若上述故障仍然存在，就要考虑电源的功率不够，可以用名牌大功率电源替换后查看，如果问题解决，更换 ENERMAX（安耐美）、Antec（安钛克）等品牌的大功率电源。

如果替换电源后，故障依旧应考虑内存的兼容性，正品金士顿内存不仅较少出现不兼容，而且终身质保，可更换金士顿内存测试，但更换内存前首先要搞清楚所用的内存是 DDR2、DDR3、DDR4 中的哪一种。

3. 电脑运行异常缓慢

首先要考虑最近安装的软件存在问题，或是计算机病毒感染，可以对 C 盘格式化后重安装系统，如果 Windows XP 有 Ghost 备份或 Windows 7 系统，可以用系统镜像快速还原系统。

重新安装或还原系统后，若上述故障仍然存在，应考虑计算机散热问题，特别注意长期使用的计算机会聚集灰尘会导致散热不良，气温升高前一定要清除计算机内部的灰尘。计算机虽然没有生命，但对环境还是有一定的要求，做好防尘、防潮、防高温、防磁、防电保养非常重要。

如果计算机内部散热没有问题，则应检查硬盘有没有出现坏道，若硬盘出现坏道不仅会导致系统异常变慢，而且会导致数据丢失，应尽快更换新硬盘。

三、机械硬盘的日常维护

1. 保持电脑工作环境清洁。硬盘带有超精过滤纸的呼吸孔与外界相通，它可以在普通无净化装置的室内环境中使用，若在灰尘严重的环境下，会被吸附到 PCBA 的表面、主轴电机的内部以及堵塞呼吸过滤器，因此必须防尘。还有环境潮湿、电压不稳定都可能导致硬盘损坏。

2. 养成正确关机的习惯。硬盘在工作时突然关闭电源，可能会导致磁头与盘片猛烈摩擦而损坏硬盘，还会使磁头不能正确复位而造成硬盘的划伤。关机时一定要注意面板上的硬盘指示灯是否还在闪烁，只有当硬盘指示灯停止闪烁、硬盘结束读写后方可关机。

3. 正确移动电脑主机，注意防震。电脑开机时硬盘高速转动，轻轻地震动都可能使碟片与读写头相互摩擦而产生磁片坏轨或读写头毁损。所以在开机的状态下，千万不要移动电脑主机，最好等待关机十几秒硬盘完全停转后再移动主机或重新启动电源，可避免电源因瞬间突波对硬盘造成伤害。硬盘的安装、拆卸过程中应多加小心，硬盘移动、运输时严禁磕碰，最好用泡沫或海绵包装保护一下，尽量减少震动。

注意：硬盘厂商所谓的“抗撞能力”或“防震系统”等，指在硬盘在未启动状态下的防震、抗撞能力，而非开机状态。

4. 用户不能自行拆开硬盘盖。硬盘的制造和装配过程是在绝对无尘的环境下进行，切记：一般计算机用户不能自行拆开硬盘盖，否则空气中的灰尘进入硬盘内，高速低飞的磁头组件旋转带动的灰尘或污物都可能使磁头或盘片损坏，导致数据丢失，即使仍可继续使用，硬盘寿命也会大大缩短，甚至会使整块硬盘报废。

5. 注意防高温、防潮、防电磁干扰。硬盘的工作状况与使用寿命与温度有很大的关系，硬盘使用中温度以 20～25℃ 为宜，温度过高或过低都会使晶体振荡器的时钟主频发生改变，还会造成硬盘电路元件失灵，磁介质也会因热胀效应而造成记录错误；

温度过低，空气中的水分会被凝结在集成电路元件上，造成短路。

湿度过高时，电子元件表面可能会吸附一层水膜，氧化、腐蚀电子线路，以致接触不良，甚至短路，还会使磁介质的磁力发生变化，造成数据的读写错误。湿度过低，容易积累大量的因机器转动而产生的静电荷，这些静电会烧坏 CMOS 电路，吸附灰尘而损坏磁头、划伤磁盘片。机房内的湿度以 45% ~65% 为宜。

另外，尽量不要使硬盘靠近强磁场，如音箱、喇叭等，以免硬盘所记录的数据因磁化而损坏。

6. 要定期整理硬盘。定期整理硬盘可以提高速度，如果碎片积累过多不但访问效率下降，还可能损坏磁道。但不要经常整理硬盘，这样也会有损硬盘寿命。

7. 注意预防病毒和特洛伊木马程序。硬盘是计算机病毒攻击的重点目标，应注意利用最新的杀毒软件对病毒进行防范。要定期对硬盘进行杀毒，并注意对重要的数据进行保护和经常性的备份。建议平时不要随便运行来历不明的应用程序和打开邮件附件，运行前一定要先查病毒和木马。

8. 正确拿硬盘的方法。在电脑维护应以手抓住硬盘两侧，并避免与其背面的电路板直接接触，要轻拿轻放，不要磕碰或者与其他坚硬物体相撞；不能用手随便地触摸硬盘背面的电路板，因为手上可能会有静电，静电会伤害到硬盘上的电子元件，导致无法正常运行。还有切勿带电插拔。

9. 让硬盘智能休息。让硬盘智能地进入“关闭”状态，对硬盘的工作温度和使用寿命给予很大的帮助，首先进入“我的电脑”，用鼠标左键双击“控制面板”，选择“性能和维护”，然后选择“电源管理”，将其中“关闭硬盘”一项的时间设置为 15 分钟，应用后退出即可。

10. 轻易不要低格。不要轻易进行硬盘的低级格式化操作，避免对盘片性能带来不必要的影响。避免频繁的高级格式化操作，它同样对盘片性能带来影响，在不重新分区的情况下，可采用加参数“Q”的快速格式化命令。

作为存储设备中的一员，硬盘起着极其重要的作用。但是由于硬盘属于磁介质，因此其寿命与稳定不像内存等设备那样好，使用时难免会出现各种各样的问题。而且令情况更加复杂的是，由于硬盘牵涉系统底层的设置，因此往往不能在大家熟悉的 Windows 下解决问题，必须转到 DOS 下处理，这对于不少 DIY 新手而言就有些无所适从了，毕竟他们没有经历过 DOS 时代。

四、机械硬盘出现故障的征兆

硬盘出现故障，最好尽早发现并及时采取正确的措施，如果等到硬盘挂掉，硬盘中宝贵的数据就难以幸免了。一般来说，硬盘出现故障前会有以下几种征兆。

1. 出现S. M. A. R. T故障提示。这是硬盘厂家本身内置在硬盘里的自动检测功能在起作用，出现这种提示说明您的硬盘有潜在的物理故障，很快就会出现不定期的不能正常运行的情况。

2. 在Windows初始化时死机。这种情况较复杂，首先应该排除其他部件出问题的可能性，比如内存质量不好、风扇停转导致系统过热，或者是病毒破坏等，最后如果确定是硬盘故障的话，再另行处理。

3. 能进入Windows系统，但是运行程序出错，同时运行磁盘扫描也不能通过，经常在扫描时候缓慢停滞甚至死机。这种现象可能是硬盘的问题，也可能是Windows天长日久的软故障，如果排除了软件方面设置问题的可能性后，就可以肯定是硬盘有物理故障了。

4. 能进入Windows，运行磁盘扫描程序直接发现错误甚至是坏道，Windows的检查程序会详细地报告情况。

5. 在BIOS里，突然无法识别硬盘，或是即使能识别，也无法用操作系统找到硬盘，这是最严重的故障。首先应该确认硬盘的电源接口和数据线是否脱落，然后进入BIOS，使用“HDD Auto Detect”来检测硬盘。如果此时BIOS能够正确识别硬盘的话，那么至少硬盘还有救治的希望；不然，基本无修复的可能，因为凭普通DIYer手头的工具是无能为力的。在Ultra Edit中查找“55aa”字符串，用光盘或者软盘引导系统后，可以试图进入C盘符，如果此时提示找不到C盘的话，很可能是硬盘分区表信息遭到破坏，或者被某种病毒攻击。如果硬盘中数据不是很重要，那么可以先用FDISK/MBR命令来无条件清除分区表内容，然后用FDISK等分区软件重新分区格式化，一般这样就能解决问题。

如果需要保留硬盘中的数据，最好找专业的数据恢复公司，不过收费惊人。

【自学网站推荐】

http：//www. jingpinke. com/

国家精品课程资源网

【本章复习思考题】

1. 有电脑的朋友尝试下载安装Windows 7 Professional操作系统和Office Professional Plus 2013应用软件。

2. 什么是系统漏洞？如何封堵系统漏洞？

3. 自测用Word打字排版、用Excel做表格。

4. 自学 Internet 的知识，掌握有些上网电脑客户端的安装设置；无线上网路由器端的设置、电脑端 IP 设置。

【下一章预习知识】

1. B/S 、C/S 结构的财务软件有什么区别？

2. 会计科目编码的原则。

第四章　计算机安全

【学习目的】掌握计算机病毒、木马、黑客入侵的手段。了解主动防御技术、数字证书的加密、签名技术和网络安全协议。

第一节　计算机安全隐患

计算机的安全隐患的根源，大体上有物理安全隐患、方案设计的缺陷隐患、系统的安全漏洞、TCP/IP协议的安全漏洞和人为因素等几个方面。

一、物理安全隐患

物理安全不仅包括物理设备本身的质量问题，还包括设备的位置安全。物理设备的位置极为重要，从理论角度：所有基础网络设施都应该放置在严格限制来访人员的地方，以降低出现未经授权访问的可能性。

二、方案设计的缺陷

实际情况是：网络的结构变得更复杂，为了实现异构网络间信息的通信，往往要牺牲一些安全机制的设置和实现，从而提出更高的网络开放性的要求。开放性和安全性正是一对相生相克的矛盾。

由于特定的环境往往会有特定的安全需求，所以不存在可以到处通用的解决方案，往往需要制定不同的方案。如果设计者的安全理论与实践水平不够的话，设计出来的方案经常会出现很多漏洞，这也是安全威胁的根源之一。

三、系统的安全漏洞

随着软件系统规模的不断增大，系统中的安全漏洞或后门也不可避免地存在，比如我们常用的操作系统，无论是 Windows 还是 Linux 都存在或多或少的安全漏洞，众多的各类服务器最典型的如微软的 IIS 服务器、浏览器、数据库等，都被发现过存在安全隐患。可以说任何一个软件系统都可能因为程序员的一个疏忽、设计中的一个缺陷等原因而存在安全漏洞，这也是网络安全问题的主要根源之一。

目前已发现的安全漏洞数量已经相当庞大，据统计已经接近病毒的数量。下面是一些典型的安全漏洞，这些漏洞在新发布的系统或已经打过补丁的系统中可能已经不存在，但是了解他们具有非常积极的意义。

1. 操作系统类安全漏洞，操作系统类安全漏洞包括非法文件访问、远程获得 ROOT 权限、系统后门、NIS 漏洞、FINGER 漏洞、RPC 漏洞等；

2. 网络系统类安全漏洞，典型例子包括：CISCOIOS 的早期版本不能抵抗很多拒绝服务类的攻击，如 LAND；

3. 应用系统类安全漏洞，各种应用都可能隐含安全缺陷；

4. Windows 操作系统安全漏洞。

目前被广泛使用的 Windows 操作系统，每月都有新的安全漏洞被发现，如果这些漏洞不被及时堵上，企业的数据就会面临被盗的威胁。虽然微软每月第二个周的周二，会为 Windows 操作系统提供已发现的重大漏洞的补丁，但是这项服务只针对正版的 Windows 用户，盗版用户轻易升级可能面临黑屏的威胁，因此我们建议安装用友财务软件的计算机，一定安装正版 Windows 操作系统，并且通过 Windows Update 更新所有的系统补丁。

第二节　计算机病毒及其防范

计算机病毒（Computer Virus）在《中华人民共和国计算机信息系统安全保护条例》中被明确定义，病毒指“编制者在计算机程序中插入的破坏计算机功能或者破坏数据，影响计算机使用并且能够自我复制的一组计算机指令或者程序代码”。

一、计算机病毒的特点

1. 寄生性。计算机病毒寄生在其他程序之中，当执行这个程序时，病毒就起破坏作用，而在未启动这个程序之前，它是不易被人发觉的。

2. 传染性。计算机病毒不但本身具有破坏性，而且具有传染性，一旦病毒被复制或产生变种，其速度之快令人难以预防。传染性是病毒的基本特征。在生物界，病毒通过传染从一个生物体扩散到另一个生物体。在适当的条件下，它可得到大量繁殖，并使被感染的生物体表现出病症甚至死亡。同样，计算机病毒也会通过各种渠道从已被感染的计算机扩散到未被感染的计算机，在某些情况下造成被感染的计算机工作失常甚至瘫痪。与生物病毒不同的是，计算机病毒是一段人为编制的计算机程序代码，这段程序代码一旦进入计算机并得以执行，它就会搜寻其他符合其传染条件的程序或存储介质，确定目标后再将自身代码插入其中，达到自我繁殖的目的。只要一台计算机染毒，如不及时处理，那么病毒会在这台机器上迅速扩散，计算机病毒可通过各种可能的渠道，如利用软盘、计算机网络去传染其他的计算机。在一台机器上发现病毒时，往往曾在这台计算机上用过的U盘或移动硬盘也会感染上病毒，而与这台机器相联网的其他计算机也有可能被染上该病毒。

是否具有传染性是判别一个程序是否为计算机病毒的最重要条件。病毒程序通过修改磁盘扇区信息或文件内容并把自身嵌入到其中的方法达到病毒的传染和扩散。被嵌入的程序叫作宿主程序。

3. 潜伏性。有些病毒像定时炸弹一样，让它什么时间发作是预先设计好的。比如黑色星期五病毒，不到预定时间一点都觉察不出来，等到条件具备的时候一下子就爆发，对系统进行破坏。一个编制精巧的计算机病毒程序，进入系统之后一般不会马上发作，因此病毒可以静静地躲在磁盘或磁带里待上几天，甚至几年，一旦时机成熟，得到运行机会，就会四处繁殖、扩散，继续为害。潜伏性的第二种表现是指，计算机病毒的内部往往有一种触发机制，不满足触发条件时，计算机病毒除了传染外不做什么破坏。触发条件一旦得到满足，有的在屏幕上显示信息、图形或特殊标识，有的则执行破坏系统的操作，如格式化磁盘、删除磁盘文件、对数据文件做加密、封锁键盘以及使系统锁死等。

4. 隐蔽性。计算机病毒具有很强的隐蔽性，有的可以通过病毒软件检查出来，有的根本就查不出来，有的时隐时现、变化无常，这类病毒处理起来通常很困难。

5. 破坏性。计算机中毒后，可能会导致正常的程序无法运行，把计算机内的文件删除或受到不同程度的损坏 。通常表现为对文件增、删、改、移。

6. 可触发性。病毒因某个事件或数值的出现，诱使病毒实施感染或进行攻击的特性称为可触发性。为了隐蔽自己，病毒必须潜伏，少做动作。如果完全不动，一直潜伏的话，病毒既不能感染也不能进行破坏，便失去了杀伤力。病毒既要隐蔽又要维持杀伤力，它必须具有可触发性。病毒的触发机制就是用来控制感染和破坏动作的频率的。病毒具有预定的触发条件，这些条件可能是时间、日期、文件类型或某些特定数据等。病毒运行时，触发机制检查预定条件是否满足，如果满足，启动感染或破坏动作，使病毒进行感染或攻击；如果不满足，使病毒继续潜伏。

二、计算机病毒的分类

根据多年对计算机病毒的研究，按照科学的、系统的、严密的方法，计算机病毒可按照计算机病毒属性的方法进行分类，计算机病毒可以根据下面的属性进行分类。

1. 按病毒存在的媒体病毒可以划分为网络病毒、文件病毒和引导型病毒。网络病毒通过计算机网络传播感染网络中的可执行文件，文件病毒感染计算机中的文件（如COM，EXE，DOC等），引导型病毒感染启动扇区（Boot）和硬盘的系统引导扇区（MBR），还有这三种情况的混合型，例如，多型病毒（文件和引导型）感染文件和引导扇区两种目标，这样的病毒通常都具有复杂的算法，它们使用非常规的办法侵入系统，同时使用了加密和变形算法。

2. 按根据病毒传染的方法可分为驻留型病毒和非驻留型病毒，驻留型病毒感染计算机后，把自身的内存驻留部分放在内存（RAM）中，这一部分程序挂接系统调用并合并到操作系统中去，它处于激活状态，一直到关机或重新启动。非驻留型病毒在得到机会激活时并不感染计算机内存，一些病毒在内存中留有小部分，但是并不通过这一部分进行传染，这类病毒也被划分为非驻留型病毒。

3. 按病毒破坏的能力可分为无害型、无危险型、危险型和非常危险型。无害型：除了传染时减少磁盘的可用空间外，对系统没有其他影响。无危险型：这类病毒仅仅是减少内存、显示图像、发出声音及同类音响。危险型：这类病毒在计算机系统操作中造成严重的错误。非常危险型：这类病毒删除程序、破坏数据、清除系统内存区和操作系统中重要的信息。这些病毒对系统造成的危害，并不是本身的算法中存在危险的调用，而是当它们传染时会引起无法预料的和灾难性的破坏。由病毒引起其他的程序产生的错误也会破坏文件和扇区，这些病毒也按照他们引起的破坏能力划分。一些现在的无害型病毒也可能会对新版的DOS、Windows和其他操作系统造成破坏。例如，在早期的病毒中，有一个“Denzuk”病毒在360K磁盘上很好的工作，不会造成任何破坏，但是在后来的高密度软盘上却能引起大量的数据丢失。

4. 按病毒的算法：伴随型病毒，这一类病毒并不改变文件本身，它们根据算法产生EXE文件的伴随体，具有同样的名字和不同的扩展名（COM），例如，XCOPY. EXE的伴随体是XCOPY. COM。病毒把自身写入COM文件并不改变EXE文件，当DOS加载文件时，伴随体优先被执行到，再由伴随体加载执行原来的EXE文件。“蠕虫”型病毒，通过计算机网络传播，不改变文件和资料信息，利用网络从一台机器的内存传播到其他机器的内存，计算网络地址，将自身的病毒通过网络发送。有时它们在系统存在，一般除了内存不占用其他资源。寄生型病毒除了伴随和“蠕虫”型，其他病毒均可称为寄生型病毒，它们依附在系统的引导扇区或文件中，通过系统的功能进行传播，按其算法不同可分为：练习型病毒，病毒自身包含错误，不能进行很好的传播，如一些病毒在调试阶段。诡秘型病毒它们一般不直接修改 DOS 中断和扇区数据，而是通过设备技术和文件缓冲区等 DOS 内部修改，不易看到资源，使用比较高级的技术。利用 DOS 空闲的数据区进行工作。变型病毒（又称幽灵病毒）这一类病毒使用一个复杂的算法，使自己每传播一份都具有不同的内容和长度。它们的一般做法是一段混有无关指令的解码算法和被变化过的病毒体组成。

三、计算机病毒的现状

目前，计算机网络已普及到了社会中的各行各业。伴随而来的，是计算机病毒的更大规模的爆发。计算机病毒传播和发作已经逐渐脱离以单纯的破坏为目的。据调查，中国互联网从 1992 年到 2007 年这十年间所有的病毒加起来也不如 2008 年一年产生的新病毒多。在数量与种类剧的同时，这些新产生的病毒已经有了一个明确的目标：获取经济利益，获取非法利益已经成为网络病毒爆发的主要原因和目的。

近几年来，发生了多起知名网站如暴风影音、大智慧实时行情页面等被挂马的现象，而用户一旦访问被挂马的面，则立即中招，成为“肉鸡”。黑客甚至建立了染毒电脑销售网站，登录这个网站，就可以看他们总共控制了多少台“肉鸡”、染毒电脑的 IP 地址等详细数据，用户可以选择“肉鸡”的 IP 地址，然后按照台数和控制时间等条件款，获得这些“肉鸡”的控制权。

四、反病毒软件的现状

首先，病毒花样的增多，让许多反病毒软件无所适从，例如，泛滥成灾的 U 盘病毒，依靠传统的特征码识别技术，杀毒软件几乎无法有效应对这种威胁，导致 U 盘、即时通信工具、网页和局域网等成了滋生病毒的温床，最后还是依靠微软的 Windows 补丁比较彻底地解决了该问题。

其次，各反病毒软件定义不一，标准不同。目前国内外不同的安全厂商，对病毒的定义不同，甚至会使某些口碑好的软件也被戴上病毒或恶意软件的帽子。比如，在国内拥有较好形象的某软件，因帮助用户“修 IE，检测木马”的同时，自作主张地将用户 IE 浏览器的主页设置 www. hao123. com，因此被 AVG Anti – Spyware 判定具有高风险后门木马而被隔离；以反流氓软件勇士自居的某安全软件，也被 AVG Anti – Spyware 定位为“恶意软件”。其他杀毒软件也有类似的“误报”和“误杀”，使用户眼花缭乱，无所适从。会计电算系统应使用卡巴斯基安全软件。

五、病毒与反病毒之争

目前主流病毒技术都进入了驱动级，病毒已经不再一味逃避杀毒软件的追杀，而是开始与杀毒软件争抢系统驱动的控制权，在争抢系统驱动控制权后，转而控制杀毒软件，使杀毒软件功能失效。我们可以得到如下结论：

1. 病毒推陈出新的速度越来越快，数量越来越多，杀毒软件的防杀机制远远落后于病毒，即便是最好的杀毒软件，也不可能查杀全部的病毒。

2. 纯粹意义上的破坏性病毒越来越少，计算机病毒已经迈进了具备特殊目的的恶意软件时代，杀毒软件用落后的防护措施来应付这些恶意软件，就需要采取实时监控的策略，这会消耗大量的计算机资源，谁也无法忍受自己的高性能计算机低速运行。

3. 杀毒软件创造出来的虚拟安全状况更令人担忧，它让很多人放弃了对病毒的警惕，如果你使用的杀毒软件没有报警，这不代表你的计算机此刻就是安全的，很多用户的个人信息和私人数据，就是在这种虚拟安全状态下丢失的。

4. 恶意软件进入用户电脑的方式，多是利用操作系统未知的漏洞，假如一台计算机不存在漏洞，那么恶意软件就无法进来，反之，如果它存在漏洞的话，杀毒软件也无法阻止恶意软件的进入，因此即使再好的杀毒软件，若不配合及时更新 Windows 系统漏洞，也达不到好的预防病毒的效果。

近几年，由于木马等病毒程序带来了显著的“经济成效”，因此计算机病毒已经带动了一些黑色产业链的产生，计算机病毒的传播已不单单仅限于计算机或网络，病毒的入侵已经发展成为了一门社会学科。若反病毒技术不能从根源着手，将远远落后于计算机病毒技术的发展。

六、计算机病毒的防治措施

1. 不用非原始启动 U 盘或其他介质引导机器，对原始启动盘实行写保护。

2. 不随便使用外来 U 盘或其他介质，对外来 U 盘或其他介质必须先检查，后使用。

3. 做好系统软件、应用软件的备份，并定期进行数据文件备份，供系统恢复用。

4. 计算机系统要专机专用，要避免使用其他软件，如游戏软件，减少病毒感染机会。

5. 接收网上传送的数据要先检查，后使用，接收邮件的计算机要与系统用计算机分开。

6. 定期对计算机进行病毒检查，对于联网的计算机应安装实时检测病毒软件，以防止病毒传入。

7. 如发现有计算机感染病毒，应立即将该台计算机从网上撤下，以防止病毒蔓延。

第三节 黑客攻击及其防范

目前造成网络不安全的主要因素是系统、协议及数据库等的设计上存在缺陷。由于当今的计算机网络操作系统在本身结构设计和代码设计时，偏重考虑系统使用时的方便性，导致了系统在远程访问、权限控制和口令管理等许多方面存在安全漏洞。网络互连一般采用TCP/IP协议，它是一个工业标准的协议簇，但该协议簇在制定之初，对安全问题考虑不多，协议中有很多的安全漏洞。同样，数据库管理系统（DBMS）也存在数据的安全性、权限管理及远程访问等方面问题，在DBMS或应用程序中可以预先安置从事情报收集、受控激发、定时发作等破坏程序。

由此可见，针对系统、网络协议及数据库等，无论是其自身的设计缺陷，还是由于人为的因素产生的各种安全漏洞，都可能被一些另有图谋的黑客所利用并发起攻击。因此若要保证网络安全、可靠，则必须熟知黑客网络攻击的一般过程。只有这样方可在黑客攻击前做好必要的防备，从而确保网络运行的安全和可靠。

一、黑客攻击网络的一般过程

1. 信息的收集

信息的收集并不对目标产生危害，只是为进一步的入侵提供有用信息。黑客可能会利用下列的公开协议或工具，收集驻留在网络系统中的各个主机系统的相关信息：

（1）TraceRoute程序能够用该程序获得到达目标主机所要经过的网络数和路由器数。

（2）SNMP协议用来查阅网络系统路由器的路由表，从而了解目标主机所在网络的拓扑结构及其内部细节。

（3）DNS服务器该服务器提供了系统中可以访问的主机IP地址表和它们所对应的主机名。

（4）Whois协议的服务信息能提供所有有关的DNS域和相关的管理参数。

（5）Ping实用程序可以用来确定一个指定的主机的位置或网线是否连通。

2. 系统安全弱点的探测

在收集到一些准备要攻击目标的信息后，黑客们会探测目标网络上的每台主机，来寻求系统内部的安全漏洞，主要探测的方式如下：

（1）自编程序攻击有漏洞的系统，如果某个系统漏洞补丁已经发布，那么该漏洞就有可能被黑客利用，黑客可以编写一段程序，进入到未打上该补丁的系统进行破坏。国内的盗版用户成为重灾区，许多正版用户未及时打上补丁程序，也会成为黑客的目标。

（2）慢速扫描，慢速扫描侦测器通过监视某个时间段里，一台特定主机发起的连接的数目来判断是否被扫描，黑客可以通过使用扫描速度慢一些的扫描软件进行扫描。

（3）体系结构探测，黑客利用一些特殊的数据包传送给目标主机，使其做出响应。由于每种操作系统的响应时间和方式都是不一样的，黑客利用这种特征，把得到的结果与准备好的数据库资料进行比对，便可轻而易举地判断出目标主机操作系统所用的版本及其他相关信息。

（4）利用公开的工具软件，利用网络安全分析工具 SATAN、Internet 的电子安全扫描程序 IIS 等一些工具，对整个网络或子网进行扫描，寻找安全方面的漏洞。

3. 建立模拟环境，进行模拟攻击

根据前面两小点所得的信息，建立一个类似攻击对象的模拟环境，然后对此模拟目标进行一系列的攻击。在此期间，通过检查被攻击方的日志，观察检测工具对攻击的反应，可以进一步了解在攻击过程中留下的“痕迹”及被攻击方的状态，以此来制定一个较为周密的攻击策略。

4. 具体实施网络攻击

入侵者根据前几步所获得的信息，同时结合自身的水平及经验总结出相应的攻击方法，在进行模拟攻击的实践后，将等待时机，以备实施真正的网络攻击。

二、协议欺骗攻击及其防范措施

1. 源 IP 地址欺骗攻击

许多应用程序认为若数据包可以使其自身沿着路由到达目的地，并且应答包也可回到源地，那么源 IP 地址一定是有效的，而这正是使源 IP 地址欺骗攻击成为可能的一个重要前提。

假设同一网段内有两台主机 A 和 B，另一网段内有主机 X。B 授予 A 某些特权。X 为获得与 A 相同的特权，所做欺骗攻击如下：首先，X 冒充 A，向主机 B 发送一个带有随机序列号的 SYN（synchronous）包。主机 B 响应，回送一个应答包给 A，该应答号等于原序列号加 1。然而，此时主机 A 已被主机 X 利用拒绝服务攻击“淹没”了，导致主机 A 服务失效。结果，主机 A 将 B 发来的包丢弃。为了完成三次握手，X 还需要向 B 回送一个应答包，其应答号等于 B 向 A 发送数据包的序列号加 1。此时主机 X 并不能检测到主机 B 的数据包（因为不在同一网段），只有利用 TCP 顺序号估算法来预测应答包的顺序号并将其发送给目标机 B。如果猜测正确，B 则认为收到的 ACK 是来自内部主机 A。此时，X 即获得了主机 A 在主机 B 上所享有的特权，并开始对这些服务实施攻击。

要防止源 IP 地址欺骗行为，可以采取以下措施来尽可能地保护系统免受这类攻击：

（1）抛弃基于地址的信任策略阻止这类攻击的一种十分容易的办法就是放弃以地址为基础的验证。不允许 r 类远程调用命令的使用；删除 . rhosts 文件；清空 etc、hosts、equiv 文件。这将迫使所有用户使用其他远程通信手段，如 telnet、ssh、skey 等。

（2）使用加密方法在包发送到网络上之前，我们可以对它进行加密。虽然加密过程要求适当改变目前的网络环境，但它将保证数据的完整性、真实性和保密性。

（3）进行包过滤可以配置路由器使其能够拒绝网络外部与本网内具有相同 IP 地址的连接请求。而且，当包的 IP 地址不在本网内时，路由器不应该把本网主机的包发送出去。有一点要注意，路由器虽然可以封锁试图到达内部网络的特定类型的包，但它们也是通过分析测试源地址来实现操作的。因此，它们仅能对声称是来自于内部网络的外来包进行过滤，若网络存在外部可信任主机，那么路由器将无法防止其他人冒充这些主机进行 IP 欺骗。

2. 源路由欺骗攻击

通常情况下，信息包从起点到终点所走的路是由位于此两点间的路由器决定的，数据包本身只知道去往何处，而不知道该如何去。源路由可使信息包的发送者将此数据包要经过的路径写在数据包里，使数据包循着一个对方不可预料的路径到达目的主机。下面仍以上述源 IP 欺骗中的例子解释这种攻击形式：

主机 A 享有主机 B 的某些特权，主机 X 想冒充主机 A 从主机 B（假设 IP 为 aaa. bbb. ccc. ddd）获得某些服务。首先，攻击者修改距离 X 最近的路由器，使得到达此路由器且包含目的地址 aaa. bbb. ccc. ddd 的数据包以主机 X 所在的网络为目的地；然后，攻击者 X 利用 IP 欺骗向主机 B 发送源路由（指定最近的路由器）数据包。当 B 回送数据包时，就传送到被更改过的路由器。这就使一个入侵者可以假冒一个主机的名义通过一个特殊的路径来获得某些被保护数据。

为了防范源路由欺骗攻击，一般采用下面两种措施：

（1）对付这种攻击最好的办法是配置好路由器，使它抛弃那些由外部网进来的却声称是内部主机的报文。

（2）在路由器上关闭源路由。用命令 no ip source – route。

三、拒绝服务攻击及预防措施

在拒绝服务攻击中，攻击者加载过多的服务将对方资源全部占用，没有多余资源供其他用户使用。SYNFlood 攻击是典型的拒绝服务攻击。

SYNFlood 常常是源 IP 地址欺骗攻击的前奏，又称半开式连接攻击，每当我们进行一次标准的 TCP 连接就会有一个三次握手的过程，而 SYNFlood 在它的实现过程中只有三次握手的前两个步骤，当服务方收到请求方的 SYN 并回送 SYN – ACK 确认报文后，请求方由于采用源地址欺骗等手段，致使服务方得不到 ACK 回应，这样，服务方会在一定时间内处于等待接收请求方 ACK 报文的状态，一台服务器可用的 TCP 连接是有限的，如果恶意攻击方快速连续地发送此类连接请求，则服务器的系统可用资源、网络可用带宽急剧下降，将无法向其他用户提供正常的网络服务。

为了防止拒绝服务攻击，我们可以采取以下的预防措施：

1. 建议在该网段的路由器上做些配置的调整，这些调整包括限制 SYN 半开数据包的流量和个数。

2. 要防止 SYN 数据段攻击，我们应对系统设定相应的内核参数，使得系统强制对超时的 SYN 请求连接数据包复位，同时通过缩短超时常数和加长等候队列，使得系统能迅速处理无效的 SYN 请求数据包。

3. 建议在路由器的前端做必要的 TCP 拦截，使得只有完成 TCP 三次握手过程的数据包才可进入该网段，这样可以有效地保护本网段内的服务器不受此类攻击。

4. 对于信息淹没攻击，我们应关掉可能产生无限序列的服务来防止这种攻击。比如我们可以在服务器端拒绝所有的 ICMP 包，或者在该网段路由器上对 ICMP 包进行带宽方面的限制，控制其在一定的范围内。

总之，要杜绝拒绝服务攻击，最好的办法是唯有追根溯源去找到正在进行攻击的机器和攻击者。要追踪攻击者可不是一件容易的事情，一旦其停止了攻击行为，很难将其发现。唯一可行的方法是在其进行攻击的时候，根据路由器的信息和攻击数据包的特征，采用逐级回溯的方法来查找其攻击源头。这时需要各级部门的协同配合方可有效果。

四、其他网络攻击行为的防范措施

协议攻击和拒绝服务攻击是黑客惯于使用的攻击方法，但随着网络技术的飞速发展，攻击行为千变万化，新技术层出不穷。下面将阐述一下网络嗅探及缓冲区溢出的攻击原理及防范措施。

1. 针对网络嗅探的防范措施

网络嗅探就是使网络接口接收不属于本主机的数据。计算机网络通常建立在共享信道上，以太网就是这样一个共享信道的网络，其数据报头包含目的主机的硬件地址，只有硬件地址匹配的机器才会接收该数据包。一个能接收所有数据包的机器被称为杂错节点。通常账户和口令等信息都以明文的形式在以太网上传输，一旦被黑客在杂错节点上嗅探到，用户就可能会遭到损害。

对于网络嗅探攻击，我们可以采取以下措施进行防范：

（1）网络分段一个网络段包括一组共享低层设备和线路的机器，如交换机，动态集线器和网桥等设备，可以对数据流进行限制，从而达到防止嗅探的目的。

（2）加密一方面可以对数据流中的部分重要信息进行加密，另一方面也可只对应用层加密，然而后者将使大部分与网络和操作系统有关的敏感信息失去保护。选择何种加密方式这就取决于信息的安全级别及网络的安全程度。

（3）一次性技术口令并不在网络上传输而是在两端进行字符串匹配，客户端利用从服务器上得到的 Challenge 和自身的口令计算出一个新字符串并将之返回给服务器。在服务器上利用比较算法进行匹配，如果匹配，连接就允许建立，所有的 Challenge 和字符串都只使用一次。

（4）禁用杂错节点安装不支持杂错的网卡，通常可以防止 IBM 兼容机进行嗅探。

2. 缓冲区溢出攻击及其防范措施

缓冲区溢出攻击是属于系统攻击的手段，通过往程序的缓冲区写超出其长度的内容，造成缓冲区的溢出，从而破坏程序的堆栈，使程序转而执行其他指令，以达到攻击的目的。当然，随便往缓冲区中填东西并不能达到攻击的目的。最常见的手段是通过制造缓冲区溢出使程序运行一个用户 shell，再通过 shell 执行其他命令。如果该程序具有 root 权限的话，攻击者就可以对系统进行任意操作了。

缓冲区溢出对网络系统带来了巨大的危害，要有效地防止这种攻击，应该做到以下几点：

（1）程序指针完整性检查在程序指针被引用之前检测它是否改变。即便一个攻击者成功地改变了程序的指针，由于系统事先检测到了指针的改变，因此这个指针将不会被使用。

（2）堆栈的保护这是一种提供程序指针完整性检查的编译器技术，通过检查函数活动记录中的返回地址来实现。在堆栈中函数返回地址后面加了一些附加的字节，而在函数返回时，首先检查这个附加的字节是否被改动过。如果发生过缓冲区溢出的攻击，那么这种攻击很容易在函数返回前被检测到。但是，如果攻击者预见到这些附加字节的存在，并且能在溢出过程中同样地制造它们，那么它就能成功地跳过堆栈保护的检测。

（3）数组边界检查所有的对数组的读写操作都应当被检查以确保对数组的操作在正确的范围内进行。最直接的方法是检查所有的数组操作，通常可以采用一些优化技术来减少检查次数。目前主要有这几种检查方法：CompaqC 编译器、Jones&KellyC 数组边界检查、Purify 存储器存取检查等。

未来的竞争是信息竞争，而网络信息是竞争的重要组成部分。其实质是人与人的对抗，它具体体现在安全策略与攻击策略的交锋上。为了不断增强信息系统的安全防御能力，必须充分理解系统内核及网络协议的实现，真正做到洞察对方网络系统的“细枝末节”，同时应该熟知针对各种攻击手段的预防措施，只有这样才能尽最大可能保证网络的安全。

【本章复习思考题】

1. 什么是计算机病毒？如何预防、查杀计算机病毒？
2. 黑客常用的攻击方法有哪些？如何防止黑客攻击？
3. 什么是数字证书？为什么使用数字证书？数字签名和数字证书有什么不同？

第五章 会计核算软件的选择及安装

【**学习目的**】掌握用友通财务软件的数据库 SQL Server 所需的运行环境，安装数据库和财务软件；了解系统实施前的规范化建设。

【**重点与难点**】软件运行环境初始化的工作流程和具体设置。

第一节 会计核算软件的分类

按照不同的划分标准，会计核算软件可分为不同的种类。比如按硬件结构划分，会计核算软件可分为单用户会计核算软件和多用户（网络）会计核算软件；按适用范围划分，会计核算软件可分为专用会计核算软件和通用会计核算软件。

一、单用户会计核算软件和多用户会计核算软件

单用户会计核算软件是指将会计核算软件安装在一台或几台计算机上，每台计算机中的会计核算软件单独运行，生成的数据只存储在各自的计算机中，计算机之间不能直接实现数据交换和共享。

多用户（网络）会计核算软件，将数据库和会计核算软件安装在计算机网络的服务器上，该系统中各个工作站利用 IE 浏览器（B/S 结构）或仅需安装简单的客户端会计核算软件、无须安装数据库（C/S 结构），就可以同时运行会计核算软件，且不同工作站上的会计操作人员能够共享会计信息。

随着云计算、云存储等云技术的普及，会计电算化也将发生巨大变化，未来的会计软件不需要用户安装，只需向财务软件公司支付一定的费用，拥有权限的财务人员就能在任何设备，任何地点进行会计数据的输入、处理、分析，会计软件只有网络（B/S 结构）会计软件一种。

二、专用会计核算软件和通用会计核算软件

（一）专用会计核算软件

一般来说，专用会计核算软件是指由使用单位根据自身会计核算与管理的需要自行开发或委托其他单位开发，专供本单位使用的会计核算软件。

专用会计核算软件也称定点开发核算软件。其特点是把使用单位的会计核算规则，如会计科目、报表格式、工资项目、固定资产项目等编入会计软件，非常适合本单位的会计核算，使用起来简便易行。

按软件开发者的主体不同，定点开发会计核算软件又可划分为本单位自行开发的会计核算软件、委托其他单位开发的会计核算软件和其他单位联合开发的会计核算软件三种类型。

专用核算软件的缺点是：开发周期长、开发费用高。统计数据表明："没有一套软件开发能够按时完成，没有一套软件开发不需要追加投资"，说明软件开发费时、费力、费钱，因此只有中国移动、中国石化、中国银行等特大型集团才能自行开发。而且即使上述这些特大型集团在开发时也必须一把手亲自主持，才能调动集团内的各种资源、协调各部门关系，才能够成功。目前，我国的核算软件以通用会计核算软件（商品化会计软件）为主。

（二）通用会计核算软件

通用会计核算软件一般是指由专业软件公司研制，公开在市场上销售，能适应不同行业、不同单位会计核算与管理基本需要的会计核算软件。例如，用友 U8、用友通系列，金蝶 3000 系列的通用企业会计软件，可适用于工业、农业、商品流通、交通运输、行政事业单位等各种类型的单位。如按适用范围划分，通用会计核算软件又可分为全国通用的会计核算软件和行业通用的会计核算软件。

为了实现"通用"的目的，通用会计核算软件一般都设置"系统初始化"模块，用户在首次使用通用会计核算软件时，必须首先使用该模块，对本单位的所有会计核算规则进行初始化设置，从而把通用会计核算软件转化为一个适合本单位核算情况的"专用"会计核算软件。

要使会计核算软件具有通用性，就应在使用空间和时间上，打破会计核算软件的局限性。随着我国会计工作改革的深入，特别是随着行政事业单位记账规则、企业会计准则、企业财务通则以及企业具体会计准则的颁布实施，我国的会计制度建设将更加规范，并为通用会计核算软件的开发创造了条件。例如，目前我国会计界统一采用借贷记账法，取代了以往借贷记账法、收付记账法、增减记账法三种记账方法并存的

混乱局面，这样便于人们对我国会计制度和核算规则进行高度的抽象和概括，并将会计核算过程抽象为会计核算规则与会计数据有机结合的过程，在此基础上开发出具有较强通用性的会计核算软件。

通用会计核算软件虽然具有较强的适应性，但在实际运用中也存在许多不足。会计软件越通用，系统初始化的工作量越大，计算机系统资源占用和浪费就越严重，可能使用户单位的某些特殊核算要求难以得到满足。

针对上述问题，会计软件的开发人员认识到，只有科学合理地确定会计核算软件的通用程度，通用会计核算软件才会有更强的生命力。所以，会计软件市场出现了针对特定行业开发并在一定范围内适用的通用会计核算软件。例如，针对行政机关的行政单位会计核算软件；针对事业单位的事业单位会计核算软件；针对加工制造业的工业企业会计核算软件；针对贸易流通行业的商品流通企业会计核算软件等，这些在一定范围内，适用于某一行业（或若干行业）的通用会计核算软件，逐渐适应我国现行的经济体制和会计核算方法，是我国通用会计核算软件研究和方向。

（三）通用会计核算软件的特点

与专用会计软件相比，通用会计核算软件具有以下特点。

1. 通用性强

通用会计软件为了适应市场变化和增加企业效益的需要，设计时重点考虑扩大产品的使用范围，因而通用性是其实现的首要目标。也就是说，它应当尽可能地适用于不同的企事业单位、不同的会计工作需要，以及适用于会计工作不同时期的需要。通用性较强的产品，不仅适用于工业企业，也适用于商业企业或其他企业，并适用于同一行业范围内的不同单位，一般能满足大多数企事业单位会计核算的基本要求。

2. 成本相对较低

通用会计软件的开发成本，远远高于同类产品的自行开发成本，但因其由专业公司批量生产，大量外销，故单位成本相对较低。而使用单位自行开发软件时，常常会出现许多事先没有考虑到的问题，因此虽然初期投入看起来比较少，但随着软件开发的深入，问题会越来越多，追加的资金甚至人力投入往往不是小数目。相比较而言，通用会计软件在开发时，已尽可能地解决了可能的问题，因此，对于通用性较强的会计业务，购买通用会计软件不但见效快，而且比自行开发相对节省资金。

3. 维护量小，且维护有保障

随着通用会计软件开发水平的不断提高和技术处理的日趋规范，其程序维护工作量微乎其微。除了因为企业的业务调整、人员变动需要由会计人员进行自行维护外，因软件故障或使用障碍所进行的程序维护量相当少。而且大多数通用会计软件均配备系统自动维护功能，便于操作人员进行简单的维护。其次，大多数会计软件的销售公司配备有专职的软件维护人员，并实行终身维护。此外，当会计制度发生重大变动或会计软件版本升级时，绝大多数会计软件的销售公司均会提供更新换代服务，用户也许会为更新换代再投入一些成本，但与自行开发相比，其费用非常低廉，无疑给会计软件的用户正常运行软件提供了保证。

4. 软件开发水平较高

经过多年筛选，能够立足于市场的会计软件，均采用了国际流行的较为先进的软件开发技术，比如操作界面更为直观，结构安排日趋合理，功能日益完善等。经过长期的研究，会计软件生产厂家更为重视业务的需求分析，在理解会计核算业务的特性上有所创新。通过系统设计，将较高水平的软件开发技术与会计实务紧密结合起来，使会计软件提供给用户的功能更为规范，会计核算质量迅速提高，产品更为实用，特别是辅助决策管理的分析功能更强。这些都是自行开发的会计软件所难以实现的。

5. 开发者决定系统地扩充与修改

购买一套会计软件的企事业单位，在运行一段时间之后，准备增加其他项目时，可能会突然发现软件的原开发者，并未继续生产其他类别的会计产品，要想达到目的，只能请销售单位定做，或购买其他公司的产品，这常令使用者深感遗憾。由于通用会计软件公司是否继续开发其他产品，是以市场需求大小和投资者收益水平的高低为准，所以，当需求量小或收益低时，某些产品在一段时间内不会继续开发研制。

6. 专业性差

专业性差是通用会计软件最大的缺陷。由于通用会计软件要提供给尽可能多的单位使用，因此对软件的通用性要求较高。对使用者来讲，在接受一套通用会计软件的同时，也要被迫接受一些与本单位业务无关的闲置功能。另外，通用会计软件也不可能满足所有单位的各种特殊或复杂的核算与管理要求，且对某些特殊的单位也不适用。这也是当某单位购买了通用会计软件以后，必须进行全面初始化的重要原因。不过，随着市场竞争的日益激烈，部分会计软件开发商开始注重产品的专业通用性，在深入了解某一行业特殊性的基础上，将原产品进一步扩充和修改，推出专用性更强的通用产品，这也是会计软件市场发展的趋势。

针对绝大多数用户没有足够的资金和技术自行开发财务软件，本节重点讲授用友T3财务软件。用友财务软件由SQL Server数据库和用友T3软件两部分构成，安装用友通分为两步：第一步安装SQL Server数据库，第二部安装用友通T3（或用友通教育版）。安装SQL Server数据库前最好打上所有的系统补丁，并且安装Windows XP IIS信息服务组件。切记先安装SQL Server数据库，再安装用友T3，先安装用友通肯定不能运行。因用友T3不支持新版的SQL Server，安装SQL Server 2000或2005数据库，或者安装 MSDE2000 都是可以的。

第二节　SQL Server 数据库软件的安装

一、安装环境和数据库软件

安装前首先确认所安装的计算机是否是正版操作系统，Ghost 版的操作系统要么不能正常安装 SQL Server 数据库，即使勉强安装成功，也可能出现运行用友通时会莫名其妙地自动运行 Office 软件，在 Office 软件运行的界面多次按退出后，才打开用友通的异常情况，初始化、日常业务或期末报表都有可能出现各种异常。

在确认操作系统为正版系统后，检查计算机名是否符合要求。计算机名首位必须是字母，不要中文和数字打头；可以全部由字母构成，或字母开头跟数字构成，不能带有"-"等特殊符号。计算机名如果不符合要求，Windows 7 操作系统修改方法：计算机→右键→属性→高级系统设置→计算机名→更改，更改完计算机名后重启；Windows XP 操作系统修改方法：我的电脑→鼠标右键→属性→网络标识（计算机名）→属性。

计算机名更改后重启，方可安装 SQL Server 数据库软件，用友通对数据库要求较低，桌面版的 SQL Server 数据库 MSDE 即可，微软官网提供免费的 MSDERelA 下载，链接是：http：//download. microsoft. com/download/4/5/1/451d5d5c - 69d4 - 40d5 - b85d - f1d756cf46db/CHS_ MSDE2000A. exe

下载运行后，会解压到临时目录 C：\ MSDERelA，运行里面的 setup. exe，安装 SQL Desk Top Engine（SQL2000 桌面版）时可能出现以下信息：

"为了安全起见，要求使用强 SA 密码。请使用 SAPWD 开关提供同一密码。有关详细信息，请参阅自述文件。安装程序将立即退出。"

这说明安装 MSDE 需要初始密码。

遇到这个问题解决方法是：

找到 MSDE 安装目录下的 setup. ini，打开修改成下面这个样子：

```
[Options]
SECURITYMODE = SQL
SAPWD = 123
```

其中 SAPWD 后的"123"是你的 SA 的密码。然后重新再运行 setup. exe 安装即可。

也可以从"MSDN 我告诉你" http：//msdn. itellyou. cn/下载 Professional 个人版的 SQL Server2000。SQL Server2000 个人版可安装于任何操作系统，下面以 SQL Server2000

个人版为例讲解。

二、SQL Server2000 安装步骤

下载 SQL Server2000 后，运行 autorun. exe，然后选择第一项“安装 SQL Server2000 简体中文个人版”，即可开始 SQL2000 个人版的安装。

开始，一路按默认设置，点击“下一步”……直到“服务账户”窗口。

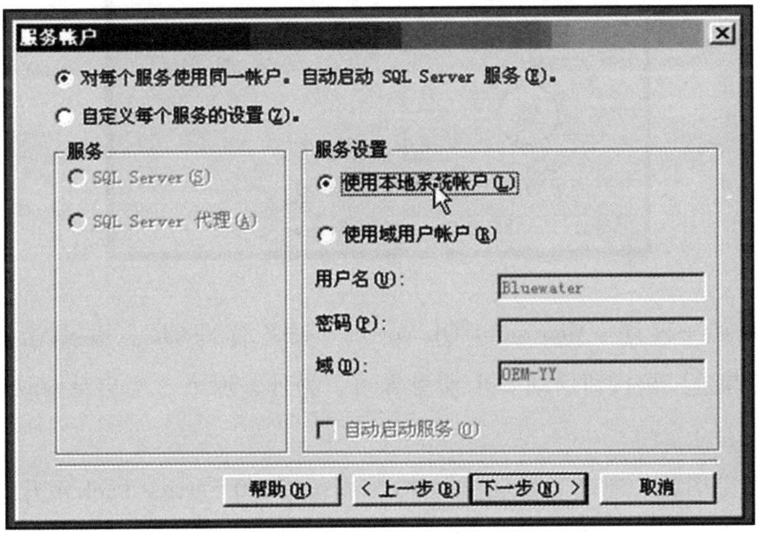

这里我们需要选择“使用本地系统账户”，然后选择下一步，到“身份验证模式”窗口。

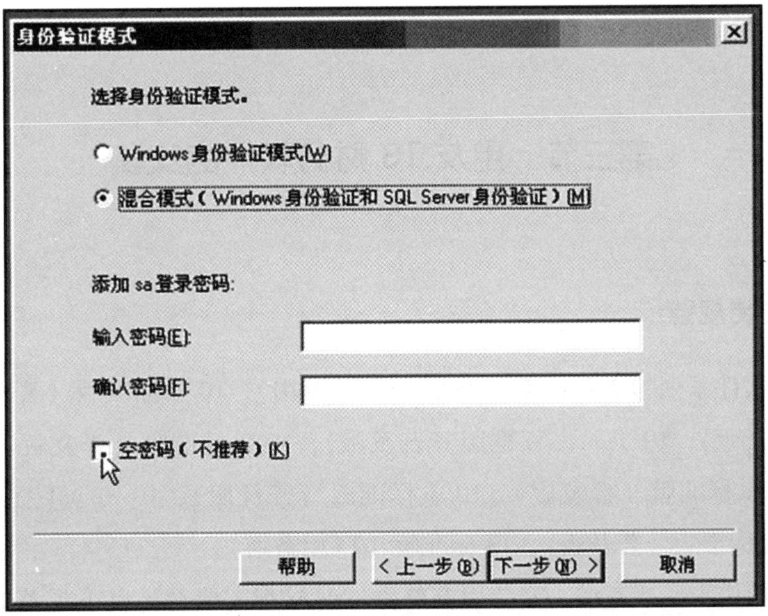

需要选择“混和模式……”，下面可以选择“空密码”即可点击“下一步”。以后的其他各项，都可以按默认情况设置点下一步……直到完成。

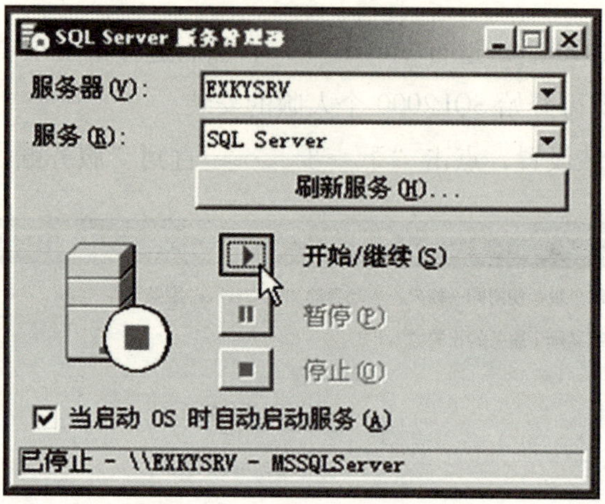

打开“开始—程序—Microsoft SQL server—服务管理器”，并点击“开始/继续(S)”前面的绿色三角按钮启动 SQL 服务即可。另外，那个“当启动 OS 时自动启动服务”也建议选择上。

安装设置完毕后，建议下载最新的 SQL Server 2000 Service Pack 4 升级包，对 SQL Server 数据库进行更新。Microsoft SQL Server 2000 Service Pack 4 升级包下载地址：http：//www. microsoft. com/zh－cn/download/details. aspx？ id＝18290。

如果不熟悉 SQL Server 2000，安装完 SQL Server 2000 或 MSDE 2000 后重启计算机，一般会自动启用 SQL Server 2000 服务管理器。

第三节　用友 T3 财务软件的安装

一、安装规范

用友通软件系列包含：10.0 教育版（考试专用），10.0 标准版（普及版），10.1 标准版（普及版），10.1plus1 标准版（普及版），10.2 标准版（普及版），10.2 工业版，10.2plus1 标准版（普及版），10.3 标准版（普及版），10.3plus1 标准版（普及版），精算版标准版（普及版），T3 标准版（T3 财务通）。

安装的操作步骤都一样，安装用友软件的时候都需要遵循以下规范的安装流程，如果不按规范操作，后续会出现各种操作问题无法使用用友通软件，因此有必要对安装规范进行学习。

第一步在安装软件之前首先需要做的是进行环境检测，如果安装程序是标准的完整版安装程序，那么软件中自带有一个环境检测工具，如果安装程序是简版安装程序，那么就需要自己手动进行环境检测。再次核实操作系统是否是正版，如果不是正版，先安装正版操作系统；再次检查计算机的名字，计算机名字必须以英文字母开头，中间不能包含特殊符号，比如横杠“-”、逗号“,”之类的符号；不能是中文，可以包含数字但是不能作为开头，计算机名开头必须是字母。如果计算机不符合要求那么必须要修改计算机名字，修改的方法是鼠标右键—我的电脑—属性—第 2 项计算机名字—修改，将计算机名字修改为符合要求的情况，这个时候需要重新启动电脑后再进行后续的操作。

第二步安装数据库，用友通支持的数据库分为三种，一种是简版数据库 MSDE，一种是完整版数据库 SQL Server2000，一种是数据库 SQL Server2005。依次说一下每一种数据库的安装：第一种安装 MSDE 数据库直接找到安装程序里面的 setup，双击自动会进行安装；第二种完整版 SQL Server2000 的安装，同样找到安装程序里面的 setup 双击，会有安装提示，根据实际的需要一步一步地进行安装；第三种 SQL Server2005 的安装，安装 SQL2005 与前面两个不一样的是：在安装 SQL2005 之前，必须要先安装 Windows NT 然后才能安装数据库，不然安装不成功。

第三步数据库安装完成后，熟悉数据库的人可以直接找打开软件的安装程序，进行软件的安装，安装的时候切忌不要安装到系统盘里面，以免事后造成数据丢失。不熟悉数据库的人，在 SQL Server2000 软件安装时，可以安装在系统盘里面，完成后需要重新启动电脑，不然数据库服务启动不起来，软件不能使用。

以上三个操作为规范化正常的安装步骤，按照上述三种方式操作一般不会出任何的问题。但是如果在安装第一步的时候没有进行计算机名字的检查导致有不符合要求的情况，或者是因为中毒计算机名字被修改了，然后再将计算机名字修改为符合要求的名字，会直接导致进不了软件，那么就需要进行一些操作才能继续使用软件。这种特殊的情况可以进行修改操作：首先点击电脑左下角的开始菜单—运行—在运行里面输入 regedit，然后点击确定（按回车）会弹出注册表界面。再找到第三个文件名字 HKEY_ LOCAL_ MACHINE—SOFTWARE—UFSOFT—LOGIN—2.0 双击里面的文件，将 server 里面修改为服务器的名字或者是 IP 地址，再重新运行软件就可以了。

二、安装的环境要求

1. 硬件推荐配置

单机或客户端：CPU Core 双核，内存 2G 以上，硬盘至少剩余 30G 以上，至少有一个光驱。

网络服务器：CPU Core 四核或至强处理器，内存 4G 以上，硬盘至少 1T 以上剩余，至少有一个光驱。

2. 操作系统（系统软件环境）

Windows 2000 Server ＋SP4、Windows 2000 AD Server ＋SP4、Windows 2003 Server、Windows XP ＋SP、Windows 2000 Professional＋SP4、Windows 7 Professional＋SP 均可。

3. 用友通 10.0 不能和用友其他版本的软件安装在同一个操作系统中。但用友通 10.0 可与商贸通 2005plus1 或者商贸通 2005plus2 同时安装使用，安装无先后顺序。

三、用友通安装步骤

1. 点击安装初始界面“用友通安装”或双击运行安装盘下的 Setup. exe。

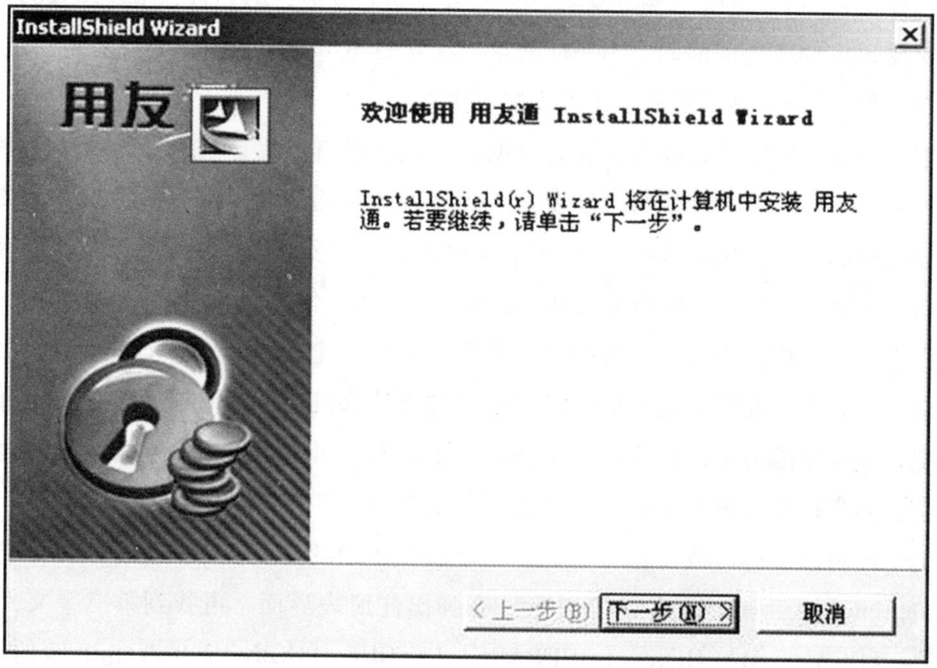

2. 在安装欢迎界面中选择下一步。

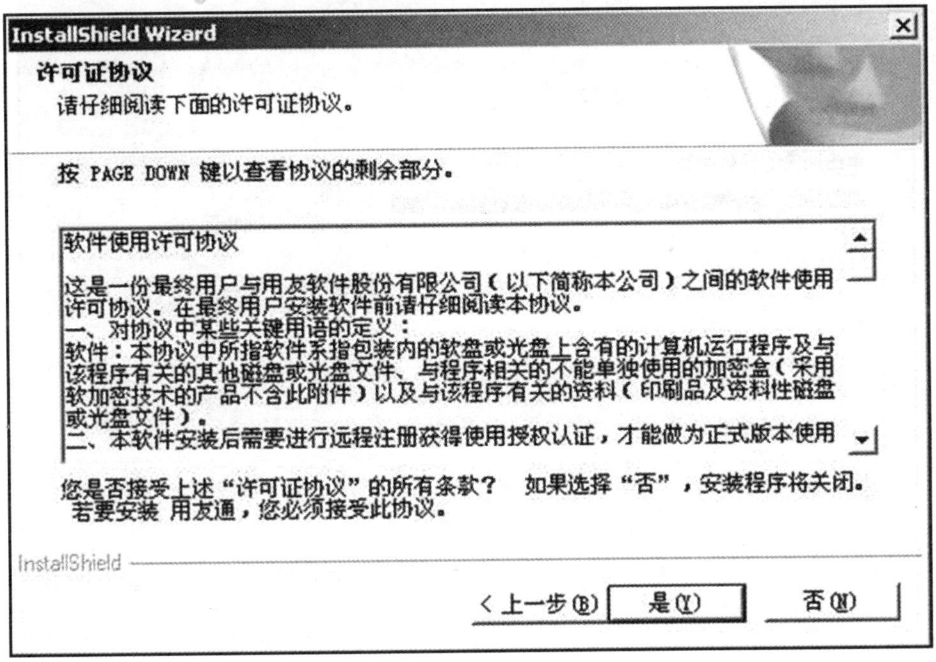

3. 点击“是”按钮接受许可证协议。

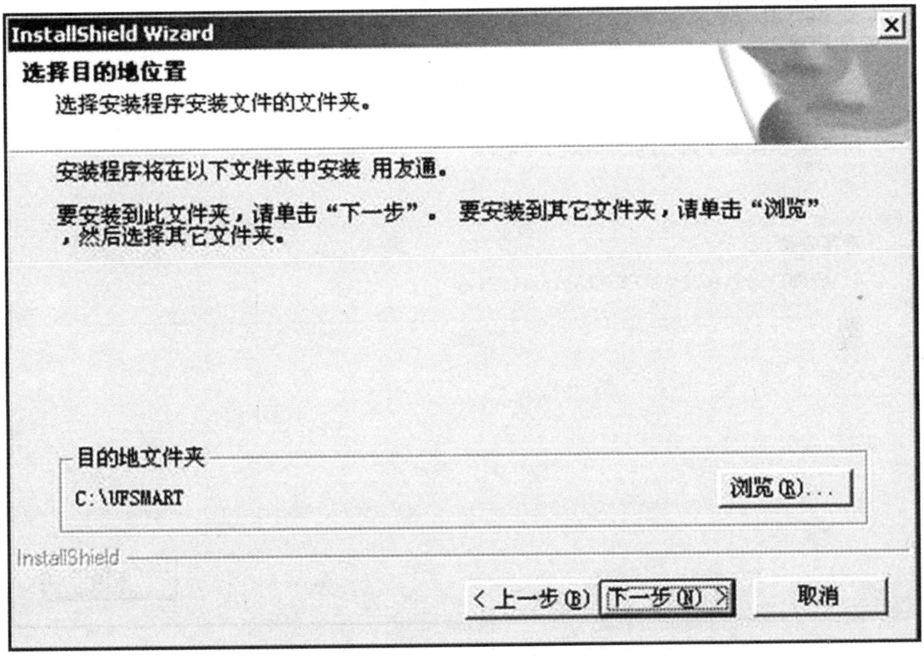

4. 选择安装路径。

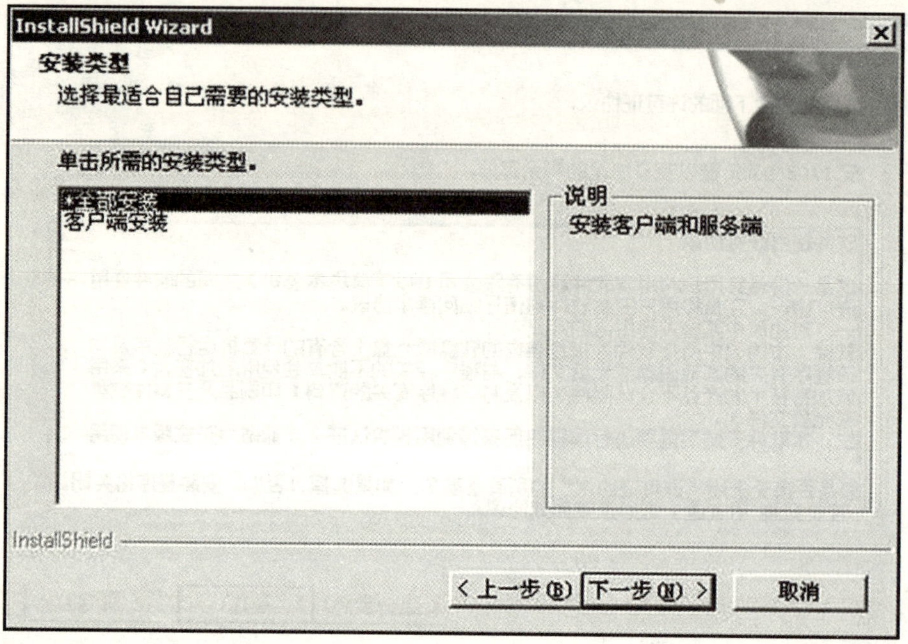

5. 在安装类型界面中选择所要的安装类型（全部安装，客户端安装）。

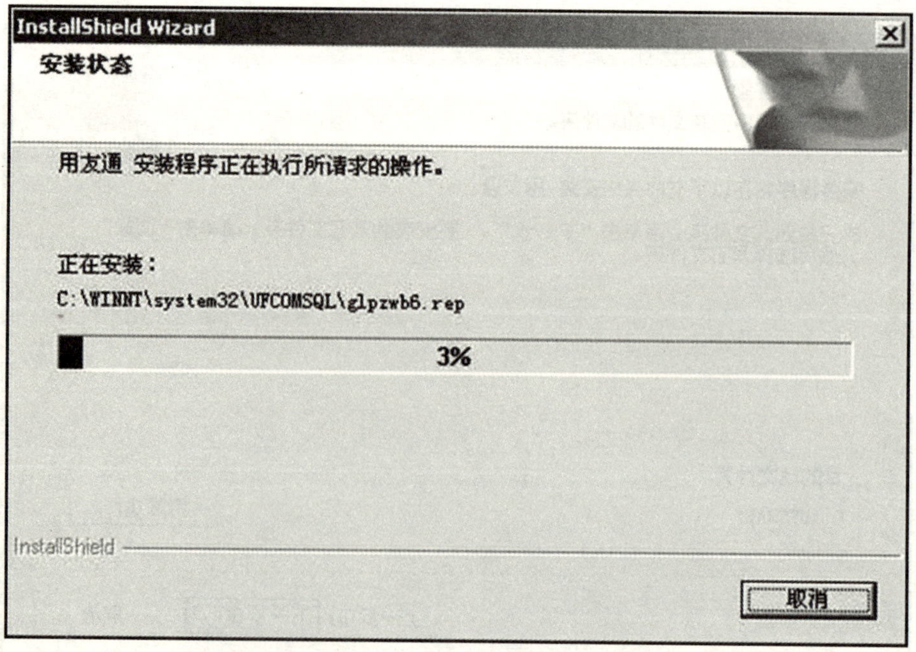

6. 开始产品文件的安装过程。

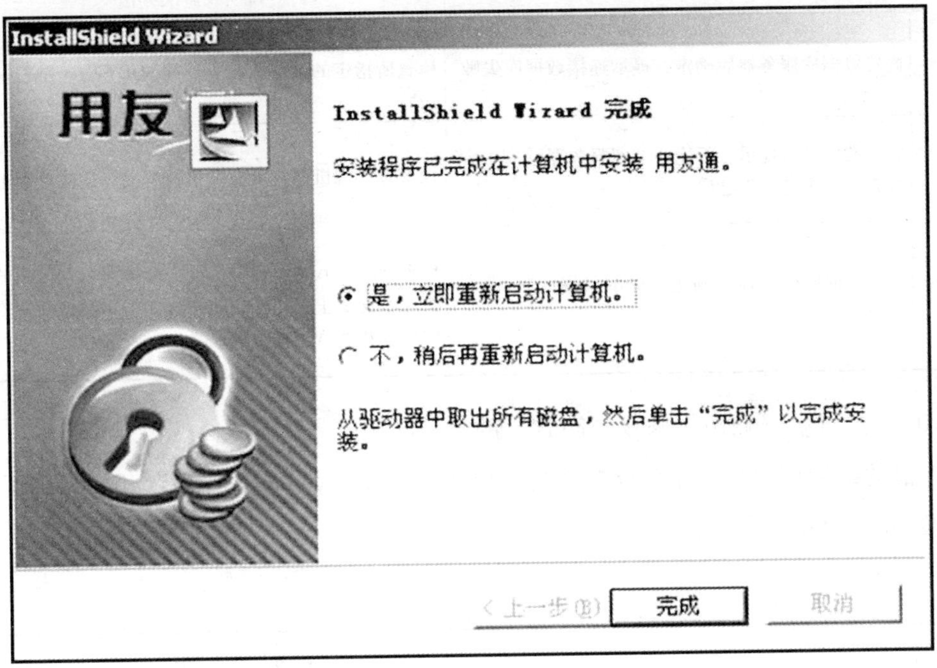

7. 安装完成对话框中选择重新启动计算机。重启电脑后，桌面上显示“系统管理”和“用友 T3”两个图标。

8. 安装中的常见问题及解决办法：

表 5－1

序号	环境	现象	说明及解决办法
1	Windows XP SP3	安装时出现：MDAC2.8 RTM 与此版本 Windows 不兼容。现在它的所有功能都成为 Windows 的一部分	点击取消按钮，继续安装即可
2	Windows XP Win2003	在 WindowsXP、Win2003 环境中安装 MSDE2000 后没有任何提示	需要重新启动机器，才能将数据库服务启动

9. 产品安装后，系统初始的常见问题：

（1）产品安装完后，必须选择重新启动计算机。

（2）计算机重启后，用友通服务会自动运行。

（3）在数据库服务器端，运行账套管理进行建账或超级用户口令更改操作。

（4）当停止 SQL 服务时，用友通服务也会停止，需要手工重新启动。

表 5 –2

序号	现象	说明及解决办法
1	配置数据库服务器后确定，提示连接数据库失败	检查所指定的数据库服务器的 SQL Server 是否正常
2	客户端登录时提示：不能登录到服务器［…］请检查相关服务是否已启动	检查客户端机器与服务端机器的网络连接是否正常
3	配置数据库服务器后确定，提示数据库 SA 登陆失败	检查 SQL Server 安装时是否选择的混合登陆模式，在企业管理器中选择相应的注册，编辑其注册属性，选使用 SQL Server 身份验证

10. 产品维护（修改，修复，卸载）的常见问题：

产品的维护可运行操作系统的控制面板或安装盘的 Setup. exe 或者开始菜单用友通的安装/卸载用友通来完成。

表 5 –3

序号	现象	说明及解决办法
1	文件无法卸载	检查产品是否正在运行
2	客户端安装后无法修改安装服务端	安装类型选定安装后无法更改，如要修改请卸载后重新安装

11. 新建账套：

用户安装产品完成之后，必须在服务器端“程序组—用友通—用友通”菜单中进行系统管理操作。初次登录“系统管理”，系统会自动创建系统库和模板库；如是升级用户，会出现下图提示：

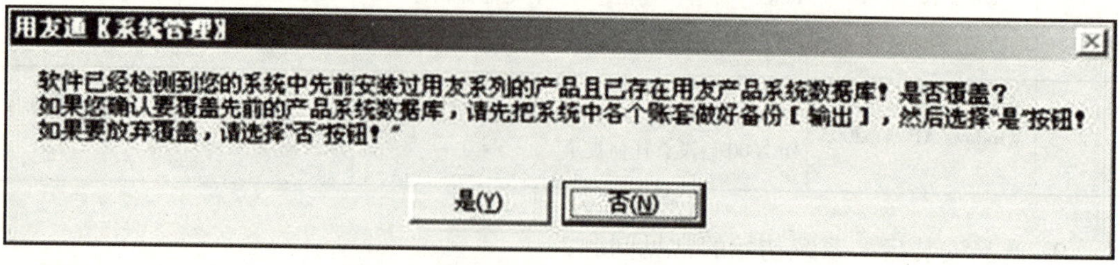

12. 系统登录：初次登录门户时，用户应点击门户服务器栏的按钮，如下图所示。

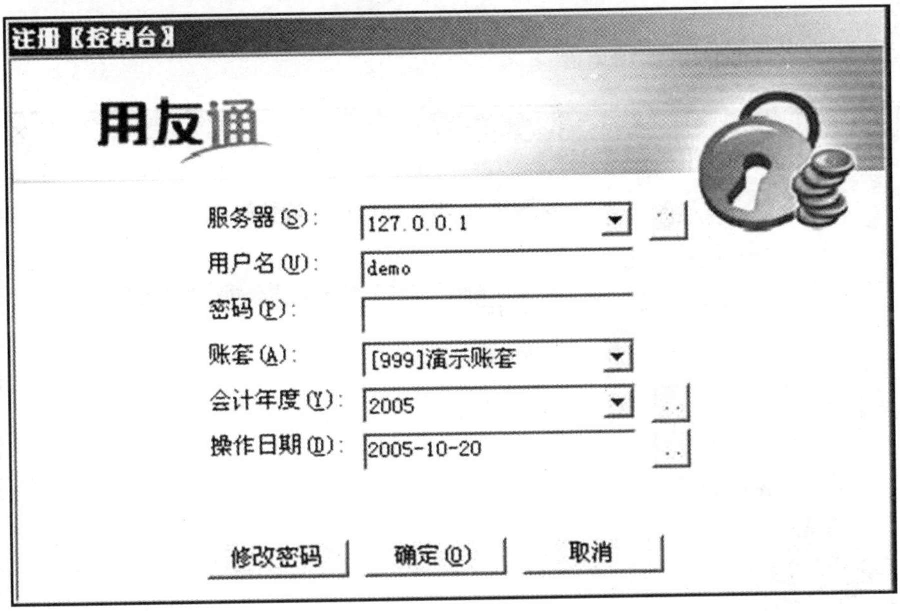

在新弹出的界面的当前栏录入服务器机器名或者 IP 地址，如下图所示。

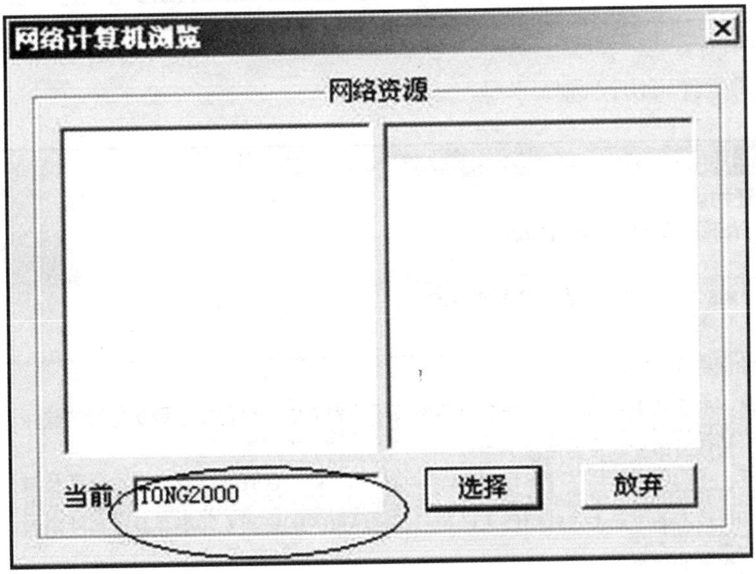

四、用友 U8 安装步骤

1. 在安装欢迎界面中选择下一步。

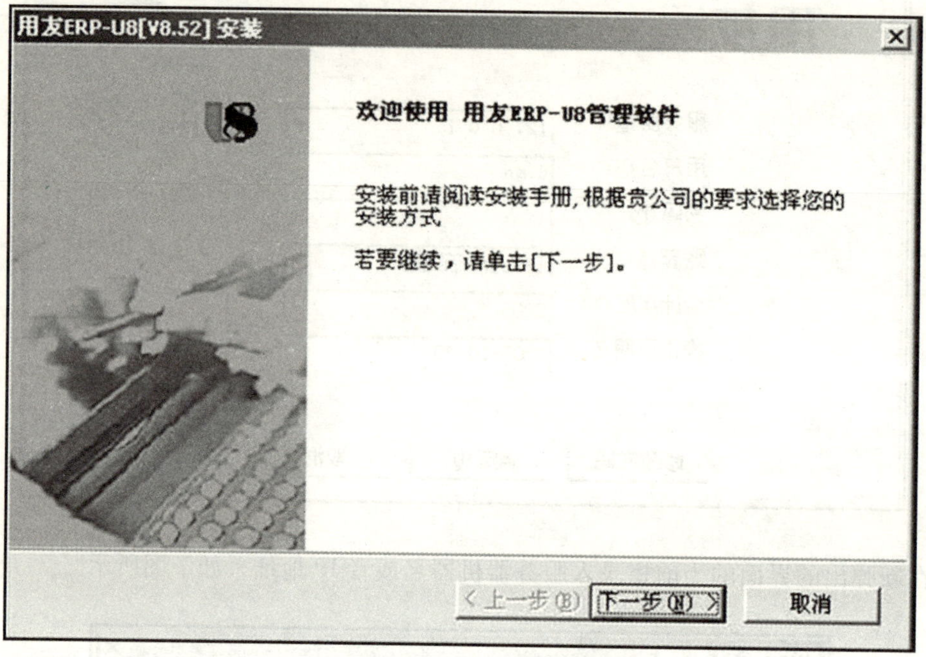

2. 如果同意许可协议选择“是”。

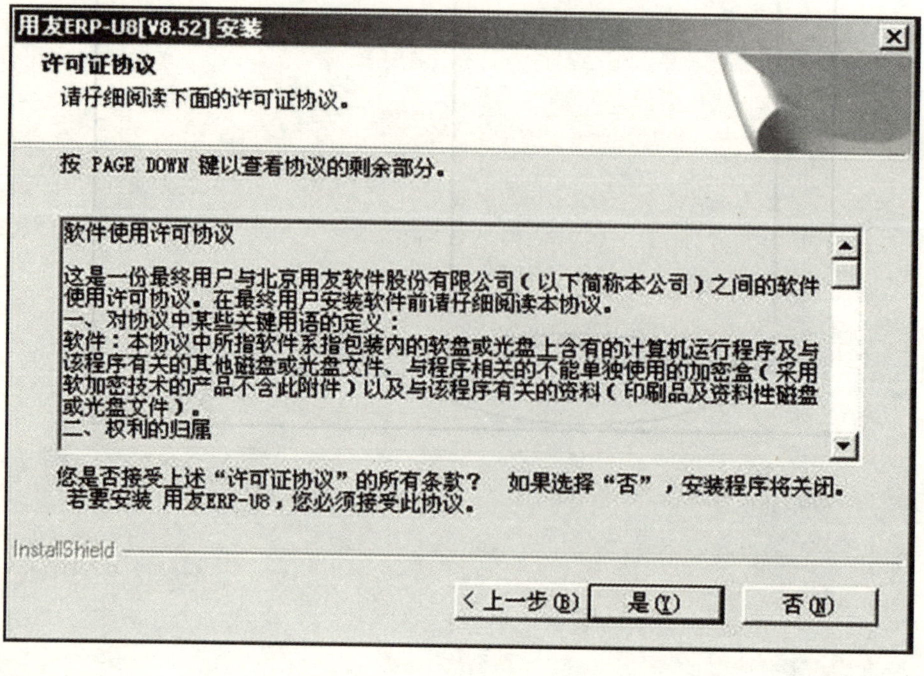

3. 输入用户和公司名称。

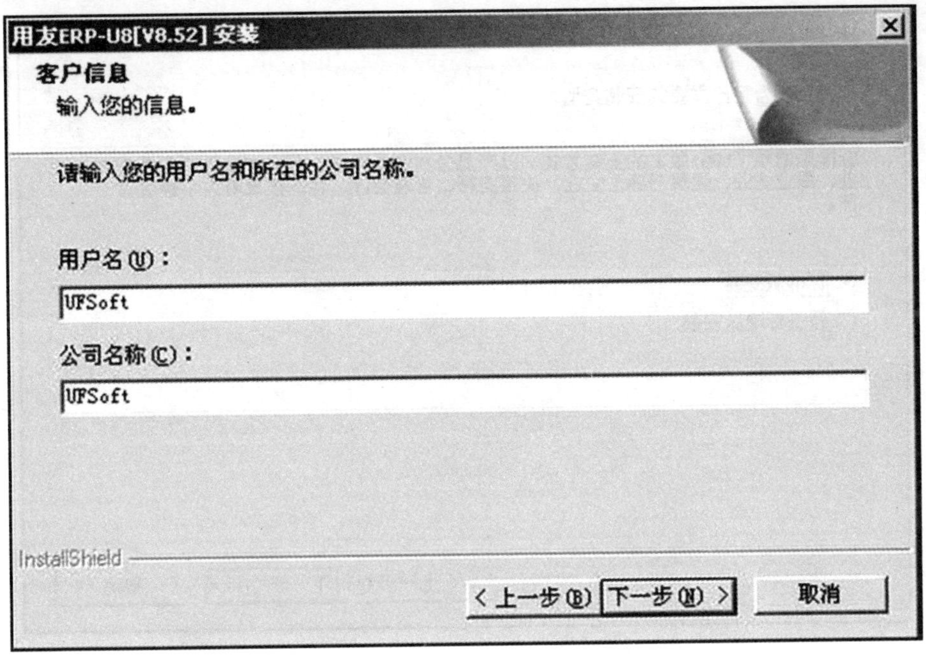

4. 选择安装的目的文件夹。

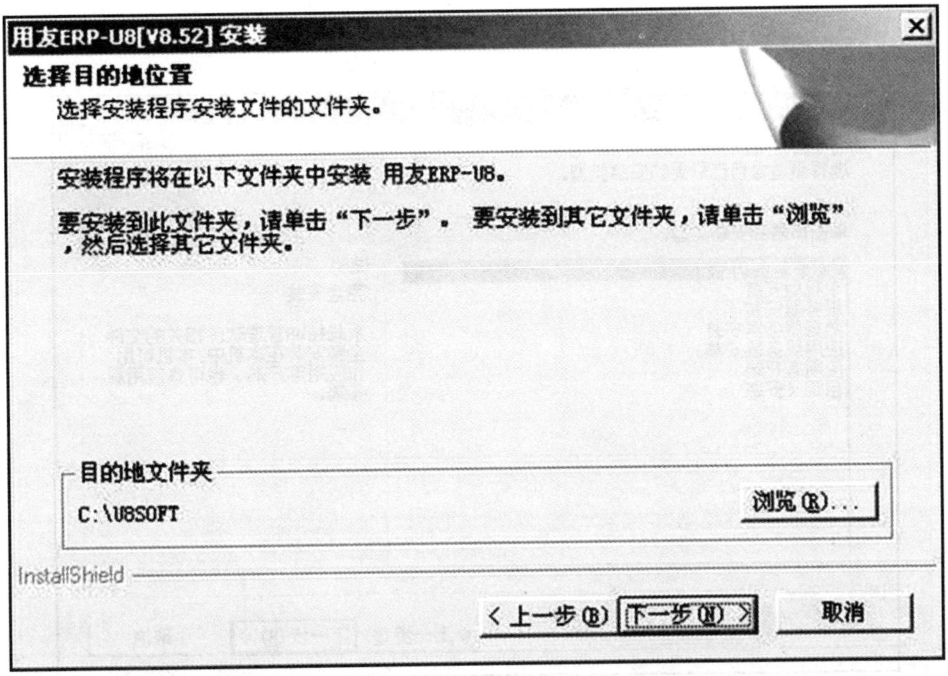

5. 安装类型界面中选择所要的安装类型。请用户选择是“标准版本安装”还是

“行业标准版安装”。

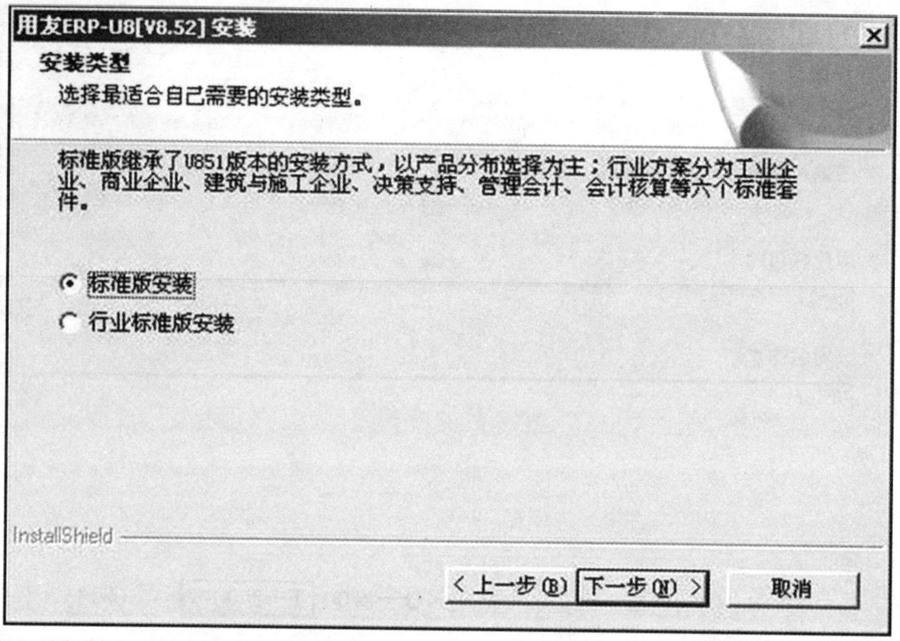

注：一般选择标准版即可。

6. 安装类型界面中选择所要的安装类型（安装全部产品、单机版安装、服务器安装、数据服务器安装、应用服务器安装、应用客户端、自定义）。

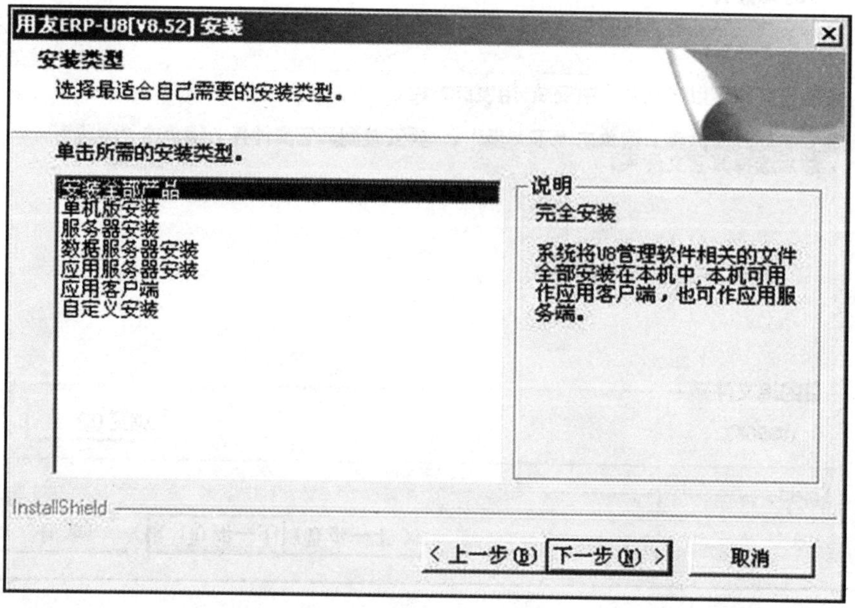

注：如果是单机用，选择单机版，如果是服务器选择应用服务器安装。

7. 定义程序组名称。

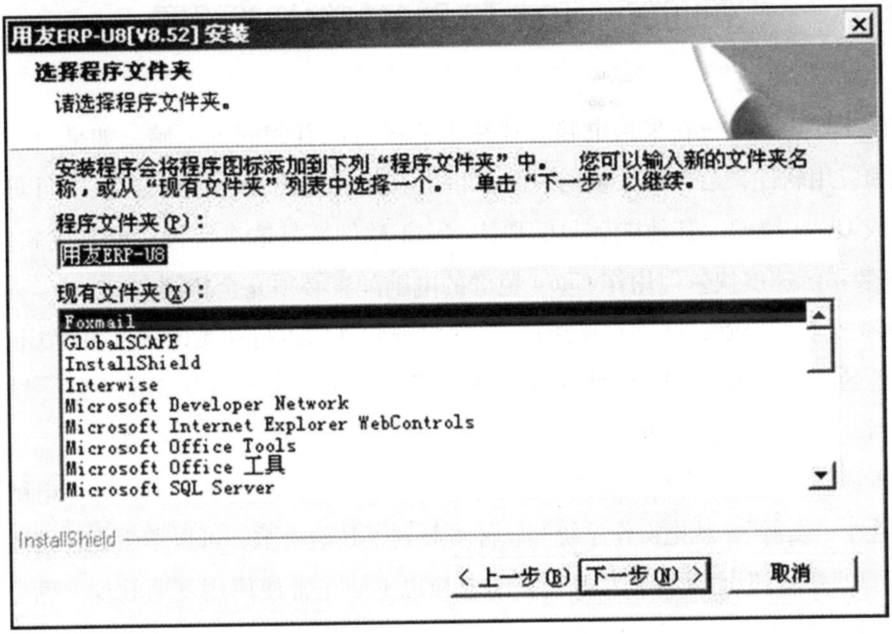

8. 安装完成对话框中选择重启。

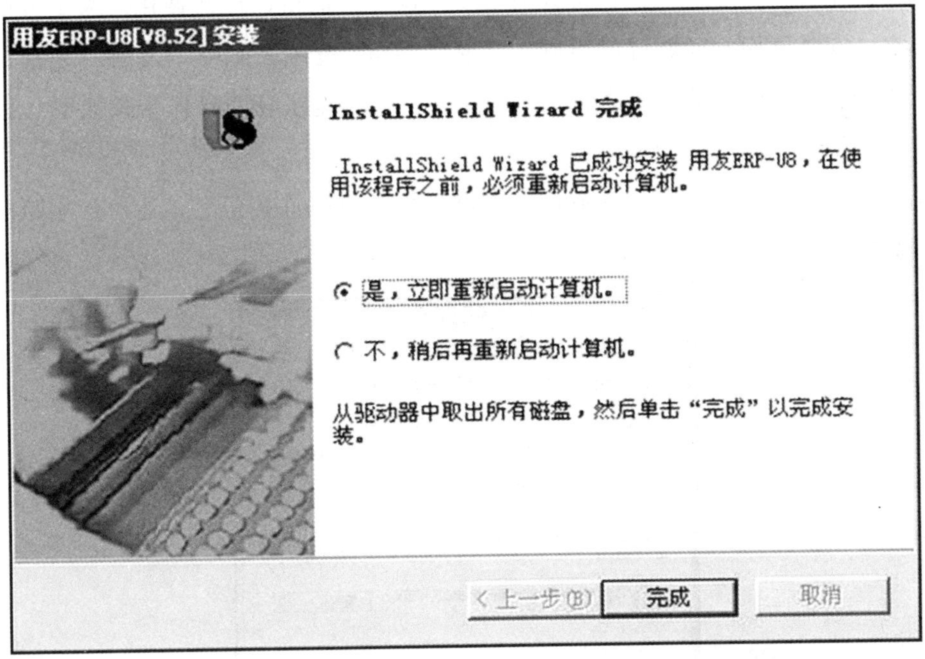

第四节 用友 T3 财务软件初始设置

实际工作中，单位在采购电脑时往往采购多台配置相同的电脑，如果一一安装操作系统和应用软件，会耗费大量的时间和精力。其实安装好一台电脑后，可以用 Ghost 软件做成 Ghost 镜像，其他电脑只需要用 Ghost 软件恢复这个镜像就能完成软件安装。Ghost 安装系统速度快，但用作 Ghost 镜像的电脑配置必须完全相同。

Ghost 安装的电脑，必须在使用用友 T3 财务软件前进行初始设置，因为 Ghost 安装的所有电脑，计算机名、IP 地址和服务器名都和用作镜像的电脑完全一致，导致电脑不能上网，用友 T3 软件不能正常使用。

许多学校机房的电脑安装有蓝卡，安装好一台电脑后作为发射端，其他电脑作为接收端，通过“发射”，就把操作系统和软件安装到了其他电脑，可以节省机房管理员的大量的精力和时间。但通过蓝卡发射安装的电脑也不能正常使用用友通软件，也是因为所有接收端的电脑的计算机名、IP 地址和服务器名都和用作发射端的电脑完全一致。

解决办法是，更改每一台电脑的计算机名、IP 地址和服务器名。虽然一一更改比较费力，但比起一一安装还是省时省力不少，这种方法得以广泛使用。为了方便更改服务器名，安装好用友通软件的电脑，在制作 Ghost 镜像之前或“发射”之前，先运行系统管理，增加操作员并新建账套，增加操作员和建账套的具体步骤如下（以下步骤是不能颠倒的）。

第一步，修改计算机名，计算机→右键属性→更改计算机名，让每台电脑拥有不同的计算机名。

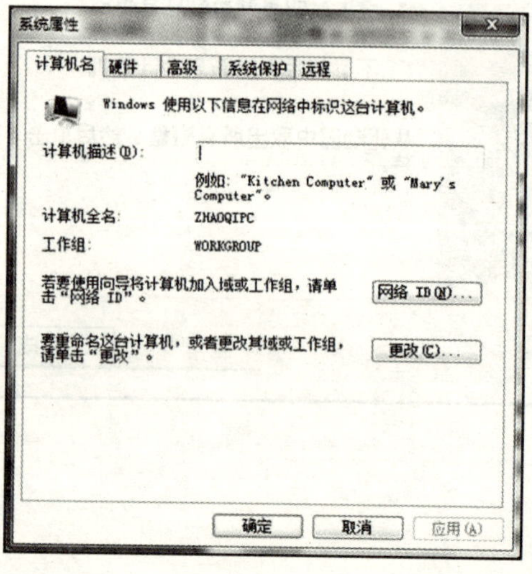

更改计算机名后务必重启电脑，只有重启电脑计算机名才被更改，不重启不会更改。

第二步，更改 IP 地址，打开网络和共享中心→更改适配器设置，修改 IP 地址，让每台电脑拥有不同的 IP 地址。

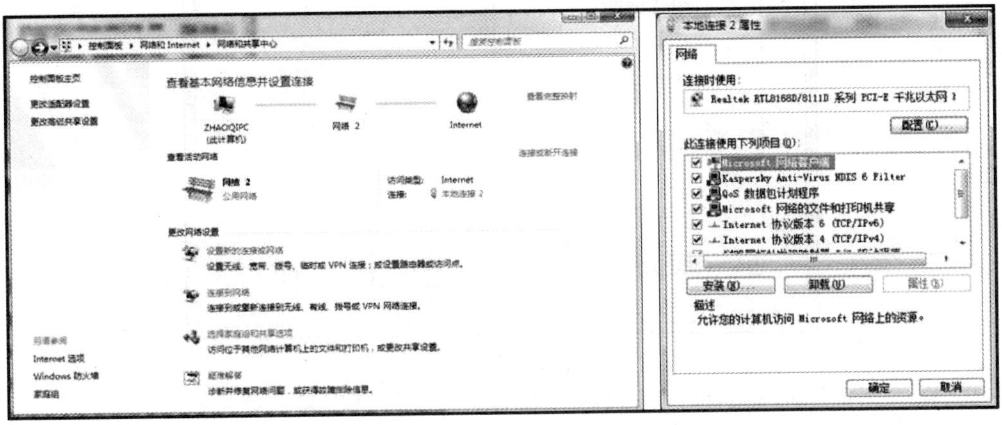

第三步，修改服务器名，修改服务器名只能进“用友 T3”修改。绝对不能进“系统管理”修改，进系统管理修改无效。

修改过程为：

1. 开始→所有程序→用友 T3 系列管理软件→用友 T3→用友 T3。

注意：用友 T3 软件此时因服务器名和计算机名未一致，打开时间很长，绝对不能着急，应耐心等待，更不要多次尝试运行用友 T3，导致电脑崩溃。如果有多台电脑需要同时修改服务器名，可以打开其他电脑，依次运行用友 T3，所有电脑都打开后回到第一台电脑，第一台电脑的用友 T3 软件已经打开，能节省一些时间。

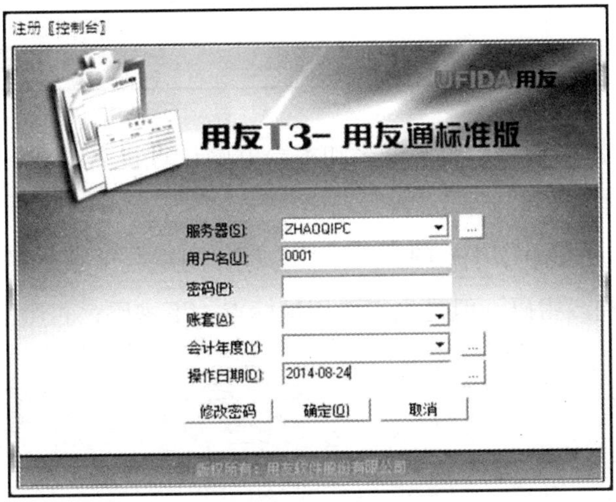

2. 点击第一行，服务器后面带有“…”的小白框。

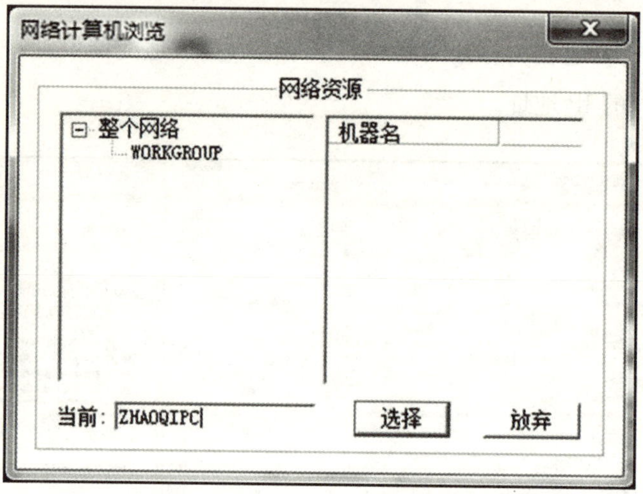

3. 在“当前”后面的框内输入本台电脑独有的计算机名，点选择。

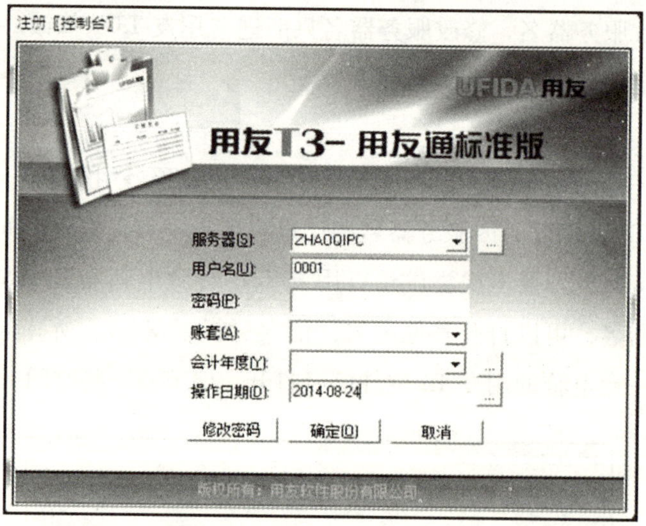

4. 此时“服务器”后显示服务器名和本台电脑计算机名一致，但此时服务器名并未真正更改，绝对不能点取消键。

在“用户名”后面输入用作 Ghost 或“发射”的电脑上增加的操作员编号，虽然我们增加用户时未输入密码，但是也需要用鼠标点一下密码，否则账套不会出现。

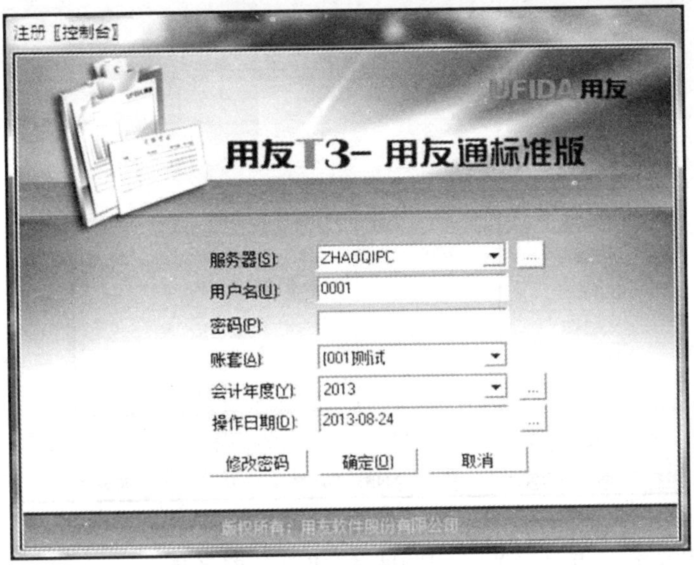

5. 点密码后，账套出现，因操作日期不能跨会计年度，且不能早于建账套的日期，所以操作日期可以设为账套年度的12月31日，设完点确定。

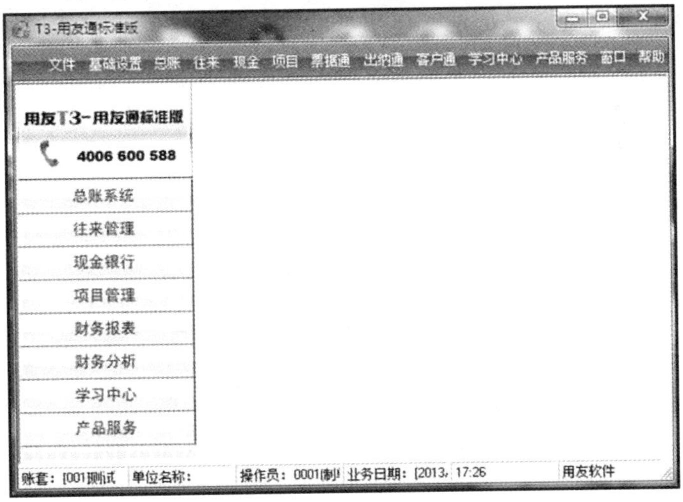

6. 出现用友T3主界面，服务器名已改为和计算机名一致，退出完成服务器名更改。

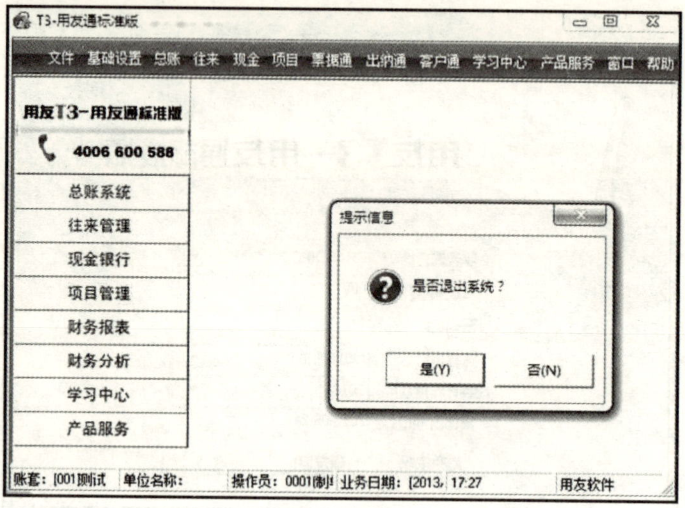

7. 是否退出系统？点是（Y），退出后完成服务器名更改。

【本章复习思考题】

1. SQL Server 软件安装对计算机系统有哪些要求？

2. 用友通财务软件安装时的注意事项有哪些？

3. 掌握用其他电脑镜像恢复系统后计算机名和服务器名的修改。

【下一章预习知识】

会计电算化的操作流程。

第六章　会计电算化法规

【**学习目的**】掌握电算化会计的岗位划分及职责，电算化会计替代手工会计的目标、条件、过程，会计电算化的档案管理。

【**重点与难点**】电算化会计岗位的划分、电算化会计替代手工会计的过程、会计电算化的档案管理。

第一节　会计电算化相关法规

一、中华人民共和国会计法

1999 年 10 月 31 日通过的《会计法》规定：使用电子计算机进行会计核算的，其软件及生成的会计凭证、会计账簿、财务会计报告和其他会计资料，必须符合国家统一的会计制度规定；会计账簿的登记、更正应当符合国家统一的会计制度规定。

二、会计基础工作规范

1996 年 6 月 17 日财政部发布的《会计基础工作规范》中，多个条文对会计电算化工作做了具体规范。

三、会计档案管理办法

1998 年 8 月 21 日财政部制定的《会计档案管理办法》第十二条规定：采用电子计算机进行会计核算的单位，应当保存打印出的纸质会计档案。具备采用磁带、磁盘、光盘、微缩胶片等磁性介质保存会计档案条件的，由国务院业务主管部门统一规定，并报财政部、国家档案局备案。

四、会计电算化的专门法规

财政部先后制定发布了《会计电算化管理办法》《会计核算软件基本功能规范》《会计电算化工作规范》和《会计档案管理办法》等一系列有关会计电算化的专门制度。

第二节 会计核算软件

一、会计核算软件的基本要求

根据《会计法》和国家相关的会计制度规定，会计核算软件设计、应用、维护应当符合以下基本要求：

1. 会计核算软件设计应当符合我国法律、法规、规章的规定，保证会计数据合法、真实、准确、完整，有利于提高会计核算工作效率。

2. 会计核算软件应当按照国家统一的会计制度的规定划分会计期间，分期结算账目和编制会计报表。

3. 会计核算软件中的文字输入、屏幕提示和打印输出必须采用中文，可以同时提供少数民族文字或者外国文字对照。

4. 会计核算软件必须提供人员岗位及操作权限设置的功能。

5. 会计核算软件应当符合GB/T19581—《信息技术—会计核算软件数据接口》国家标准的要求。

6. 会计核算软件在设计性能允许使用范围内，不得出现由于自身原因造成死机或者非正常退出等情况。

7. 会计核算软件应当具有在机内会计数据被破坏的情况下，利用现有数据恢复到最近状态的功能。

8. 单位修改、升级正在使用的会计核算软件，改变会计核算软件运行环境，应当建立相应的审批手续。

9. 会计核算软件开发销售单位必须为使用单位提供会计核算软件操作人员培训、会计核算软件维护、版本更新等方面的服务。

二、会计数据输入功能的基本要求

会计电算化条件下，会计数据的输入方式包括手工输入、存储介质导入以及由其他业务系统传入等。输入的数据主要有三大类：初始数据、记账凭证数据和原始凭证数据。

1. 对初始数据输入的基本要求

会计核算软件应当具备以下初始化功能：

（1）输入会计核算所必需的期初数字及有关资料，包括总分类会计科目和明细分类会计科目名称、编号、年初数、累计发生额及有关数量指标等。

（2）输入需要在本期进行对账的未达账项。

（3）选择会计核算方法，包括记账方法、固定资产折旧方法、存货计价方法、成本核算方法等。会计核算软件对会计核算方法的更改过程，在计算机内应当有相应的记录。

（4）定义自动转账凭证，包括会计制度允许的自动冲回凭证等。

（5）用户设置，包括设置每个用户的登录名、登录密码、姓名、操作权限等。

会计核算软件必须提供必要的方法对输入的初始数据进行正确性校验。由于初始化工作是对会计数据的直接输入和修改，因此初始化工作结束并经确认后有关功能应该随之关闭，以防止用户绕过正常账务处理程序直接对会计数据进行修改。

2. 对记账凭证输入的基本要求

会计核算软件应当具备输入记账凭证的功能，输入内容包括记账凭证日期、编号、摘要、科目名称或编号、金额、附件张数等。其中，记账凭证编号可以由手工输入、也可以由软件自动产生。软件应当对记账凭证编号的连续性应当进行控制。

3. 对记账凭证的控制功能

（1）正在输入的记账凭证编号与已输入的机内记账凭证编号重复的，应予以提示并拒绝保存。

（2）以编号形式输入会计科目的，应当提示该编号所对应的会计科目名称。

（3）正在输入的记账凭证中的会计科目借贷双方金额不平衡，或没有输入金额，应予以提示并拒绝保存。

（4）正在输入的记账凭证有借方会计科目而无贷方会计科目，或者有贷方会计科目而无借方会计科目的，应予以提示并拒绝保存。

（5）正在输入的收款凭证借方科目不是“现金”或“银行存款”科目、付款凭证贷方科目不是“现金”或“银行存款”科目的，应予以提示并拒绝保存。

（6）对已经输入但未登记会计账簿的机内记账凭证，应提供修改和审核的功能，但对审核通过后的记账凭证，应当不再允许进行修改；对已经记账的记账凭证，应当不再允许撤销审核。发现已经审核通过或者记账的记账凭证有错误的，应当采用红字凭证冲销法或者补充登记法进行更正，红字可用负号“－”表示。

（7）对同一张记账凭证，应当具有权限控制功能，防止同一用户对同一张凭证同时具有输入、修改权和审核权。

4. 对原始凭证输入的基本要求

原始凭证的输入可采取以下两种方法：

（1）在输入记账凭证的同时，输入相应原始凭证。如果输入的有关原始凭证汇总金额与输入的记账凭证相应金额不等，软件应当予以提示并拒绝通过。审核人员在对记账凭证进行审核的同时，会计软件应将输入的所附原始凭证同时提交审核。

（2）在记账凭证未输入前，直接输入原始凭证，由会计软件自动生成记账凭证。会计软件应当提供对已经输入但未审核的原始凭证进行修改和审核的功能，审核通过后，才能生成相应的记账凭证。

记账凭证通过审核或记账后，对相应原始凭证不能直接进行修改。

三、会计数据输出功能的基本要求

会计电算化条件下，会计数据输出包括屏幕查询输出、打印输出、保存到存储人质以及通过数据接口传输到其他业务系统等多种形式。其中，软盘输出多用于备份或上报，网络传输一般用于分支机构向总公司报账，查询和打印则是会计数据输出最基本的输出形式。

1. 屏幕查询的基本要求

在电算化条件下，无须每天将会计账务数据打印输出，平时的查账需求可以通过屏幕查询满足。屏幕查询一般应实现以下内容的查询：

（1）各级会计科目的名称、编号、年初余额、期初余额、累计发生额、本期发生额和当前余额等项目。

（2）本期输入的记账凭证、原始凭证。

（3）本期和以前各期的总账和明细账。

（4）往来项目的结算情况。

（5）本期和以前各期的会计报表。

对于查询内容，会计软件应当显示其是否已结账。如果需要，也可对屏幕查询内容打印输出。

2. 打印输出的基本要求

（1）应当提供打印输出机内原始凭证、记账凭证、日记账、明细账、总账、会计报表的功能，有关凭证、账簿、报表的格式和内容应当符合国家统一的会计制度规定。

（2）在总账和明细账的直接记账依据完全相同的情况下，总分类账可以用总分类账户本期发生额、余额对照表替代。

（3）在保证会计账簿清晰的条件下，计算机打印输出的会计账簿中的表格线条可以适当减少。

（4）对于业务量较少的账户，会计软件可以提供会计账簿的满页打印输出功能。

四、会计数据处理功能的基本要求

1. 会计核算软件应当具有记账功能，记账前必须对记记账凭证是否通过审核进行检查，只有通过审核的记账凭证才能记账。记账后对已记账的凭证做记账标志。

2. 会计核算软件应当具有自动进行银行对账的功能，根据银行存款日记账与输入的银行对账单，在适当的人工辅助下，生成银行存款余额调节表。

3. 会计核算软件应当提供按照规定的会计期间进行结账的功能。结账前，应当自动检查本期输入的会计凭证是否全部登记入账，当期记账凭证均已记账后才能结账。

4. 会计核算软件应当具有自动编制符合国家统一会计制度规定的会计报表功能。商品化会计核算软件应当提供会计报表的自定义功能，包括定义会计报表的格式、项目、各项目的数据来源、表内和表间的数据运算和逻辑关系等。

5. 会计核算软件应当采取加密存储、用户身份验证等多种手段确保会计数据安全保密，防止对数据的未授权访问、复制、篡改、删除。

第三节　会计电算化岗位

一、电算化会计岗位的划分及职责

基本会计岗位可分为：会计主管、出纳、会计核算各岗、稽核、会计档案管理等工作岗位。

基本会计岗位既可以一人一岗，也可以一人多岗或一岗多人，但应当符合内容牵制制度的要求，如出纳人员不得兼管稽核、会计档案保管和收入、费用、债权债务账目的登记工作。会计人员必须实行回避制度。

（一）会计电算化岗位责任制的基本内容

1. 电算主管的责任

（1）负责电算化系统的日常管理工作，监督并保证电算化系统的正常运行，达到合法、安全、可靠、可审计的要求。

（2）协调电算化系统各类人员之间的工作关系，制定岗位责任与经济责任的考核制度，负责对电算化系统各类人员的工作质量考评，提出任免意见。

（3）负责计算机输出账表、凭证的数据正确性和及时性检查工作。

（4）建立电算化系统各种资源（硬件资源和软件资源）的调用、修改和更新的审批制度并监督执行。

（5）完善企业现有管理制度，充分发挥电算化的优势，提出单位会计工作的改进意见。

2. 软件操作员责任

（1）负责所分管业务的数据输入、数据处理、数据备份和输出会计数据（包括打印输出凭证、账簿、报表）的工作。

（2）严格按照操作程序操作计算机的会计软件。

（3）数据输入操作完毕，应进行自检核对工作，核对无误后交审核记账员复核记账。

（4）每天操作结束后，应及时做数据备份并妥善保管。

（5）注意安全保密，各自的操作口令不得随意泄露，定期更换自己的密码。

（6）离开机房前应执行相应命令退出会计软件。

（7）操作过程中发现问题，应记录故障情况并及时向系统管理员报告。

（8）每次操作软件后，应按照有关规定填写上记录。

（9）由原始凭证直接录入计算机并打印输出的情况下，记账凭证上应有录入员的签名或盖章；收付款记账凭证还应由出纳人员签名和盖章。

3. 审核记账员的责任

（1）审核原始凭证的真实性、正确性，对不合规定的原始单据不作为记账凭证依据。

（2）对不真实、不合法、不完整、不规范的凭证退还给各有关人员更正后，再进行审核。

（3）对操作员输入的凭证进行审核并及时记账，并打印出有关的账表。

（4）负责凭证的审核工作。

（5）对不符合要求的凭证和输出的账表不予签章确认。

（6）审核记账人员不得兼任出纳工作。

（7）结账前，检查已审核签字的记账凭证是否全部记账。

4. 电算维护员的责任

（1）定期检查电算化系统的软件、硬件的运行情况。

（2）及时对电算化系统运行中软件、硬件的故障进行排除。

（3）负责电算化系统升级换版的调试工作。

（4）会计电算化系统人员变动或会计科目调整时，负责电算化系统的维护。

（5）会计软件不能满足单位需要时，与本单位软件开发人员或商品化会计软件开发商联系，进行软件功能的改进。

5. 电算审查员责任

（1）负责监督计算机及会计软件系统的运行，防止利用计算机进行舞弊。

（2）审查电算化系统各类人员的工作岗位的设置是否合理，制定内部牵制制度是否合理，各类人员是否越权使用软件，防止利用计算机进行舞弊。

（3）发现系统问题或隐患，应及时向会计主管反映，提出处理意见。

6. 数据分析员责任

（1）负责对计算机内的会计数据进行分析。

（2）制定适合本单位实际情况的会计数据分析方法、分析模型和分析时间，为企业经营管理及时提供信息。

（3）每日、旬、月、年，都要对企业的各种报表、账簿进行分析，为单位领导提供必要的信息。

（4）企业的重大项目实施前，应通过历史会计数据的分析，为决策提供翔实、准确、有根有据的事前预测分析报告；企业的重大项目实施过程中，应通过对有关会计数据的分析，提供项目实施情况（如进度、成本、费用等）分析报告；企业的重大项目实施后，应通过对会计数据的分析，提供项目总结的分析报告。

（5）根据单位领导随时提出的分析要求，及时利用会计数据进行分析，以满足单位经营管理的需要。

（二）大中型企业和使用大规模会计电算化系统单位的岗位设置

1. 电算主管。负责协调计算机及会计软件系统的运行工作。

2. 软件操作。负责输入记账凭证和原始凭证等会计数据，输出记账凭证、会计账簿、报表和进行部分会计数据处理工作。

3. 审核记账。负责对输入计算机的会计数据（记账凭证和原始凭证等）进行审核，操作会计软件登记机内账簿，对打印输出的账簿、报表进行确认。

4. 电算维护。负责保证计算机硬件、软件的正常运行，管理机内会计数据。

5. 电算审查。负责监督计算机及会计软件系统的运行，防止利用计算机进行舞弊。此岗位可由会计稽核人员兼任。

6. 数据分析。负责对计算机内的会计数据进行分析。此岗位可由主管会计兼任。

上述电算化会计岗位中，软件操作岗位与审核记账、电算维护、电算审查岗位为不相容岗位。

会计电算化岗位及其权限设置一般在系统初始化时完成，平时根据人员的变动可进行相应调整。电算主管负责定义各操作人员的权限。具体操作人员只有修改自己口令的权限，无权更改自己和他人的操作权限。

（三）中小企业实行会计电算化的岗位设置

中小企业事业单位，实行会计电算化后的电算化会计岗位设置应该注意满足内部牵制制度的要求，如出纳和记账审核不应是同一人，软件开发不能操作软件处理会计业务。较小单位电算化岗位的设立，可由会计主管兼任电算主管和审核记账岗位，由会计人员操作软件任操作员和电算维护员，还应单独设置出纳员岗位。

第四节　电算化会计替代手工会计

一、电算化会计替代手工会计的目标和条件

（一）替代手工会计是会计电算化的目标

采用电子计算机替代手工记账，是指应用会计软件输入会计数据，由电子计算机对会计数据进行处理，并打印输出会计账簿和报表。替代手工记账是会计电算化的目标之一。

（二）替代手工会计的条件

1. 配有适用的会计软件，并且计算机与手工进行会计核算双轨运行 3 个月以上，计算机与手工核算的数据相一致，且软件运行安全可靠。

2. 配有专用的或主要用于会计核算工作的计算机或计算机终端。

3. 配有与会计电算化工作需要相适应的专职人员，其中上机操作人员已具备会计

电算化初级以上专业知识和操作技能，取得财政部门核发的有关培训合格证书。

4. 建立健全内部管理制度，包括岗位分工制度、操作管理制度、机房管理制度、会计档案管理制度、会计数据与软件管理制度等。

二、电算化会计替代手工会计的过程

（一）整理手工会计业务数据

1. 重新核对各项凭证和账簿，做到账证、账账、账实相符。

2. 整理各账户余额。

3. 清理往来账户和银行账户。

（二）建立会计账户体系并确定编码

1. 符合财政部和有关管理部门的规定。

2. 满足本单位会计核算与管理的要求。

3. 满足会计报表的要求，凡是报表所用的数据，如果需要从账务系统中取数的，必须设立相应的科目。

4. 要保持体系完整，不能只有下级科目而没有上级科目。

5. 要保持相对的稳定性。

6. 应考虑与子系统的衔接，凡是与其他各子系统有关的科目，在整理时应将各子系统中的核算大类在账务处理系统中设为最底层科目。

（三）规范各类账证表格式和会计核算方法与过程

（四）会计软件初始化

第五节　会计档案管理办法

财政部制定的《会计档案管理办法》，第十二条规定：

1. 采用电子计算机进行会计核算的单位，应当保存打印出的纸质会计档案。具备采用磁带、磁盘、光盘、微缩胶片等存储介质保存会计档案条件的，由国务院业务主管部门统一规定，并报财政部、国家档案局备案。

2. 会计电算化档案包括机内会计数据、软盘等备份的会计数据，以及打印输出的会计凭证、账簿、报表等数据。

大中型企业应采用磁带、光盘、微缩胶片等介质存储会计数据，尽量少采用软盘存储会计档案。考虑到计算机打印的特殊情况，在会计资料生成方面有一些灵活规定，包括：

（1）现金日记账和银行存款日记账要每天登记并打印输出，做到日清月结。现金日记账和银行存款日记账的打印，由于受到打印机条件的限制，可采用计算机打印输出的活页装订成册。如果每天业务较少、不能满页打印的，可按旬打印输出。

（2）一般账簿可以根据实际情况和工作需要按月或按季、按年打印；发生业务少的账簿，可满页打印。

（3）在所有记账凭证数据和明细分类数据都存储在计算机内的情况下，总分类账可用“总分类账本期发生额及余额对照表”替代。

（4）在保证账簿清晰的条件下，计算机打印输出的账簿中表格线可适当减少。

3. 系统开发资料和会计软件系统也应视同会计档案保管。

4. 会计电算化档案管理要严格按照财政部有关规定，并由专人负责。

（1）严格执行安全和保密制度，会计档案不得随意堆放，严防毁损、散失和泄露。

（2）各种会计资料包括打印出来的会计资料以及存储会计资料的软盘、硬盘、计算机设备、光盘、微缩胶片等，未经单位领导同意，不得外借和拿出单位。

（3）经领导同意的借阅会计资料，应该履行相应的借阅手续，经手人必须签字记录。存放在磁介质上的会计资料借阅归还时，不应该认真检查病毒，防止感染病毒。

（4）各单位每年形成的会计档案，都应由财务会计部门按照归档的要求，负责整理立卷或装订成册。

（5）各单位保存的会计档案应为本单位积极提供利用，向外单位提供利用时，档案原件原则上不得外借。

（6）各单位对会计档案必须进行科学管理，做到妥善保管、存放有序、查找方便。

（7）对存档的会计资料要检查记账凭证上录入员的签名或盖章、稽核人员签名或盖章、会计主管人员的签名或盖章，收付款记账凭证还应由出纳人员签名或盖章。

（8）存有会计信息的磁性介质及其他介质，在未打印成书面形式输出之前，应妥善保管并留有副本。

5. 对会计电算化档案管理要做到防磁、防火、防潮和防尘工作，重要会计档案应准备双份，存放在两个不同的地点。

6. 对采用存储介质保存的会计档案，要定期进行检查，定期进行复制，防止由于存储介质损坏而使会计档案丢失。对会计软件的全套文档资料以及会计软件程序，保管截止日期是该软件停止使用或有重大更改之后 5 年。

【本章复习思考题】

1. 中小企业如何设置会计电算化岗位?

2. 电算化会计替代手工会计应具备哪些条件?

3. 简述电算化会计替代手工会计的过程。

4. 会计电算化档案管理有哪些要求?

第七章　系统管理

【学习目的】掌握用友通软件的系统管理操作：增加操作员、新建账套、授权、账套备份、账套恢复。

【重点与难点】增加操作员：操作员的编码、姓名均不能重复；新建账套：牢记新建账套的账套号、行业性质根据会计科目编码不能选错、不能忘记启用账套；授权：务必先选中授权的账套、务必选中应该授权的操作员。

第一节　系统管理运行

一、系统管理的运行

启动“系统管理”，打开：“系统管理”窗口，“系统→注册”，以系统管理员 admin 注册，密码为空→确认 。（注：启动“系统管理”可以利用桌面上的快捷方式启动，也可以从开始→所有程序中启动。）

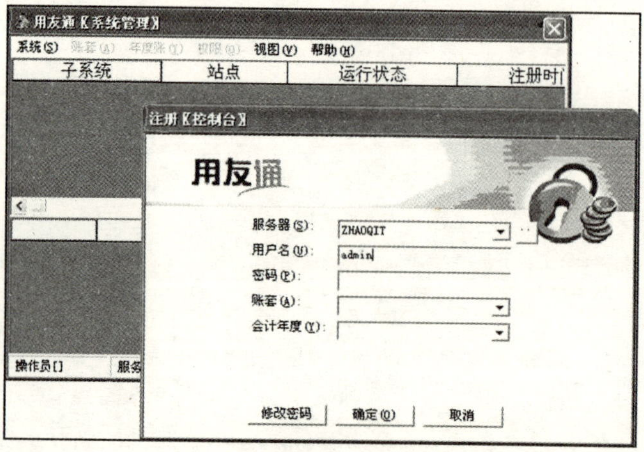

二、修改用友 T3 服务器名

如果打开系统管理时，电脑运行缓慢，请检查服务器名，用友 T3 的服务器名应该和计算机名一致，如果不一致需要修改服务器名。修改时步骤是不能颠倒的。第一步修改计算机名；第二步，更改 IP 地址；第三步，修改服务器名。详细修改步骤见第五章第四节。

特别注意：需要修改服务器名的情况，实际工作中常会遇到。新 Ghost 的电脑和许多学校机房的电脑，计算机名都可能未修改；或者虽然计算机名已经修改，但未修改用友 T3 的服务器名，导致不能进入系统管理，需要先进一次用友 T3 的用友通模块修改服务器名，再进系统管理。

第二节　操作员管理

一、增加操作员

“权限→操作员”，增加两个操作员。两个操作员编码不能相同，特别注意姓名也不能相同，否则不能记账。

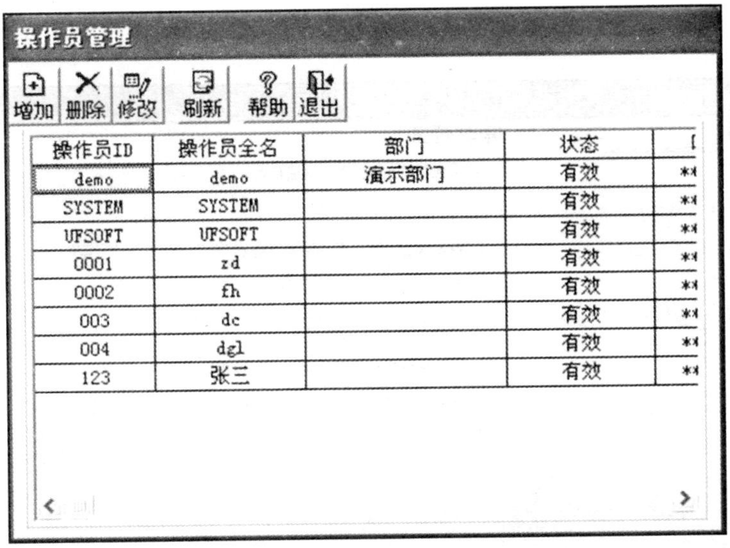

上图点增加，输入以下信息：

0001，制单，密码为空

0002，复核，密码为空

二、删除、修改、注销操作员

删除、修改操作员：对于新增的操作员，可以直接删除，或者点击修改，修改其姓名、口令、所属部门。但不能修改编码。

注销操作员：对于已经使用的操作员，不能直接删除，如果不再使用他了，只能注销。点击修改→注销当前操作员→修改→操作员界面点击刷新，状态变为“注销”，不能再对账套进行操作。

第三节　新建账套

注意事项：牢记账套号（授权、进用友通等都需要账套号，如果账套号出错，一切工作都必须重来）；企业类型、行业性质等不能错（如果出错，会计科目编码对不上无法设置科目）；不能忘记启用总账（如果忘记，进入用友通后没有初始设置项，无法录入期初科目余额）。

操作步骤如下：

“账套→建立”，出现“创建账套”窗口。

1. 账套信息：只输账套名称（账套号、账套路径、启用会计期，系统默认）。

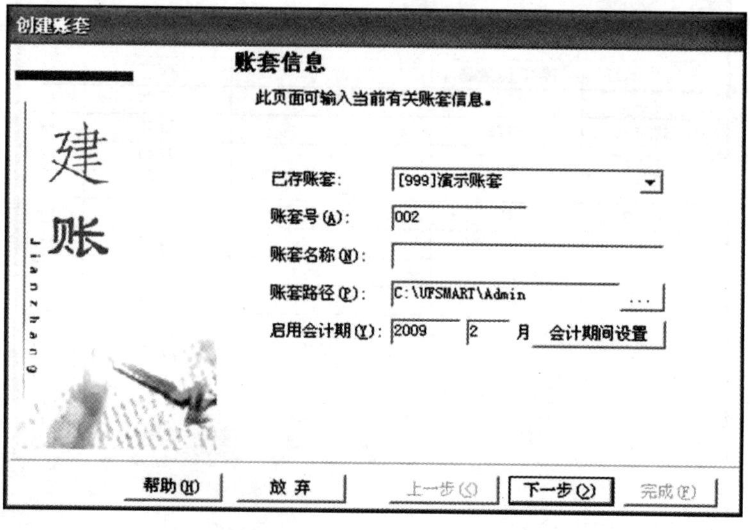

2. 单位信息：单位名称、单位简称（其他项不输入）。

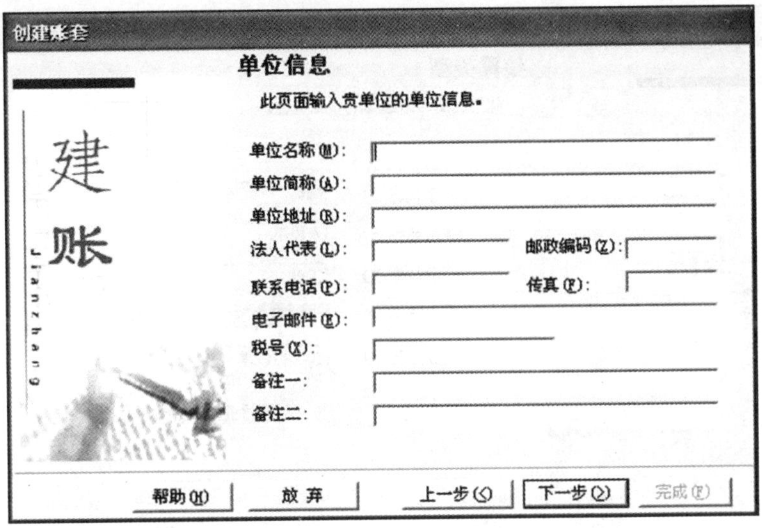

3. 核算类型：

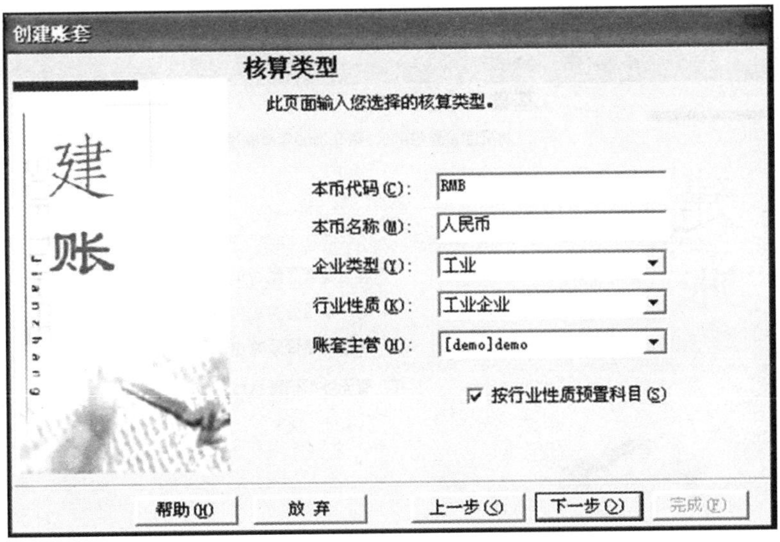

本币代码：RMB（默认）

本币名称：人民币（默认）

企业类型：工业（默认）

行业性质：新会计制度科目（默认不是“新会计制度科目”，需要选择）

账套主管：默认账套主管为 demo ，其密码为 demo，建议不要使用默认账套主管，将其修改为前面建立的操作员之一。

按行业性质预置科目：默认是选中的，不要修改。

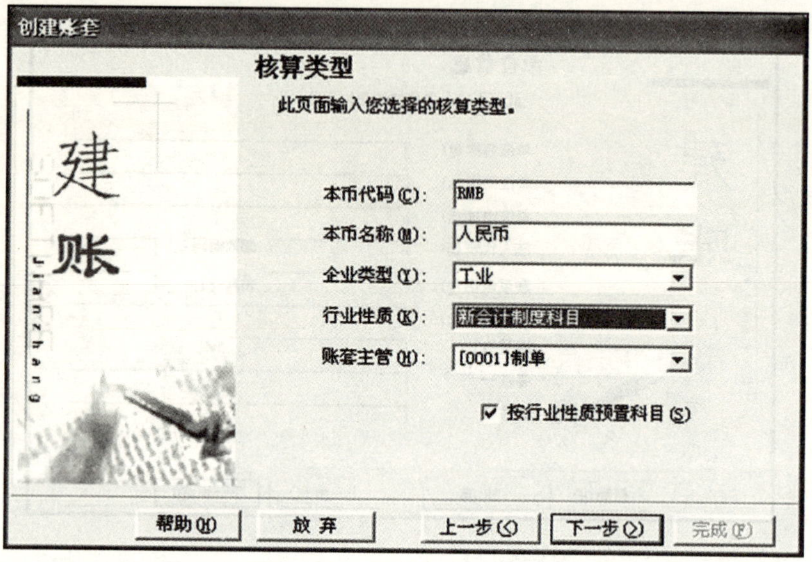

4. 基础信息：可不填。

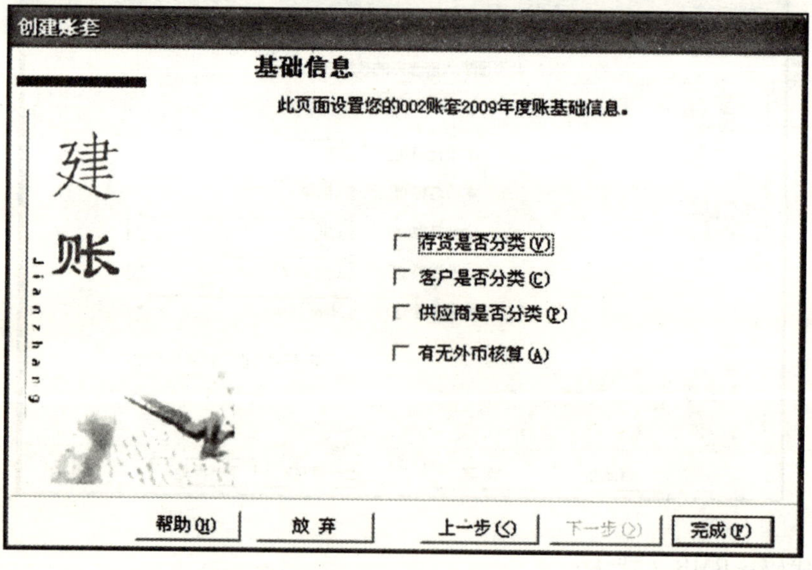

5. 分类编码方案：默认如下图。若科目编码级次不是4－2－2，应手动改为4－2－2，否则进行科目设置操作时，无法添加科目。如一级科目编码为3，则是选错了行业性质，需要重新建账套。

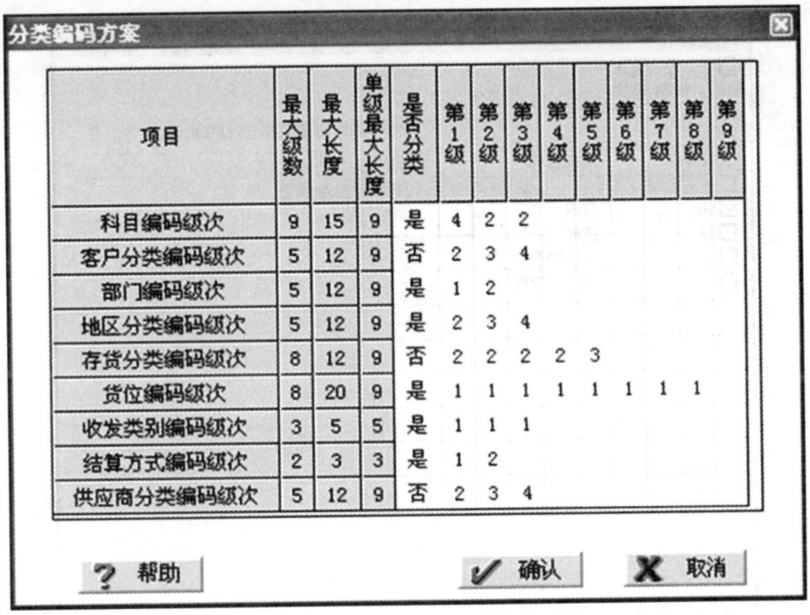

项目	最大级数	最大长度	单级最大长度	是否分类	第1级	第2级	第3级	第4级	第5级	第6级	第7级	第8级	第9级
科目编码级次	9	15	9	是	4	2	2						
客户分类编码级次	5	12	9	否	2	3	4						
部门编码级次	5	12	9	是	1	2							
地区分类编码级次	5	12	9	是	2	3	4						
存货分类编码级次	8	12	9	否	2	2	2	2	3				
货位编码级次	8	20	9	是	1	1	1	1	1	1	1	1	
收发类别编码级次	3	5	5	是	1	1	1						
结算方式编码级次	2	3	3	是	1	2							
供应商分类编码级次	5	12	9	否	2	3	4						

6. 数据精度定义：默认 2 位。

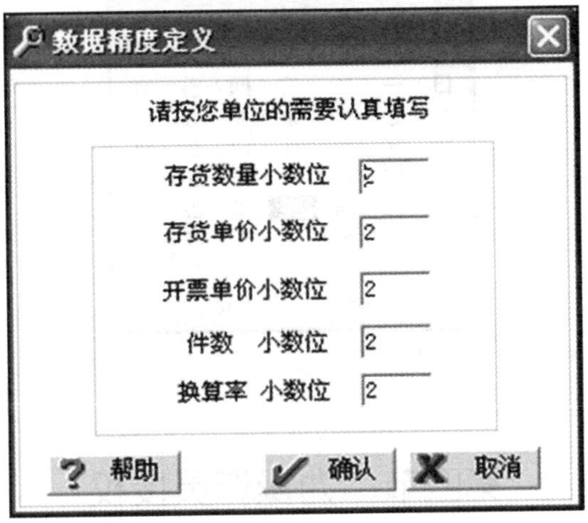

7. 启用账套：系统启用时可只启用总账，日期默认。

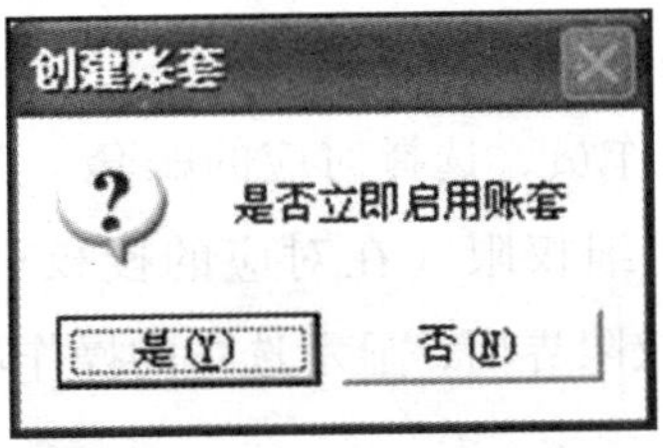

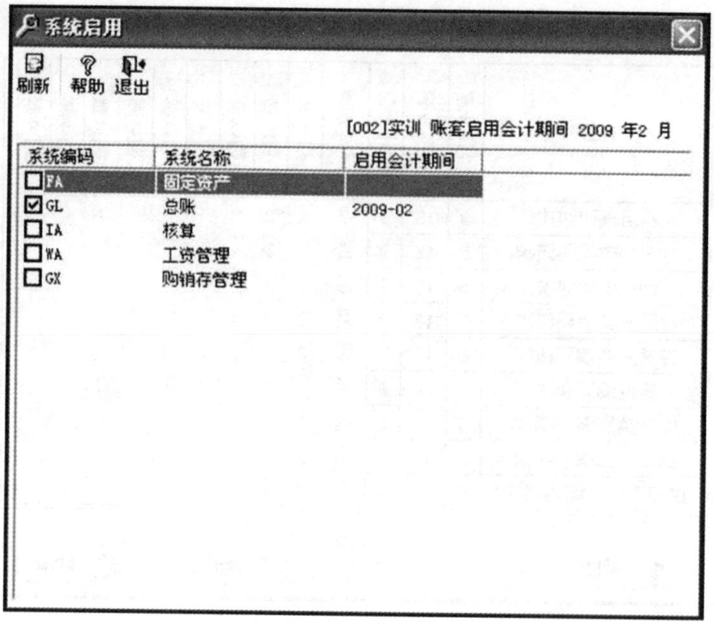

第四节　为操作员授权

账套主管：账套主管拥有该账套的所有功能权限，直接在账套主管选项前打上钩；取消账套主管：则取消这个选项。

一般操作员：选中这个操作员，选择对应的账套，点击“增加”按钮，先选中功能模块，再增加该模块下的明细权限（在对应的授权栏双击，变成明蓝色，说明选中）。设置完成后，在操作员权限界面，显示选中的操作员对该账套的权限。

表 7－1　　　　系统管理员和账套主管的权限区别

功能 操作员	建立账套	备份、恢复账套	增加操作员	设置账套主管权限	增加一般操作员权限	修改账套	单独启用模块	年度账管理	结转上年数据
系统管理员 admin	•	•	•	•	•				
账套主管					•	•	•	•	•

为方便实训，一般会把两个或更多操作员都设置为账套主管：“权限—权限”，先选择新建账套，再选择新增加的操作员，最后点账套主管选项，把另一个操作员也设置为账套主管。

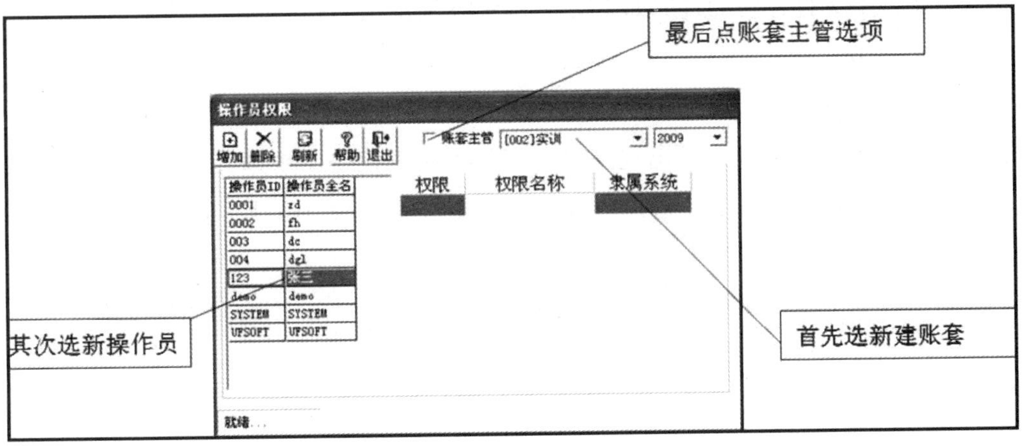

注：授权时，必须记住选择新建账套，否则会默认第一个账套而不是新建账套，使操作员不能进入新建的账套。

该部分内容不多，但是极易出错，每步操作均需要小心谨慎。

注意事项：

1. 首先选择自己新建的账套，否则默认是第一个账套，导致进入用友通后未进行科目设置就有了明细科目，未输入期初余额期初却有数据等现象；而且因为账套错误，第一个操作员和第二个操作员进的账套可能不同，虽然第二个操作员进行了审核、记账操作，但这些操作是不能对第一个操作员的账套进行的，实际第一个账套仍然没有被审核、记账，后果就是资产负债表期初期末数据完全一样，利润表所有数据为零。

在实际工作中进错账套，后果不堪设想。

2. 其次选择自己增加的操作员，否则自己增加的操作员没有权限进入新建的账套，无法完成凭证审核、记账、报表等一系列操作。

第五节 账套管理

一、手工备份账套

1. 建立文件夹

打开我的电脑，双击 E 盘或 F 盘，右击新建文件夹，把这个新建的文件夹，改名为“用友数据手工备份”。双击打开用友数据手工备份，右击出现新建文件夹，把所新建的文件夹改名为操作时的日期如 2014－12－16 后退出。

2. 进行备份

双击系统管理系→点击系统→点击注册→操作员 admin 登录→确定→账套→备份→选择需要备份的账套→确定→出现拷贝进程、压缩进程→出现选择备份目标，双击 E 盘或 F 盘→双击用友数据手工备份→双击当次备份的日期→确认→提示硬盘备份完毕→确定。

备份形成的文件是 uf2kact. lst 和 ufdata. ba_ 。恢复方法：到账套的备份路径下，点击引入文件 uf2kact. lst，则账套就恢复回来了。

3. 日常手工备份

打开 E 盘或 F 盘的用友数据手工备份（双击）→新建→文件夹，再把所新建的文件夹改名为操作当天的日期：如 2014－12－17，其余步骤与第一次备份的“2. ”一样。

4. 若要备份到 U 盘或移动硬盘，将备份好的数据，用复制的方式，粘贴到 U 盘或移动硬盘上即可。

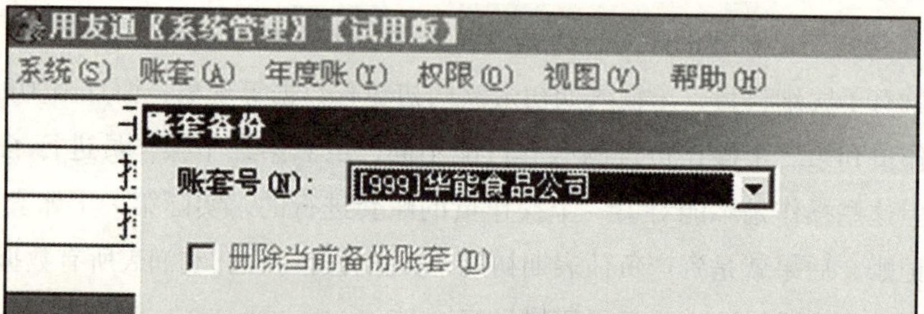

二、自动备份账套

1. 建立文件夹

打开我的电脑，（双击）E 盘或 F 盘，右击新建文件夹，把这个新建的文件夹，改名为“用友数据自动备份”。

2. 设置备份计划

（双击）系统管理→点击系统→点击注册→操作员输入 admin 登录→输入密码→按确定→点击系统→选择设置备份计划→点击增加→输入计划编号、计划名称→选择备份类型、发生频率→选择开始时间、保留天数→选择备份路径、选择备份账套→点击增加即完成设置。

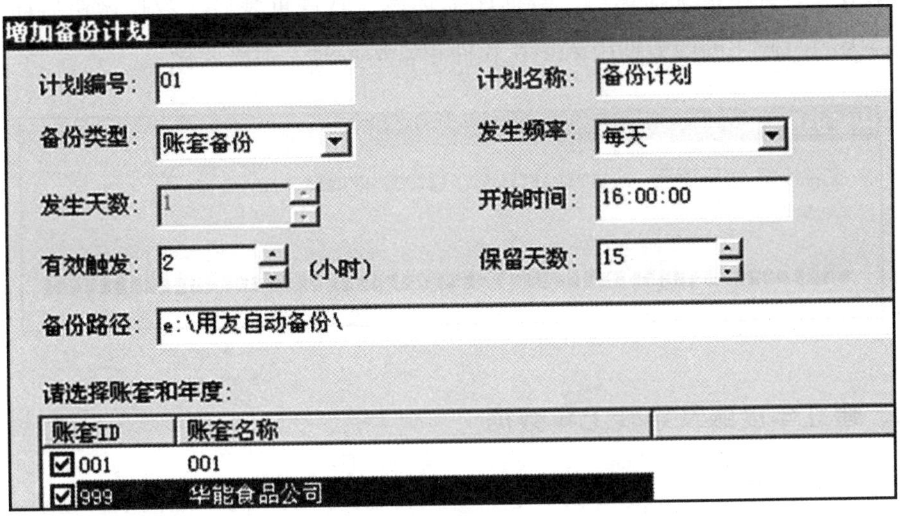

三、删除账套

以 admin 登陆系统管理→点击账套下的备份，点击“删除当前备份账套”按钮，则该账套备份后从 T3 软件中删除。

四、修改账套

系统管理→系统→注册→用户名：账套主管，密码→选择账套→确定→账套菜单→修改。

可以修改的信息：账套名称、单位信息、没有使用过的分类信息和编码方案。

五、启用新增模块

系统管理→系统→注册→用户名：账套主管，密码→选择账套→确定→账套菜单→在新增的模块前打上钩。

六、引入账套数据（恢复）

双击系统管理→点击系统→点击注册→操作员输入 admin 登录→按确定→点击账套→点击引入→出现引入账套数据的对话框→选择该账套最后一次备份的数据→选择 UF2kAct. Lst 文件→点击打开→当系统提示是否重新指定路径时点“否”→系统将自动恢复数据→提示“恢复完毕”时点确定即可。

数据引入只有在系统损坏后、数据库损坏后、软件重装后、数据做错后而又不想修改等原因的时候才可做数据引入。在软件正常运行时，不需要做。

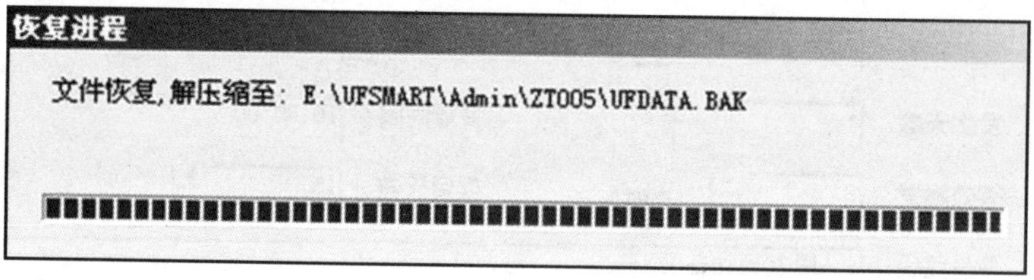

七、建立年度账及结转上年数据

1. 建立新年度账，建立该账套的下一年年度账，把上年的基础档案转过来。

①将电脑的系统时间更改为本年度最后一天，例如，2014 年 12 月 31 日；

②打开系统服务→系统管理→系统→注册→操作员为该账套的账套主管，密码→选择账套→操作日期改为本年度最后一天的日期→确定→开年度账→建立→确认账套及年度→确定→等系统提示“建立年度账成功后”，点击确定完成新年度账的建立。

注意：没有安装加密盒情况下，不能建立新的年度账。

2. 结转上年数据，把上年的期末余额结转过来作为新的年度的期初数据。

①将电脑的系统时间更改为新年度的第一天，例如，2015 年 1 月 1 日；

②系统→注销→系统→注册→操作员为该账套的账套主管→输入密码→选择账套→选择新建立的会计年度→操作日期改为新年度的 1 月 1 日→确定→年度账→结转上年数据→选择总账系统的结转→按系统提示完成结转上年数据，结转完后会出现工作报告：正确数及错误数，若有错误，找到错误的科目并记录下来，再进行修改。

3. 备份、恢复、删除年度账：

系统管理→系统→注册→用户名：账套主管，密码，选择账套，年度→确定→年度账。

备份：年度账备份文件为 uf2kyer. lst 和 ufdata. ba_ 。

恢复：从备份路径下，选择 uf2kyer. lst 的文件引入，年度账就恢复了。

删除年度账：

年度账备份的时候，点击“删除当前备份年度”按钮，则该年度账从软件中删除。

【本章学习方法】

上机实训为主，实训内容：

1. 增加操作员（至少两人，密码可以不设）；
2. 建立账套（账套号要牢记、行业性质新会计制度科目、必须启用总账）；
3. 为操作员授权（先选定自己新建的账套和操作员，然后授权）。

【本章复习思考题】

1. 实训过程中如果误登录其他人建立的账套，是什么原因造成的？怎么处理？
2. 建账套时如果没有把行业性质改为新会计制度科目，有何后果？出现该错误，如何改正？
3. 授权时如果没有选定自己新建的账套，会有什么后果？

第八章　基础信息设置

【学习目的】掌握会计科目的增加、修改、删除，录入期初余额、试算平衡，定义凭证类型。

【重点与难点】增加明细科目、输入期初余额、试算平衡

1. 进入用友通 T3 后再次检查账套，确保进入的是自己增加的账套。

2. 定义凭证类型，一般选择记账凭证类即可。

3. 会计科目设置，增加明细科目注意：模拟题（企业）有软件无，增加；模拟题（企业）无软件有，不需要删除；模拟题（企业）和软件不一致，修改模拟题。

注：一级会计科目和部分明细科目是财政部规定的，软件是不会出错的，软件出错，软件公司早就修正了。

4. 初始化余额，每个数据必须输入在明细科目，如果模拟题没有明细科目、软件有明细的随便找个明细输，应交税金和其明细应交增值税—进项税借贷方向相反，如果输入在进项税需输入负数。

录入数据需要耐心，务必保证每个录入的数据科目准确。特别注意两个数值完全一样的情况，如果两个明细都是明细输入两次，否则只输入一次。

所有数据录入完成后务必要试算平衡，假如期初余额不平无法记账，期末余额不平无法结账。查错方法有查找差额、差额的一半、差额除九、差额除九乘十等方法快速查错，如果上述方法找不到错误，需要重新输入所有的数据。

第一节　基础设置

进入用友 T3 后，首先检查账套，确保进入的是自己增加的账套。进入用友 T3 的方法：双击桌面上用友 T3 的图标，检查服务器名和计算机名是否一致，如不一致先修

改服务器名，详细步骤见第五章第四节。用户名输入增加的两个操作员中的一人，如0001（不能输入操作员的姓名，只能输入操作员的编号），没有密码也要点一下密码后面的录入框，否则不会出现账套，检查账套无误后，会计年度和操作日期一致，点“确定”进入用友 T3。

一、机构设置

1. 部门档案设置

基础设置→机构设置→部门档案→增加→输入部门编码、名称等资料→保存→做下一个部门资料→所有做完后退出。

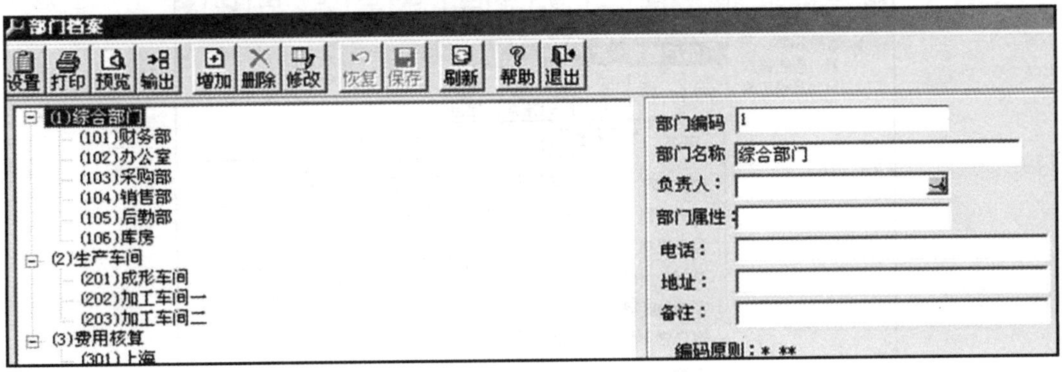

2. 职员档案设置

基础设置→机构设置→职员档案→增加→输入职员编码、名称→选择所属部门等资料→保存→做下一个职员档案→所有做完后退出。

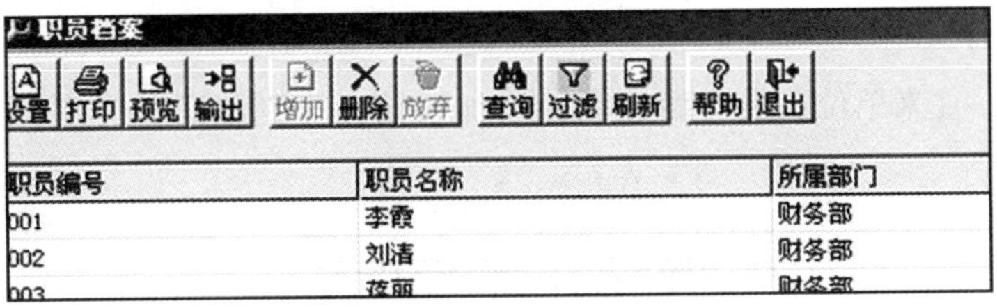

二、往来单位设置

1. 客户分类

基础设置→往来单位→客户分类→增加→输入类别编码、类别名称→保存做下一个分类。

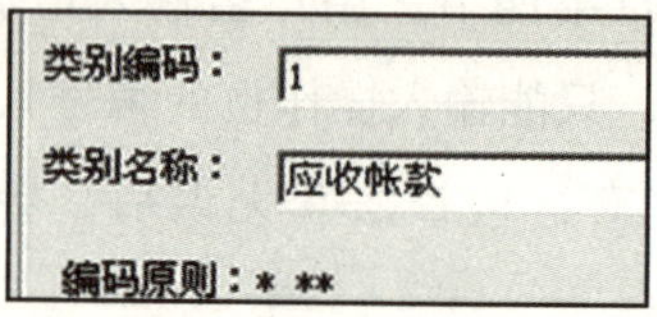

注：类别编码按编码规则编制，类别名称根据实际区分。

2. 客户档案

基础设置→往来单位→客户档案→选中客户分类→增加→输入客户编码、客户名称、客户简称→保存。完成后，可继续增加下一客户档案。

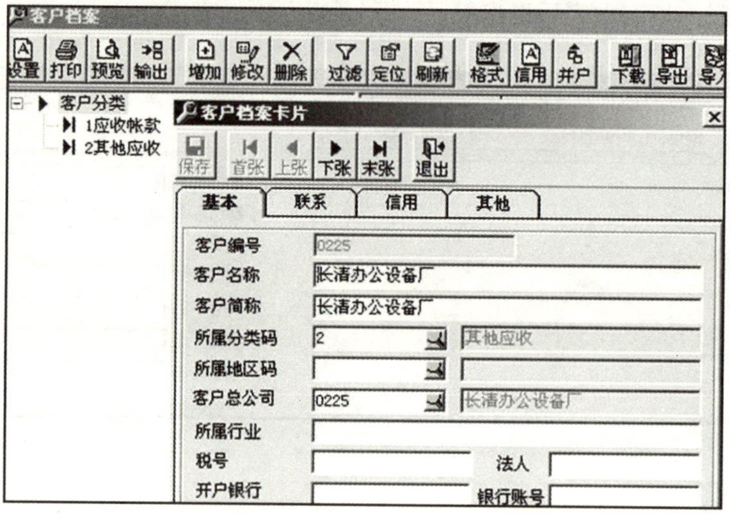

注：(1) 客户档案的编码可按分类去编，例如，01001；也可按客户的拼音去编。

(2) 档案中其他信息可做可不做，根据实际去做。

3. 供应商分类

基础设置→往来单位→供应商分类→增加→输入类别编码、类别名称→保存做下一个分类。

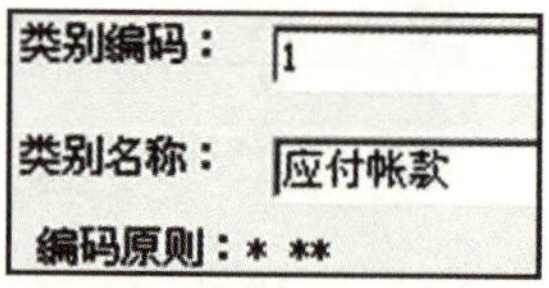

注：类别编码按编码规则编制，类别名称根据实际情况分类。

4. 供应商档案

基础设置→往来单位→供应商档案→选中客户分类→增加→输入供应商编码、供应商名称、供应商简称→保存。完成后，可继续增加下一供应商档案。

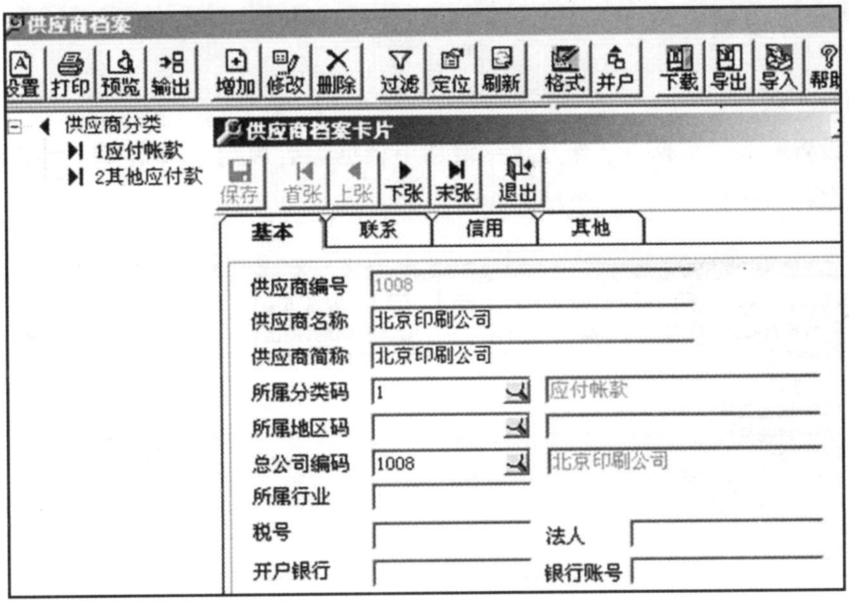

注：(1) 供应商档案的编码可按分类去编，例如，01001；也可按供应商的拼音去编。

(2) 档案中其他信息可做可不做，根据实际情况录入。

三、外币设置

基础设置→财务→外币种类→左下角录入币符、币种→选择折算方式→选择固定汇率或浮动汇率→录入汇率→点增加。

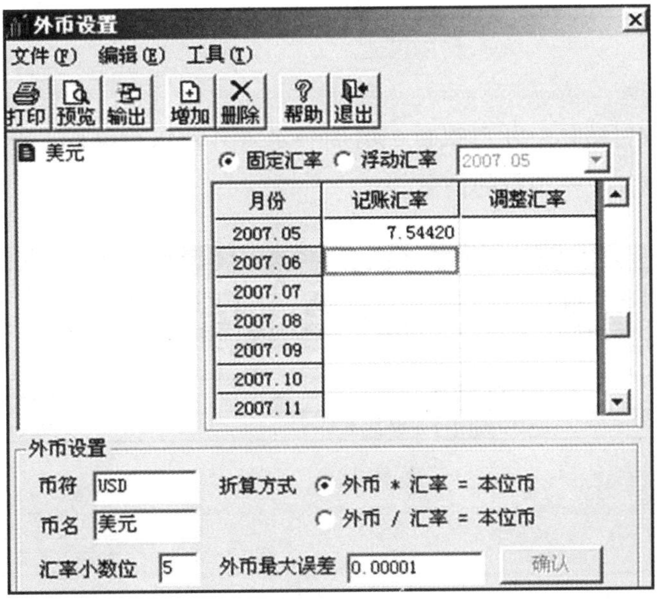

四、结算设置

①结算方式

基础设置→收付结算→结算方式→增加→根据编码规则输入结算方式编码→输入结算方式名称→保存→做下一个结算方式。

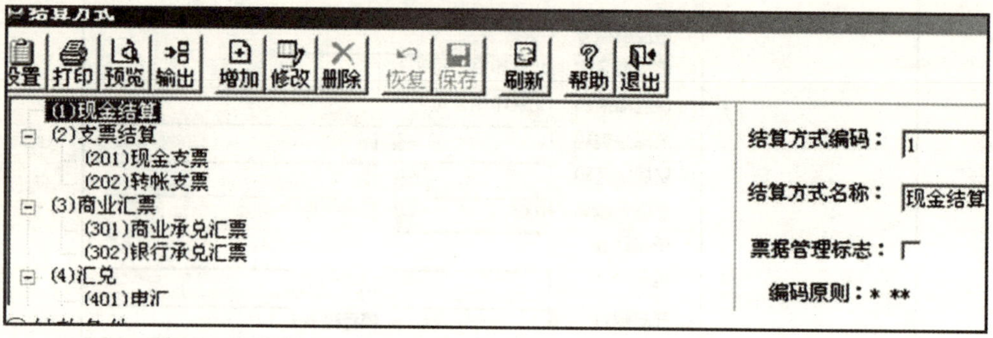

②付款条件

基础设置→收付结算→付款条件→增加→输入付款条件编码→录入信用天数、优惠天数 1、优惠率 1 等条件→保存→做下一个付款条件。

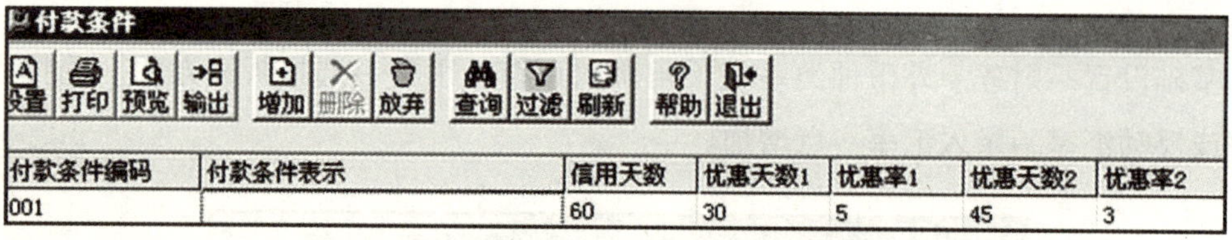

③开户银行

基础设置→收付结算→开户银行→增加→录入开户银行编码、开户银行名称、银行账号→保存→增加下一银行的信息。

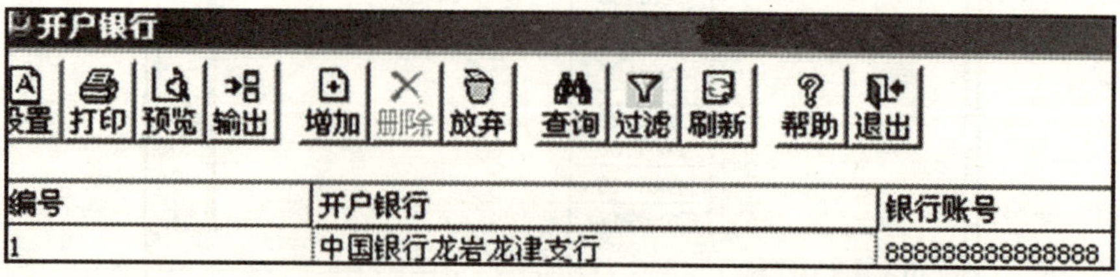

第二节 定义凭证类别

操作步骤如下：

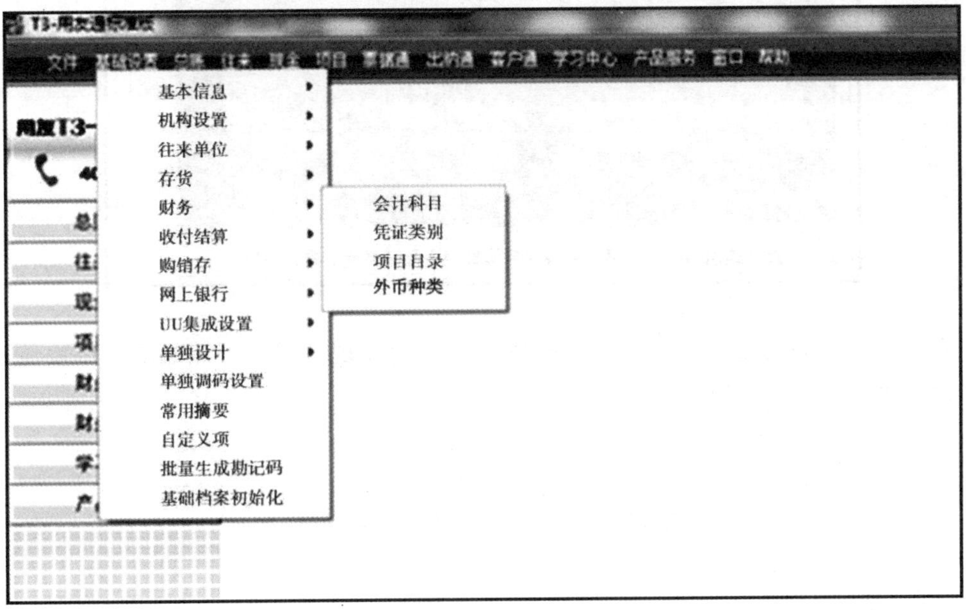

选择“记账凭证类”即可，“基础设置→财务→凭证类别”。

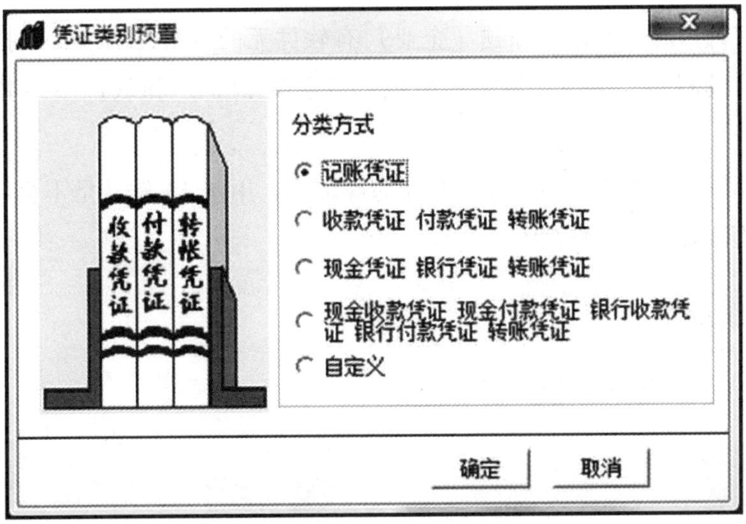

选默认的“记账凭证”，点击确定。

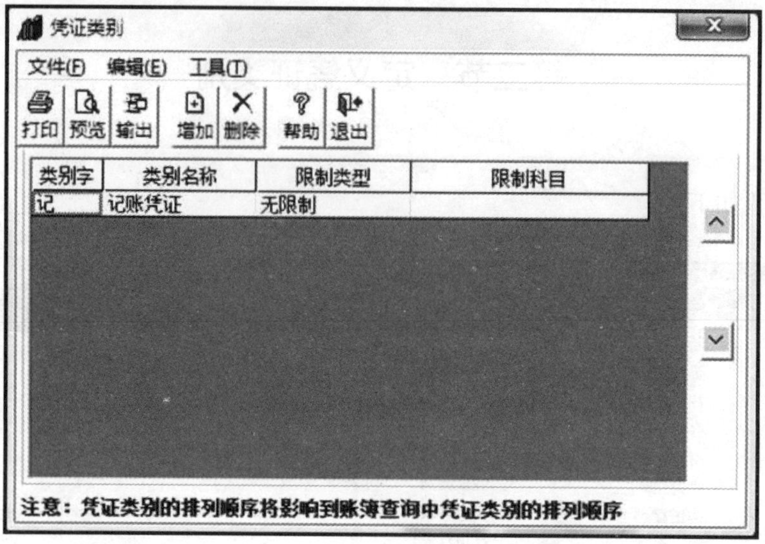

点击退出，完成凭证设置。如完成凭证设置后发现有误，可点删除，依次删掉已有的凭证类别后，重新定义凭证类别。

第三节　会计科目设置

一、注意事项

增加明细科目时，模拟训练题（企业）有软件无的科目，增加；模拟训练题（企业）无软件有的科目，不需要删除；模拟训练题（企业）和软件不一致的科目，修改题。

一级会计科目和部分明细科目是财政部规定的，用友 T3 软件是不会出错的，如果软件出错，软件公司早就修正了。

二、操作步骤

“基础设置→财务→会计科目”点增加。

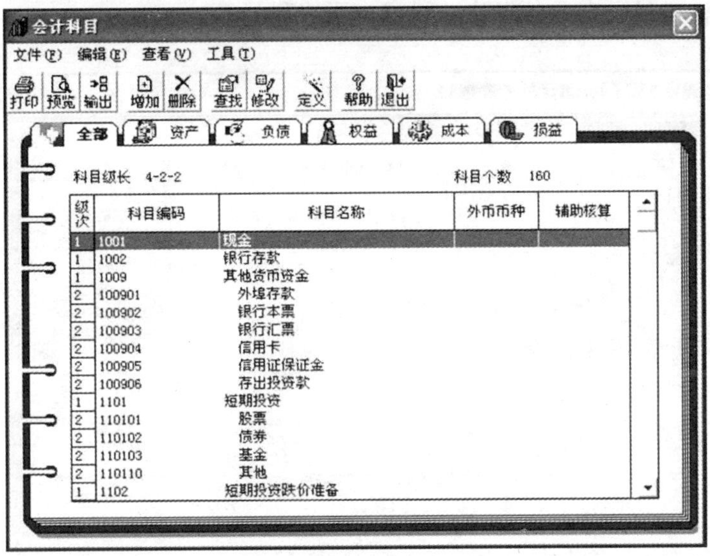

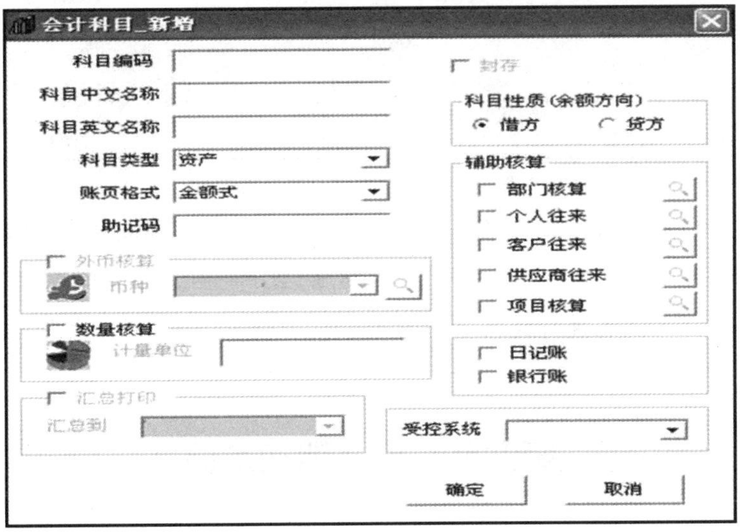

依次输入模拟题明细科目的科目编码、科目名称。

特别说明：

1. 本书所附的模拟训练题，会计科目及编码仍是新会计制度科目，不是2007新准则会计科目（会计基础教材中的科目表是2007新准则会计科目）。

2. “新会计制度科目”一级科目编码是4位的，如1001现金，如果在会计科目设置窗口看到的一级科目编码是3位的，则说明上面“建账套时，核算类型：企业类型：工业；行业性质：新会计制度科目”步骤选择错误，退出用友通，重新进入系统管理建立账套。

3. 对于没有会计业务发生的科目信息可以修改，以下情况会计科目不能删除，科目余额不为零、科目已有业务发生，科目有下级科目等。

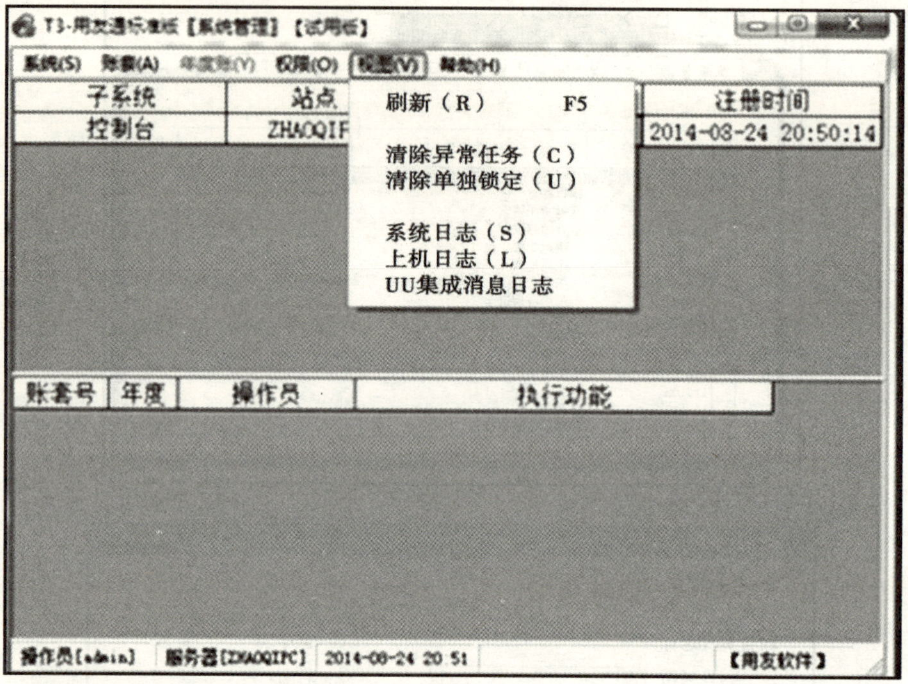

注：增加会计科目或定义凭证时如果出现站点冲突，可以先关闭用友 T3 然后重新登录；如果出现被锁定的提示，可以进入系统管理，视图下面清除异常任务和清除单据锁定，清除时选中正在进行的任务。

第四节　录入期初余额

一、注意事项

数据必须输入在最后一列的明细科目，如果模拟实训题没有二级或三级明细科目、软件有二级或三级明细的随便找个末级明细输入，应交税金和其明细应交增值税→进项税方向相反，如果输入在进项税需输入负数（数字前面加“－”号即为负数）。

录入时特别注意两个数值完全一样的情况，如果两个明细都是明细输入两次，否则只输入一次。

所有数据录入完成后务必要试算平衡，假如不平衡，就没法完成记账。查错方法依次有查找差额、差额的一半、差额除九、差额除九乘十等方法，可快速查错，如果上述方法找不到错误，所有的数据需要重新输入。

二、具体的操作步骤

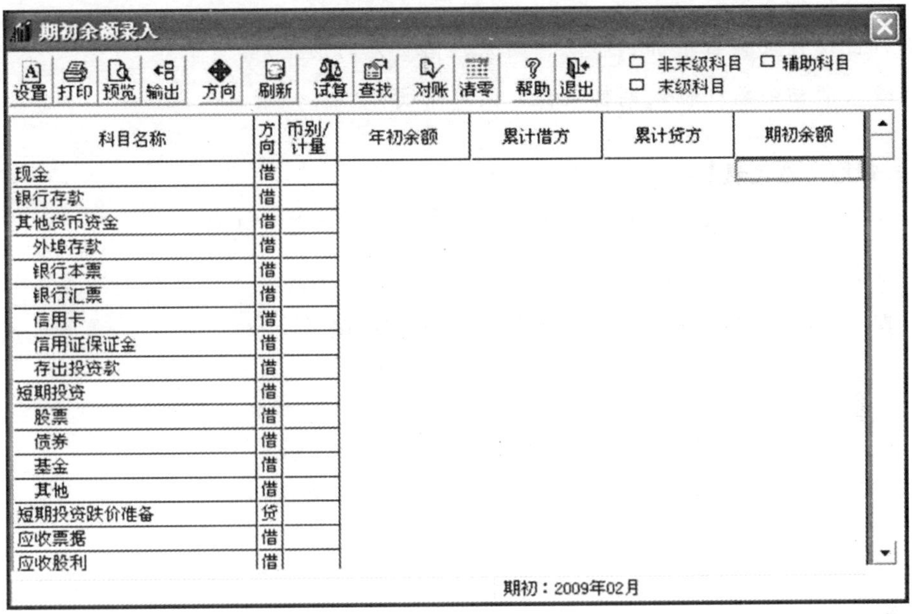

"总账→设置→期初余额"：在最后一列期初余额栏录入，录完期初余额后试算平衡。

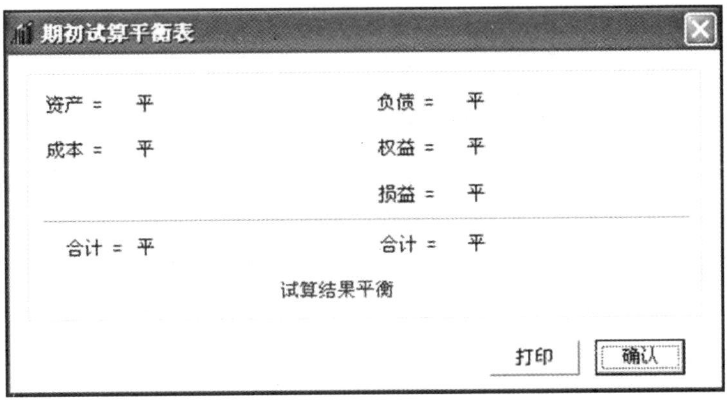

特别说明：期初余额，既不能输在借方科目，也不能输在贷方科目，只能输在期初余额栏。期初余额只能输在明细科目，若模拟题中某科目有下级明细，可在任意明细科目下输入数据。假如科目方向错误进科目设置调整。

期初余额不平无法记账，期末余额不平无法结账。

录入数据需要耐心，务必保证每个录入的数据科目准确。

【本章学习方法】

上机实训为主，实训内容：

1. 定义凭证类型。
2. 科目设置（科目增加、修改、删除，借贷方向设置）。
3. 输入期初余额（输入期初余额、试算平衡）。

【本章复习思考题】

1. 如果一级科目编码为3位，是什么原因？怎么修正为4位？
2. 哪些情况下科目不能删除？
3. 期初余额试算不平衡，快速查错的方法有哪些？

第九章　日常业务处理操作

【**学习目的**】掌握记账凭证的填制、复核，记账等操作。

【**重点与难点**】凭证填制的主要内容

第一节　总账业务

一、财务模块关系

财务各模块关系如下图所示。

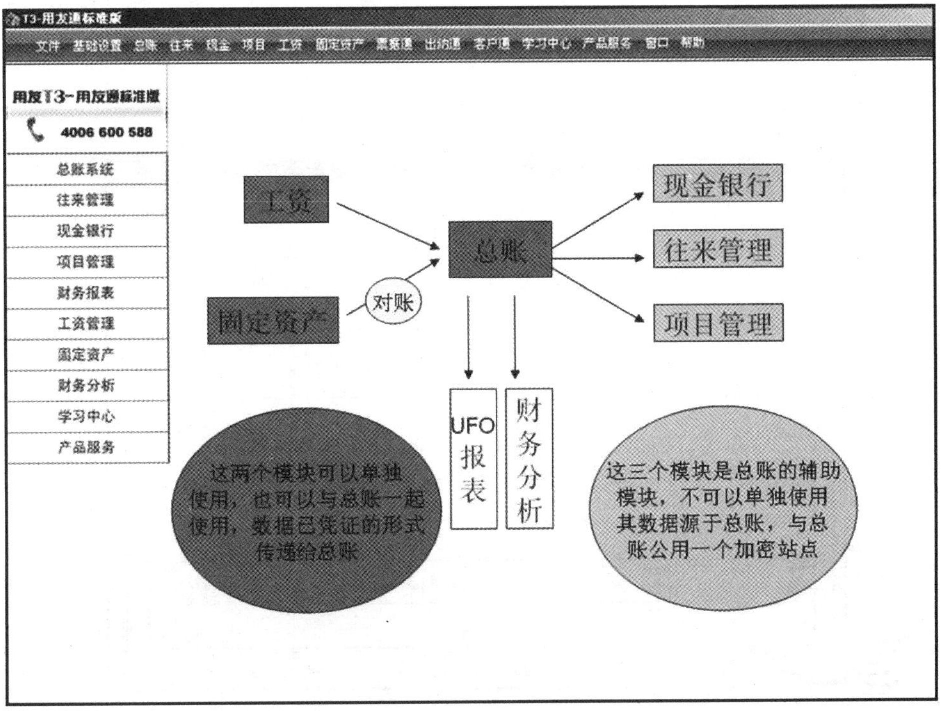

财务通模块结账流程

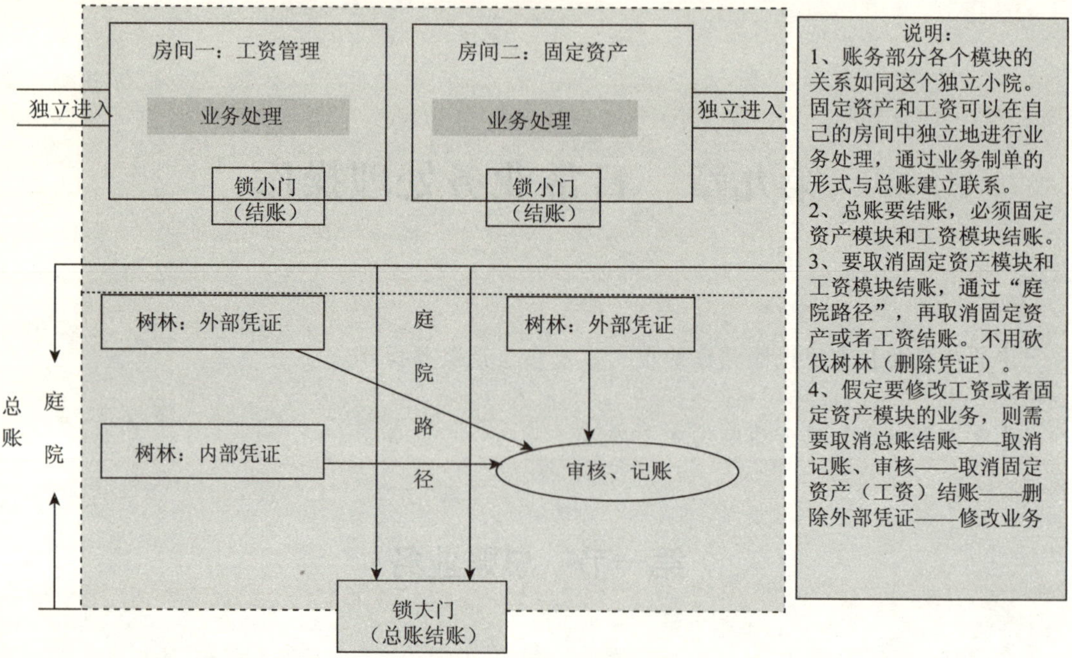

二、填制记账凭证

根据业务编写会计分录填制记账凭证，凭证的编号、填制日期、附单据数、摘要、科目、金额、制单人等信息全面。

操作步骤，“总账→凭证→填制凭证”，点“增加”。

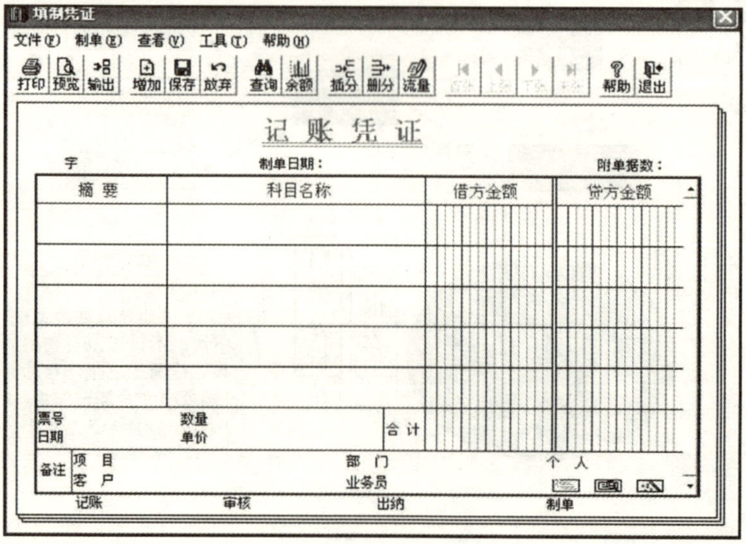

1. 制单日期，可选择默认日期，不做修改。

2. 附单据数可随意输入一个数字，考取电算化证书时不输扣分。

3. 摘要填写没有要求，可以输入任意字母、数字，建议用题目号作为摘要。

4. 会计科目直接输入科目代码或者从“科目参照”窗口中选择（下图），为提高输入速度，练习时应记忆常用会计科目编码。

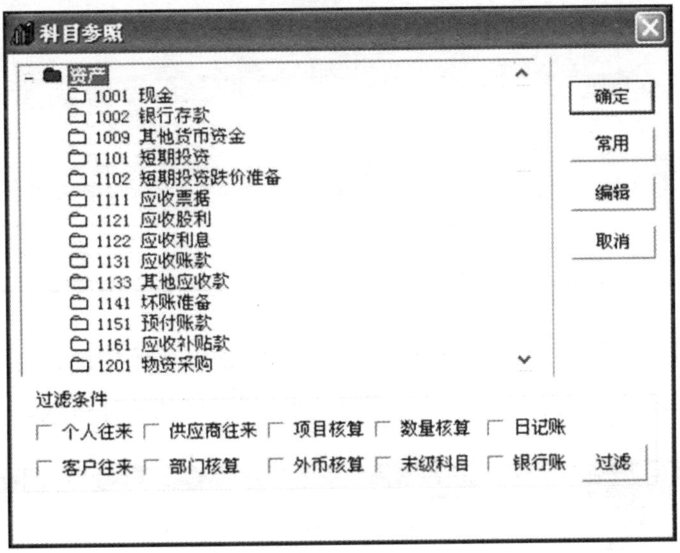

5. 金额，根据会计分录在借方或贷方输入发生额。

6. 可按“＝”键取当前凭证借贷方金额的差额到当前光标位置。

7. 凭证的科目可以有许多行，需要增加新科目行时，只需在最后一行敲回车即可增加一行。

三、审核记账凭证

务必先更换操作员，并保证第 2 个操作员进入的是新增加的账套。

1. 更换操作员：“文件→重新注册”，0001，密码无，以另一个操作员身份登陆。

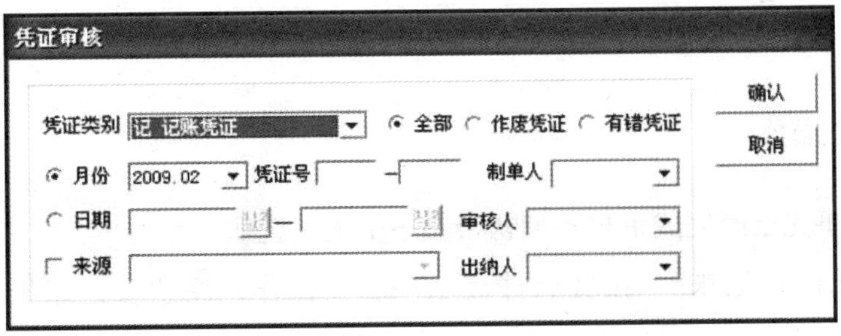

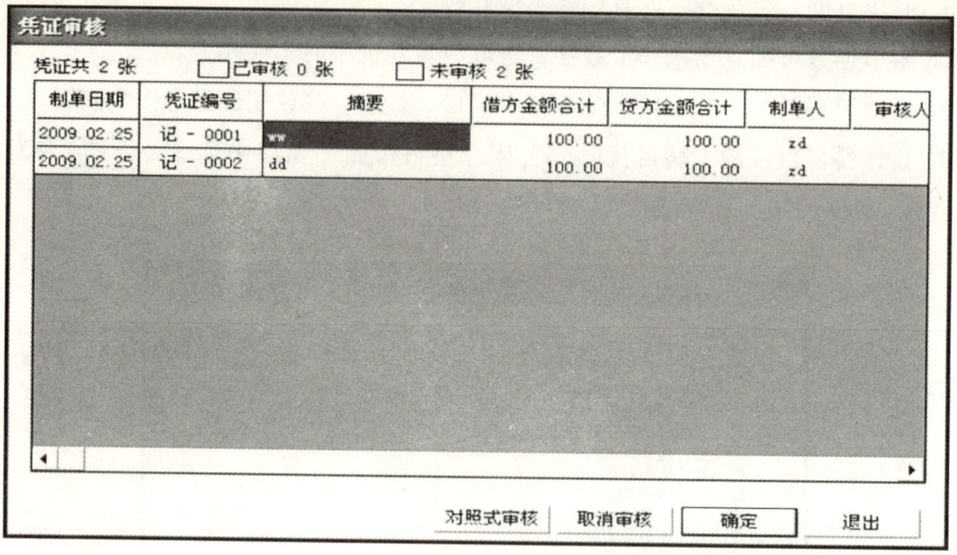

2. 审核凭证："总账→凭证→审核凭证"，可以逐张审核凭证，也可以成批审核凭证，采用成批审核时要注意查看"成批审核结果表"，确认全部审核。

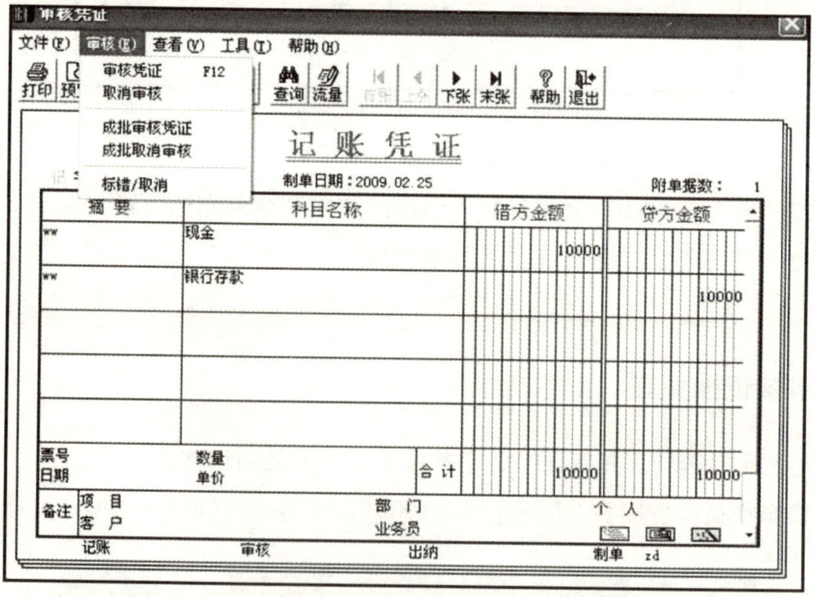

四、记账操作

务必保证事先已经完成审核，期初余额不平无法记账。

"总账→凭证→记账"，按找软件提示一步步操作，注意看记账报告，确认全部记账。

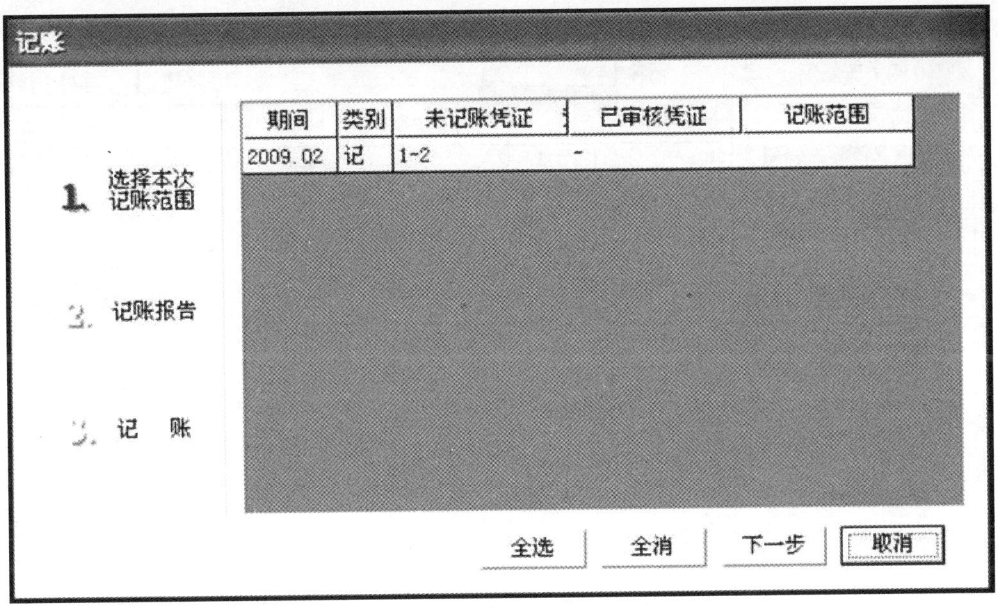

若记账后发现凭证有错，需返回修改时，依次取消记账、取消审核、才能修改凭证。基本操作如下，具体操作参加结账后发现凭证有错的修改步骤。

先取消记账，分两步：

第一步，总账→期末处理→对账窗口按 Ctrl + H。

第二步，恢复记账前状态。

再取消审核：

更换操作员（换成制单的操作员）→修改凭证。

再更换操作员（换成审核的操作员）→审核凭证。

再次记账。

五、转账生成（结转收入支出到本年利润）

做结转损益的凭证之前，前面的凭证必须先审核、记账后，才能自动结转出凭证→点总账→点期末→点转账生成→选择期间损益结转→选择结转月份→选择类型（收入）→全选→点确定→出现凭证界面后→检查数据是否正确→保存→退出→做支出的结转。

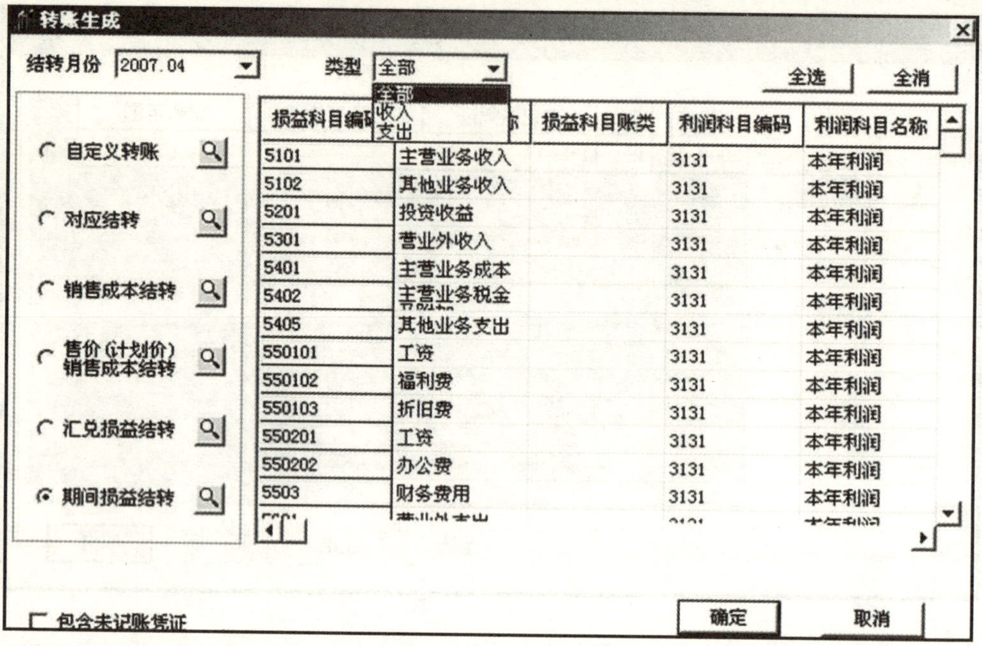

注：转账生成的凭证也需要签字、审核、记账，按上面流程操作即可。

六、月末结账

完成本月总账工作后，需要做月末结账。进入用友通→点总账系统→点月末结账→下一步→对账→（出现每月工作报告）下一步→结账。

注：若结账后发现凭证有错，需返回修改时，依次取消结账、取消记账、取消审核、取消签字后，才能修改凭证。

以下是结账后发现凭证有误，进行修改的操作步骤，每步操作都要分清操作员身份，中间需要多次更换操作员。

1. 取消结账

以账套主管身份进入用友通→总账→期末→结账→选择需要反结账月份→同时按下 Ctrl + Shift + F6 ，输入该操作员的密码→点确定即完成反结账。

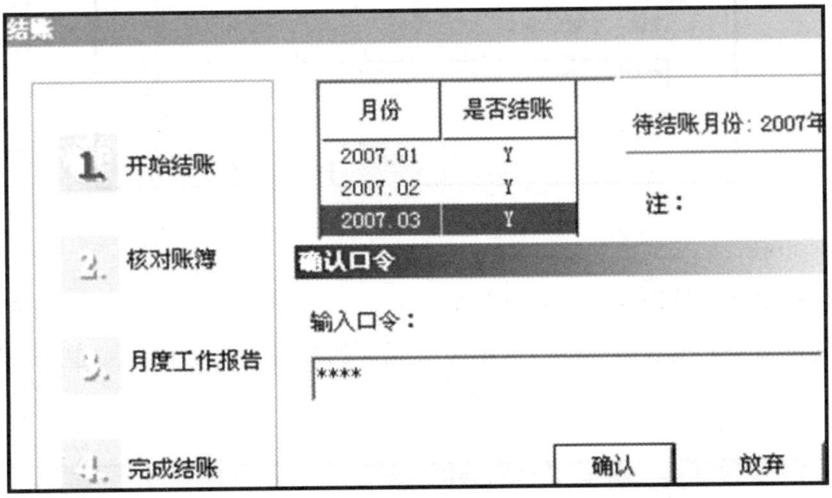

2. 取消记账

第一步：以记账操作员身份进入用友通→总账→期末→对账→同时按下 Ctrl + H ，提示“恢复记账前状态已被激活”→点确定→点退出。

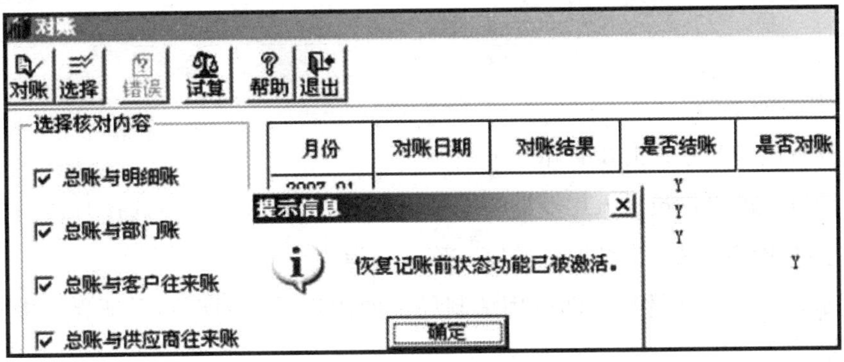

第二步：总账→凭证→“恢复记账前状态”→选择某月份状态，例“2007 年 4 月初”→确定→输入该操作员密码→提示恢复记账完毕→点确定即完成反记账。

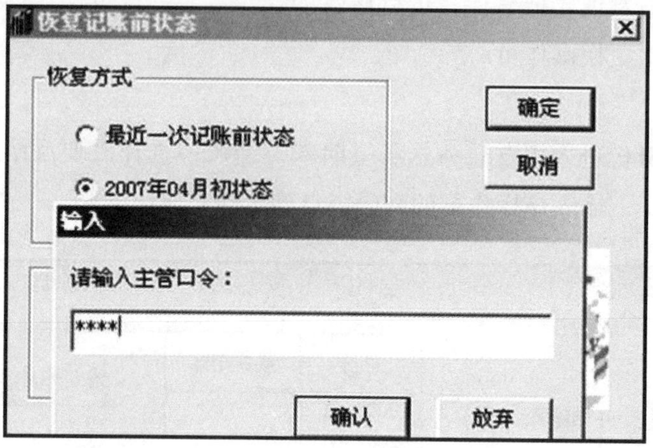

3. 取消审核

以审核身份操作员进入用友通→总账→凭证→审核凭证→选择月份→确定→确定→菜单上的审核→成批取消审核→提示完成凭证的成批取消→确定→退出，即完成反审核。

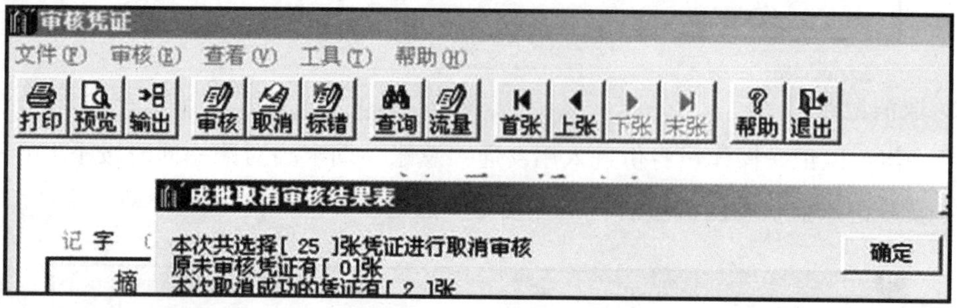

4. 取消出纳签字

如果没有出纳签字，此步省略。

以出纳身份的操作员进入用友通→总账→凭证→出纳签字→选择月份→确定→确定→菜单上的出纳→成批出纳取消签字→确定→退出。

5. 完成以上三个步骤后，即可用填制凭证的操作员返回填制凭证界面中修改需要更正的凭证。

6. 凭证修改完成后，更换操作员，按正常的顺序进行审核、记账、转账、结账操作。

所有损益类科目若有冲减时，必须做与蓝字凭证中科目方向一致，金额用负数表示。

第二节 工资管理

一、系统初始化

（一）系统启用

1. 启用工资系统

点开始→程序→用友通系列管理软件→用友通→系统管理→输入用户名（账套主管）、密码→选择“工资管理”→修改操作日期→确定。

2. 启用工资账套

（1）点工资管理→选择本账套处理的工资类别个数→选择币种→下一步→确定是否代扣税→下一步→确定是否扣零处理→下一步→确定人员编号长度→完成。

（2）建立工资类别→新建工资类别→录入名称→下一步→选择该工资类别所辖部门→确定。

（3）应该注意的问题。

①在建立之前，应先校对当前系统时间为该工资类别的启用时间。

②建立完成后，系统默认自动打开该工资类别。

（二）基础设置

1. 人员附加信息设置

工资→设置→人员附加信息设置→增加→在参照中选择所需要信息（也可以不参照，直接在增加栏中输入附加信息）。

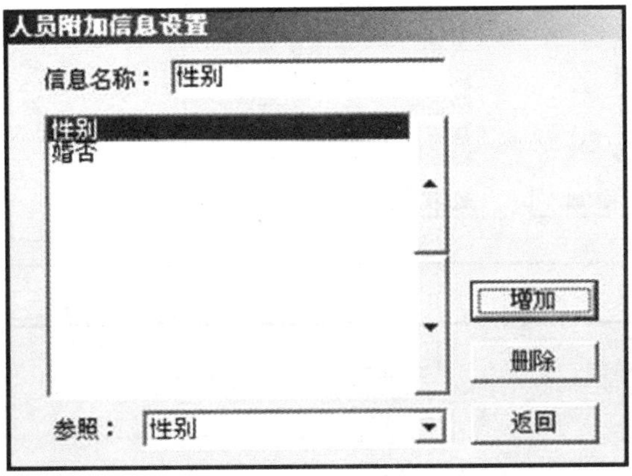

2. 人员类别设置

工资→设置→人员类别设置→增加→输入人员类别名称（如总经理、经理、主管等）。

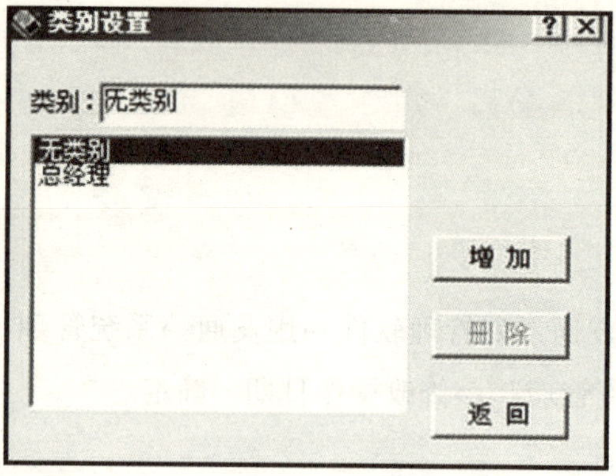

3. 工资项目及公式设置

（1）公共工资项目设置

工资→设置→工资项目设置→增加→选择工资预置项目或输入工资项目名称→选择类型、数字长度、小数位、工资增减项等→增加做一下项目→确定→确定。

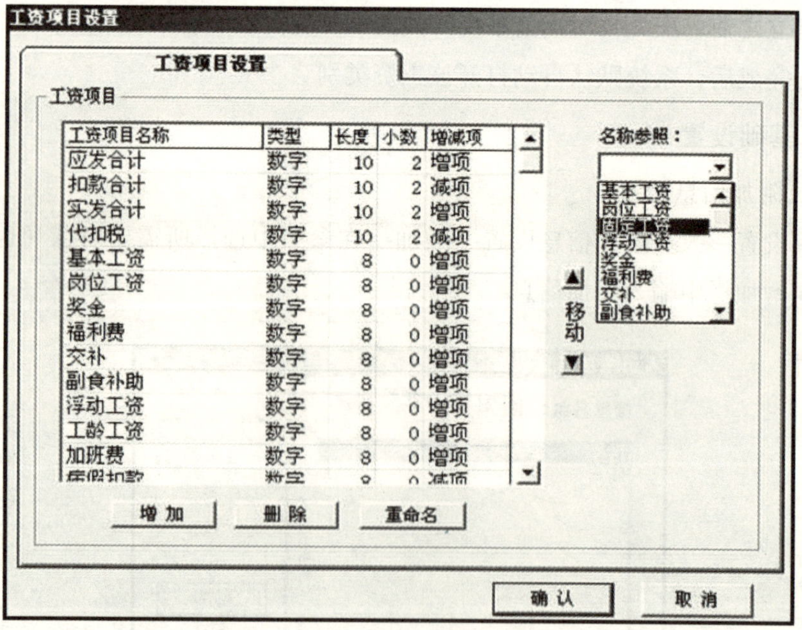

（2）工资类别中的工资项目设置

工资→工资类别→打开工资类别→选择需要设置工资项目的类别→确定→工资→设置→工资项目设置→增加→在参照中选择相应的项目→所有项目增加后将增项与减项排序→确定。

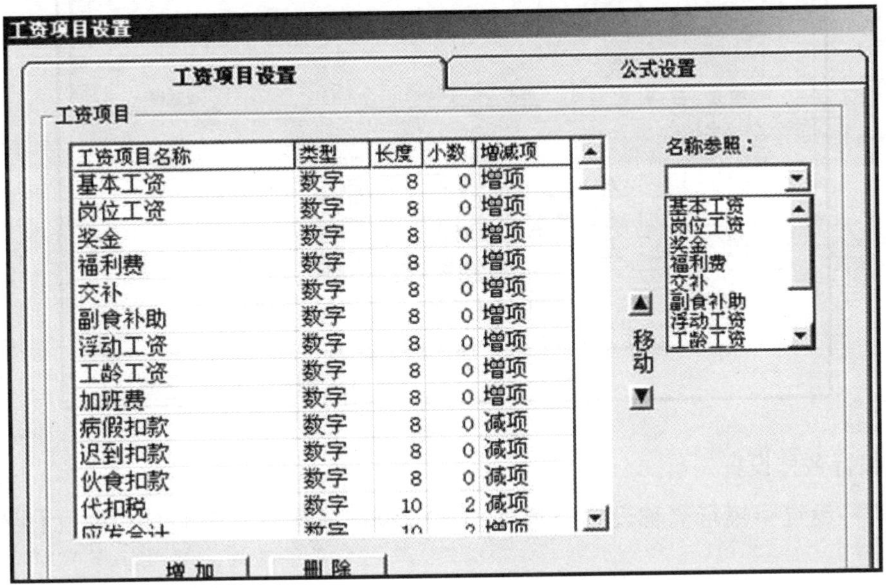

注：

①在多类别设置下，只有关闭所有工资类别时，才能增加工资项目；

②设置为增项的工资项目将直接参与应发合计的计算，设置为减项的工资项目将直接参与扣款的计算，设置为其他的工资项目不参与应发或扣款的计算；

③工资项目的修改、删除时，将标放在选项上，点“重命名”或“删除”按钮；

④工资项目必须唯一，一经使用，项目类型不允许修改。

（3）工资计算公式设置

①一般公式设置

工资→设置→工资项目设置→公式设置→系统自动设置应发合计、扣款合计计算公式→公式确认→确认即可完成。

②其他公式设置

工资→设置→工资项目设置→公式设置→增加→黑色小三角选择工资项目→点公式定义区→录入该工资项目的计算公式→公式确定→确定即可完成。

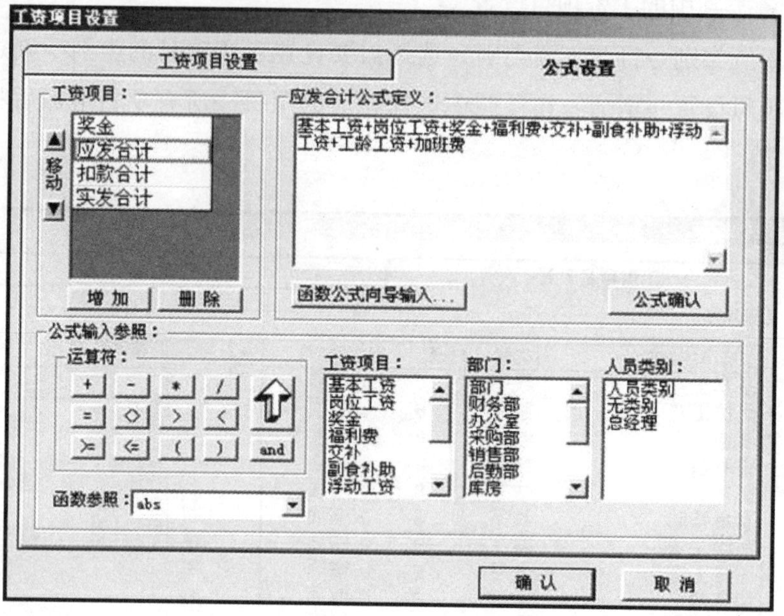

4. 银行名称设置

工资→设置→银行名称设置→增加→输入银行名称→设置账号长度（15 位或 18 位）。

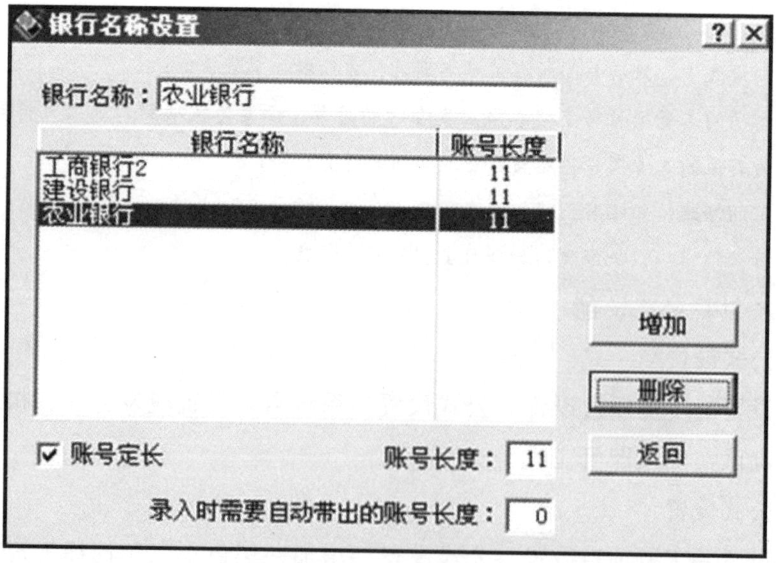

5. 部门设置

工资→设置→部门选择设置→选择当前工资类别所核算的部门前的“□”打“√”→确定。完成设置。

6. 权限设置

工资→设置→权限设置→右上角选择工资类别→修改→选择部门管理权限→选择项目管理权限→保存做下一个工资类别的权限设置。

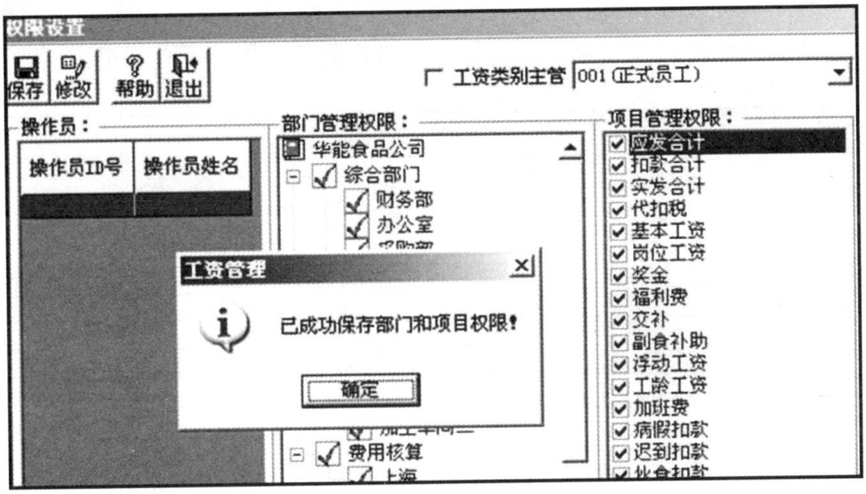

7. 设置人员档案

工资→设置→人员档案→增加→录入人员编码、人员姓名、选择所在部门、人员类别、进入日期、银行名称、银行账号、人员附加信息→确认做下一个人员档案。

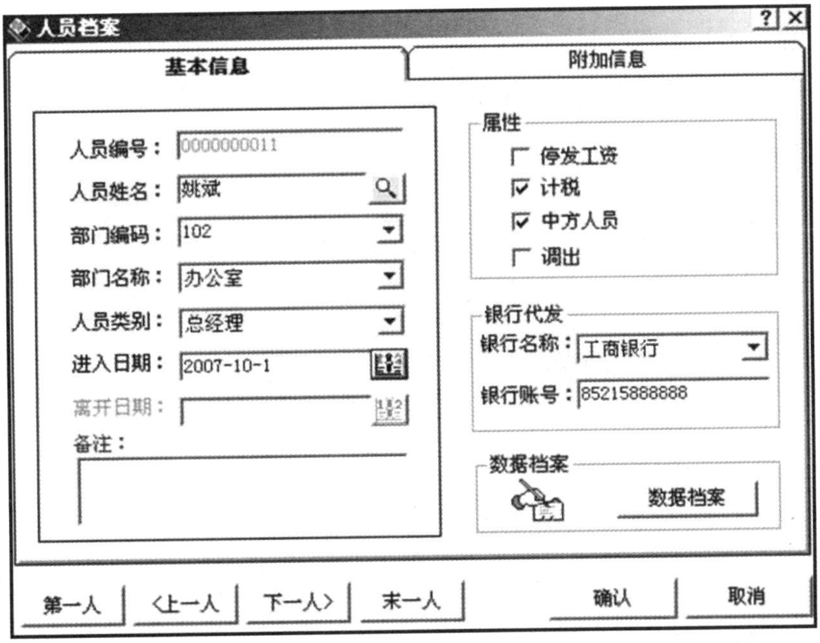

注：工资系统中人员档案可批量增加，引用职员档案，在工资系统中修改详细信息。

二、日常业务处理

1. 数据输入及调整

工资变动→显示所有人员所有工资项目→工资项目直接录入数据或点编辑→按页面提示录入数据→确定录下一个→所有录完后执行重新计算→汇总→退出。

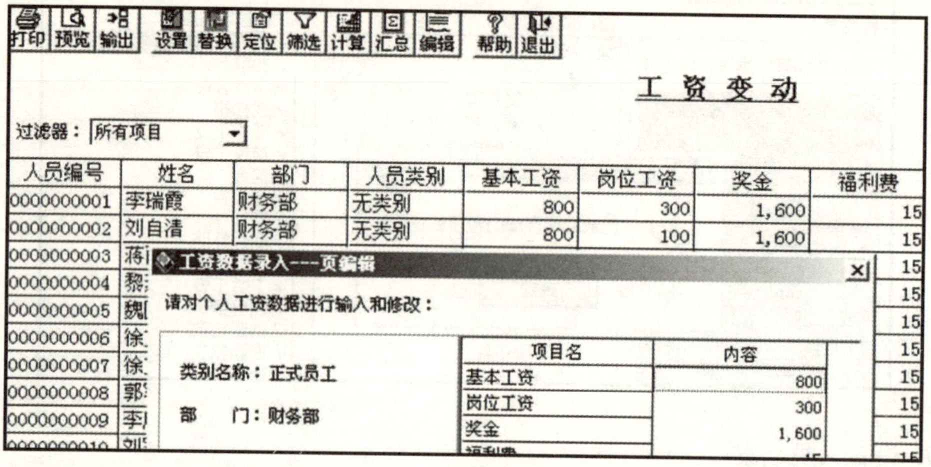

2. 代扣个人所得税

点扣缴个人所得税→确定→选择对应工资项目（应发合计、实发合计或计税基数）→系统将根据选择的工资项目自动进行计算对应所得税。

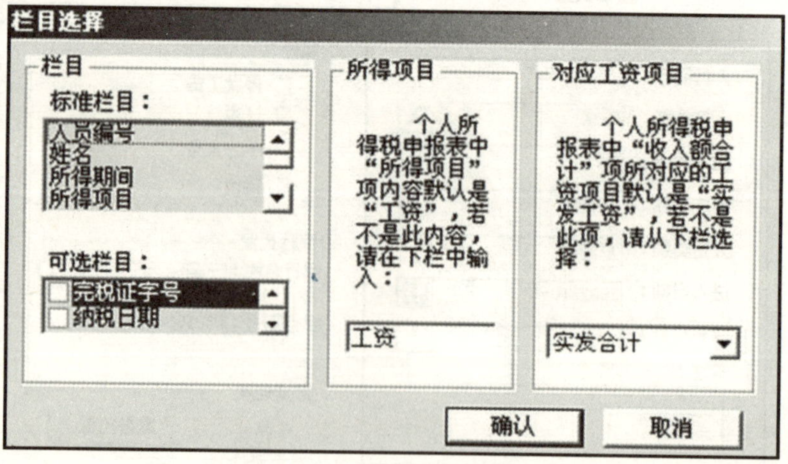

3. 银行代发

点银行代发→选择银行→设置银行所要求的内容（增加或删除）→提示是否确定银行账号代发格式→确定→工具栏中代发按钮将当前格式输出（或直接预览打印）。

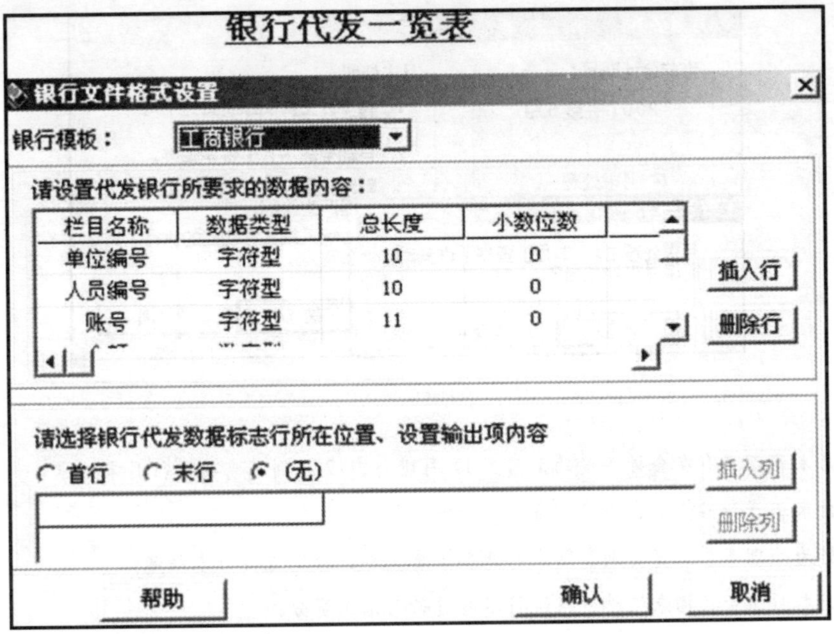

注：文件类型为 DBASEm（＊DBF）。

4. 账套管理

账表→选中工资发放条一次初使用，点“重建表”→选中所有表单点确定→双击工资发放条打开该表进行查询打印。

如果需要修改报表，则点［修改表］→删除不需在表中显示的项目→确定（不能再重建表）。

5. 工资分摊

（1）工资分摊→工资分摊设置→增加→在分摊计提比例设置下录入计提类型名称、计提比率→下一步→选择部门、人员类别、借贷方科目→完成→返回。

（2）日常月份分摊时：工资分摊→选择分摊类型、核算部门、计提月份、明细到工资项目→确定→进入工资分摊一览表→选择类型→制单→生成凭证→选择凭证类别、修改制单日期→保存后生成下一份凭证。

6. 月末处理

月末处理→选择处理月份→确定→提示“本月处理之后工资将不允许变动，继续月末处理吗?”→是→选择清零项目→结账完毕。

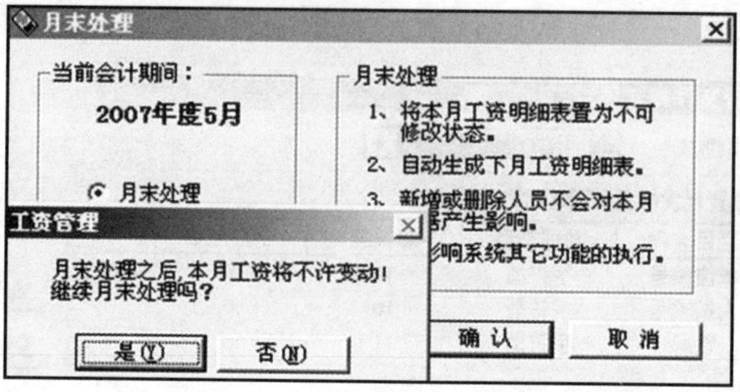

注：

（1）月末处理只有在会计年度的1月至11月进行，12月则不需要进行月末结账。

（2）月末工资分摊只有在当月工资数据处理完毕后才可进行。

（3）若为处理多个工资类别，则应打开各工资类别，分别进行月末结账。

（4）若本月工资数据未汇总，系统将不能进行月末工资分摊。

（5）若本月无工资数据，用户进行月末处理时，系统将给予操作提示。

（6）进行月末处理后，当月数据将不再允许变动。

第三节　固定资产管理

一、系统初始化

（一）系统启用

1. 启用固定资产系统

点开始→程序→用友通系列管理软件→用友通→系统管理→输入用户名（账套主管）、密码→选择“□FA 固定资产”→修改操作日期→确定。

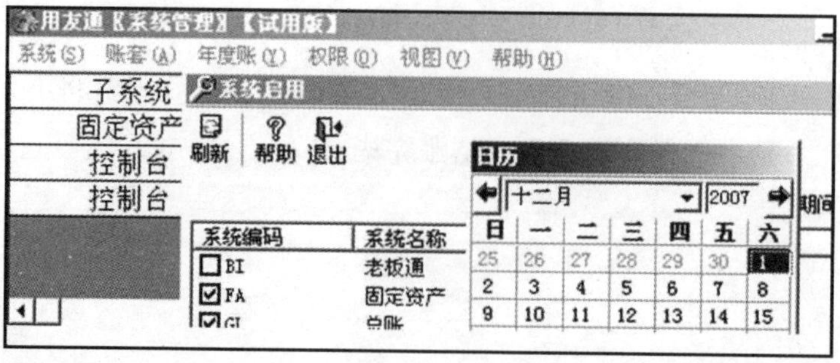

2. 启用固定资产账套

固定资产→是→选择“我同意”→下一步→选择启用月份→下一步→选择主要折旧方法、折旧周期→设置类别编码方式、固定资产类别编码方式、设置序号长度→下一步→选择对账科目→下一步→完成→是→确定。

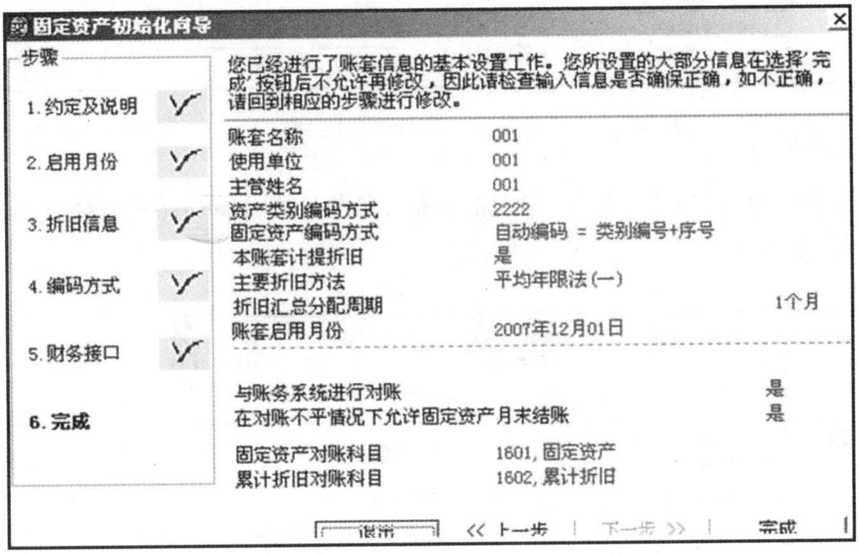

（二）基础设置

1. 部门档案

固定资产→设置→部门档案→增加→输入部门编码、名称等资料→保存→做下一个部门资料→所有做完后退出。

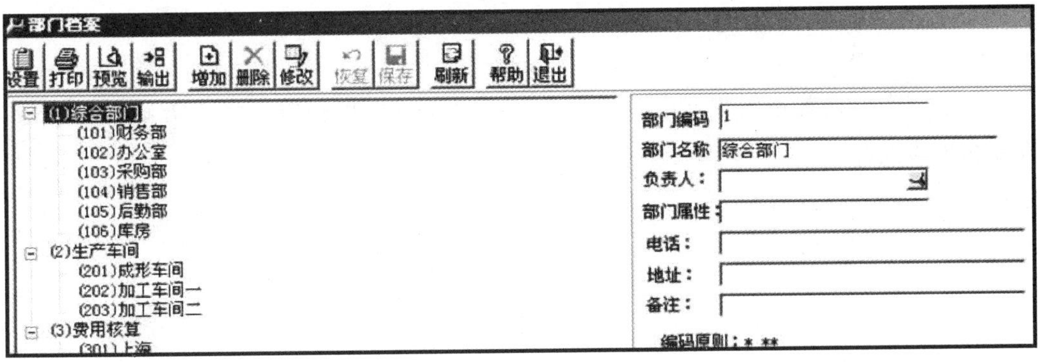

注：该部门档案与总账中所设置的部门共用。

2. 部门对应折旧科目

固定资产→设置→部门对应折旧科目→选择部门→修改→选择折旧科目→保存。

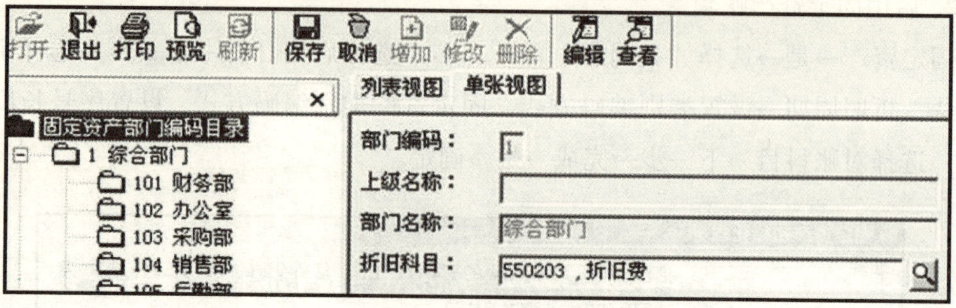

3. 资产类别

固定资产→设置→资产类别→增加→输入类别名称、使用年限、净残值率等→保存做下一个类别。

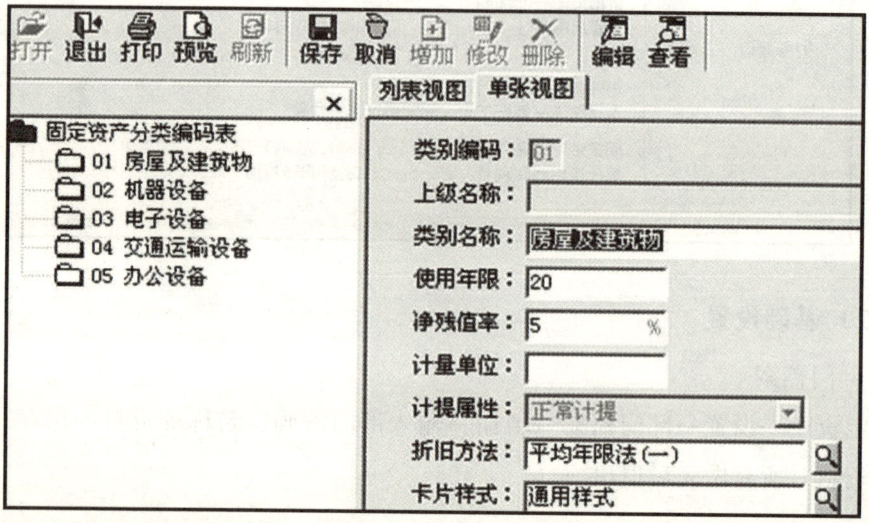

4. 增减方式

固定资产→设置→增减方式→选择增加或减少→增加→输入增加方式名称或减少方式名称→保存。

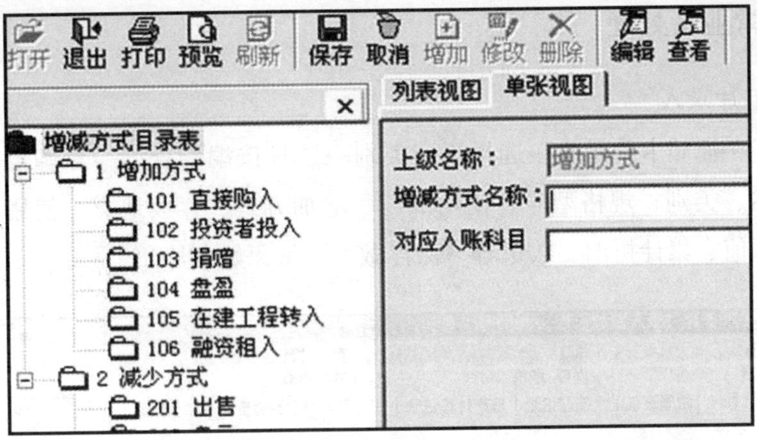

5. 使用状况

固定资产→设置→使用状况→选择目录表→增加→输入使用状况名称、选择是否计提折旧→保存。

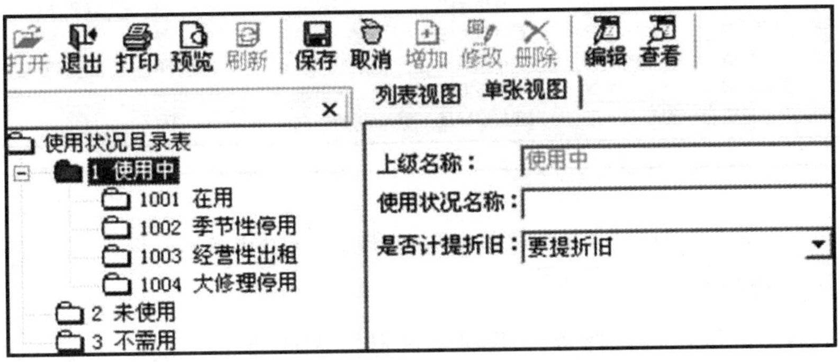

6. 折旧方法

固定资产→设置→折旧方法→增加→输入名称→设置月折旧率公式、月折旧额公式→确定。

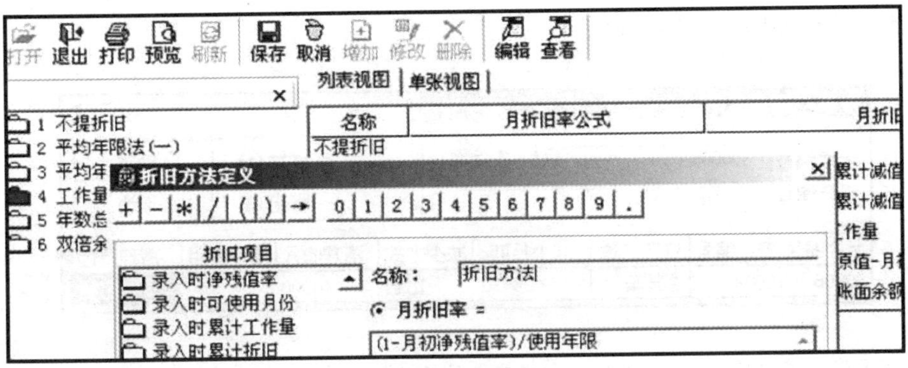

二、日常业务处理

1. 原始卡片录入

固定资产→原始卡片录入→选择资产类别→选择按编码查询→点确定→输入该固定资产的名称、类别、规格型号、使用部门、增加方式、存放地点、使用状况、开始使用日期、原值、累计折旧、数量等→保存做下一份原始卡片。

注：固定资产账启用之前的所有资产都作为期初数据在原始卡片录入，操作与第一步相同。

2. 新增固定资产

固定资产→资产增加→选择资产类别→选择按编码查询→确定→输入该固定资产的名称、类别、规格型号、使用部门、增加方式、存放地点、使用状况、开始使用日期、原值、数量等→保存做下一份新增资产卡片。

3. 固定资产减少时

固定资产→资产减少→选择需要减少的资产编号→选择减少方式→输入清理收入、清理费用、清理原因→增加→确定。

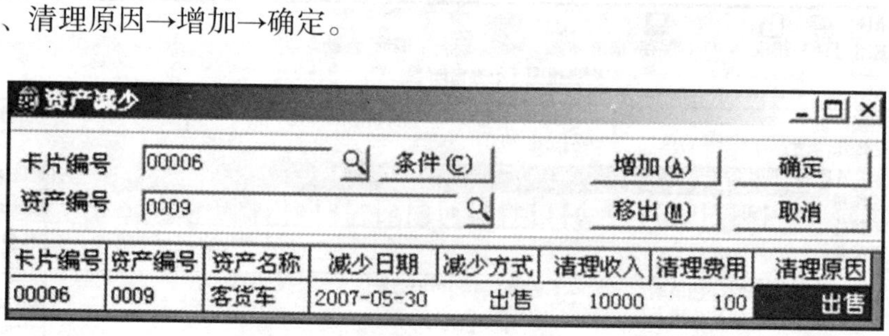

注：固定资产减少时，必须在做完“计提完本月折旧”工作后方可执行。

4. 若需要变动固定资产的原值、部门、使用状况、累计折旧等数据时

固定资产→卡片→变动单→选择需变动的内容→按变动该单内的程序操作即可。

例如，原值增加

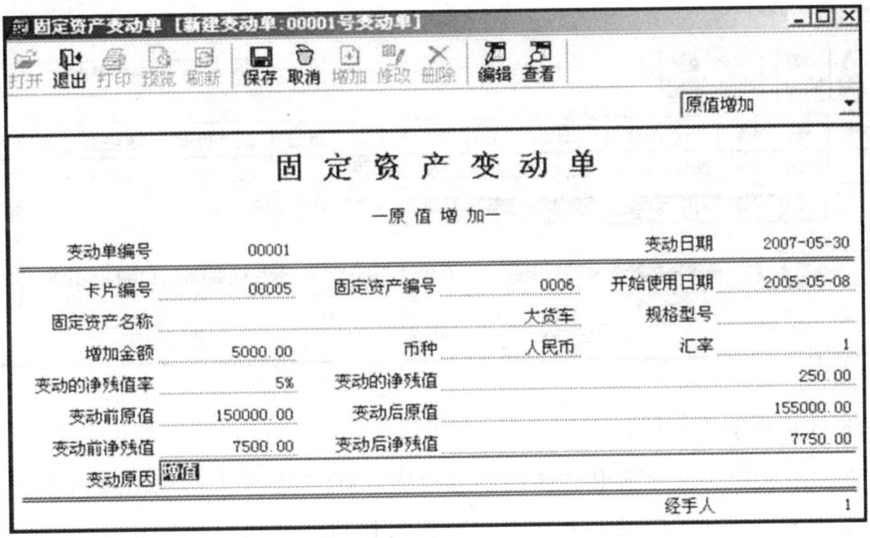

5. 计提本月折旧

固定资产→点处理→点计提本月折旧→提示是否查看本月折旧清单→“是”→提示“……是否继续?”→“是”→查看清单后→退出即可。

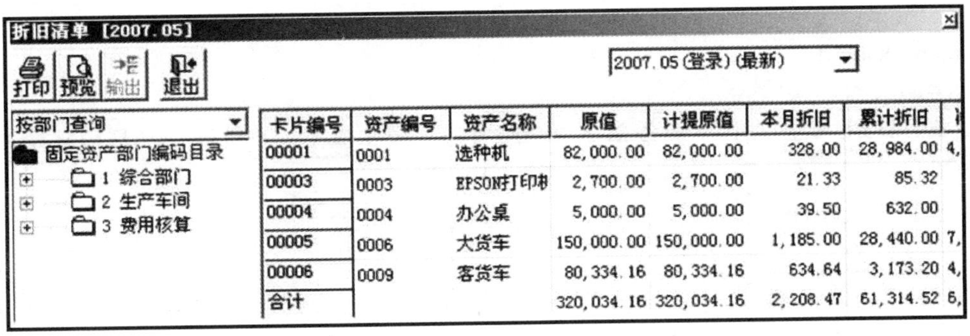

6. 因系统所生成的本月折旧金额与手工所计算的本月折旧的金额有差别，是因小数点而造成的，那么可在折旧清单中将系统所计算的金额修改为手工所计算的金额：

（1）处理→折旧清单，在期间选择列表中选择附有“最新”字样的期间，只有该期间的折旧清单中的月折旧额是可以修改的。

（2）执行快捷键［Ctrl + Alt + G］，工具栏上显示［修改］按钮图标。

（3）单击要修改的单元格，把系统自动计算的月折旧额改为您要计提月折旧额。

（4）判断“是否以后每次计提折旧都使用该数据?”如果“是”，则以后该资产每次计提折旧不按公式计提，按修改后的金额计提折旧。如果“否”，则以后每次计提还按折旧方法公式计算月折旧额。

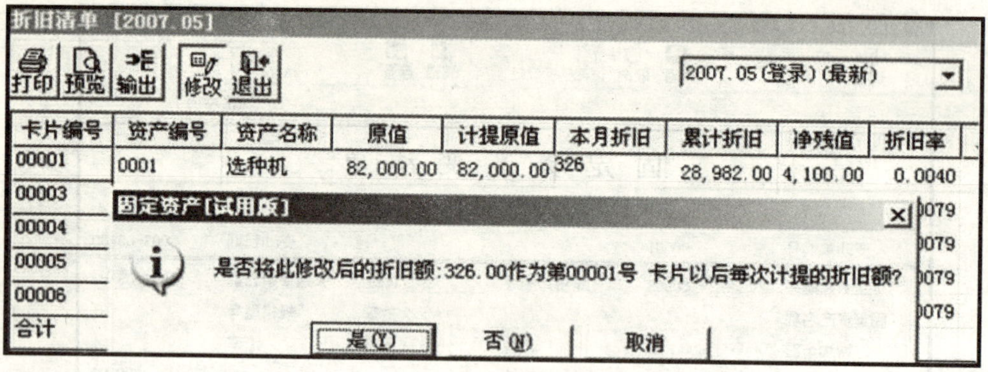

7. 做完计提折旧工作后，需要将本月折旧、新增资产或资产减少记录生成凭证

固定资产→处理→批量制单→在制单选择中，在“选择”列双击（或点工具栏中的全选）需要生成凭证的记录→制单设置→输入科目→制单→出现凭证→选择凭证类别（记账凭证）→录入凭证摘要→保存退出。

在凭证列表中，可查询所有固定资产模块所生成的所有凭证，可修改、删除。

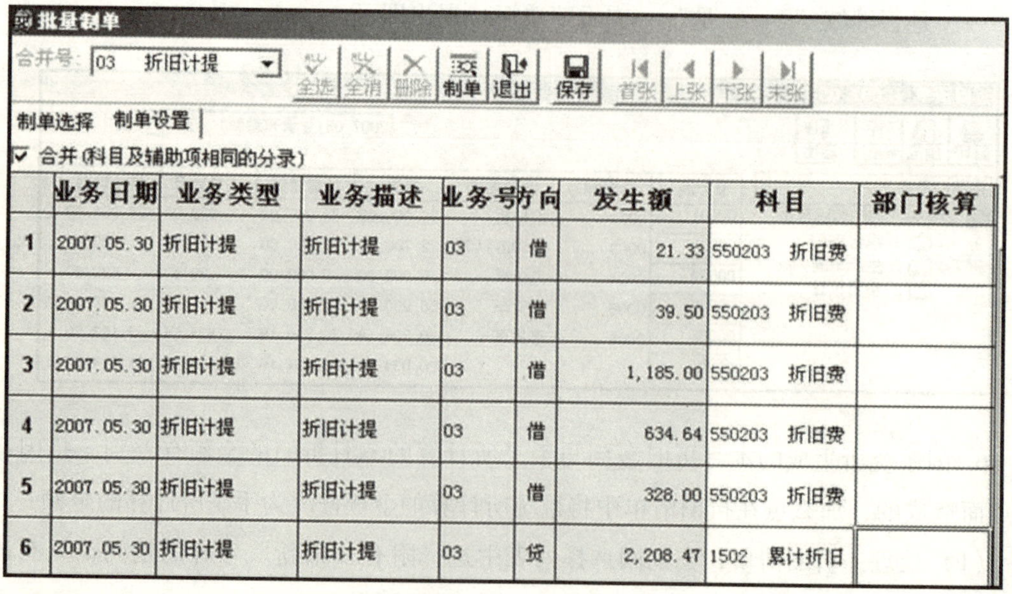

	业务日期	业务类型	业务描述	业务号	方向	发生额	科目	部门核算
1	2007.05.30	折旧计提	折旧计提	03	借	21.33	550203 折旧费	
2	2007.05.30	折旧计提	折旧计提	03	借	39.50	550203 折旧费	
3	2007.05.30	折旧计提	折旧计提	03	借	1,185.00	550203 折旧费	
4	2007.05.30	折旧编号	折旧计提	03	借	634.64	550203 折旧费	
5	2007.05.30	折旧计提	折旧计提	03	借	328.00	550203 折旧费	
6	2007.05.30	折旧计提	折旧计提	03	贷	2,208.47	1502 累计折旧	

8. 月末结账

固定资产→处理→月末结账→开始结账→确定→确定→确定。完成月末结账。

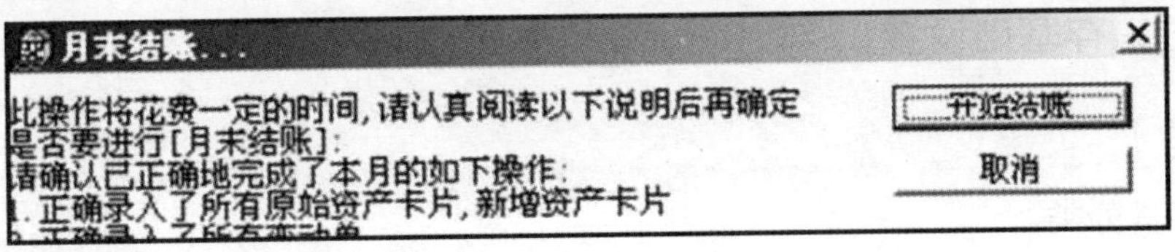

9. 恢复固定资产月末结账

以需要恢复月份的日期进入系统→打开固定资产→处理→恢复月末结账前状态→是→提示“成功恢复账套月末结账前状态”→确定完成。

第四节　进销存业务

购销存模块的关系

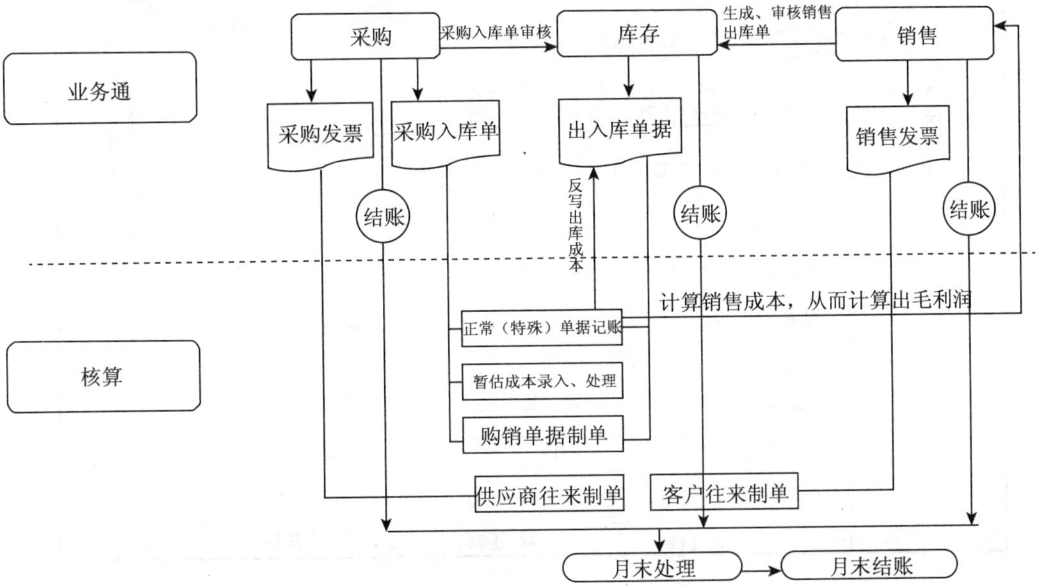

一、进销存基础设置

1. 存货

（1）存货分类

基础设置→存货→存货分类→增加→输入分类编码、分类名称→保存做下一个分类。

（2）存货档案

基础设置→存货→存货档案→选择存货类别→增加→输入存货编码、名称、规格、单位、税率等→选择存货属性“销售”“外购”“生产耗用”“自制”“在制”等→保存→做下一个档案。

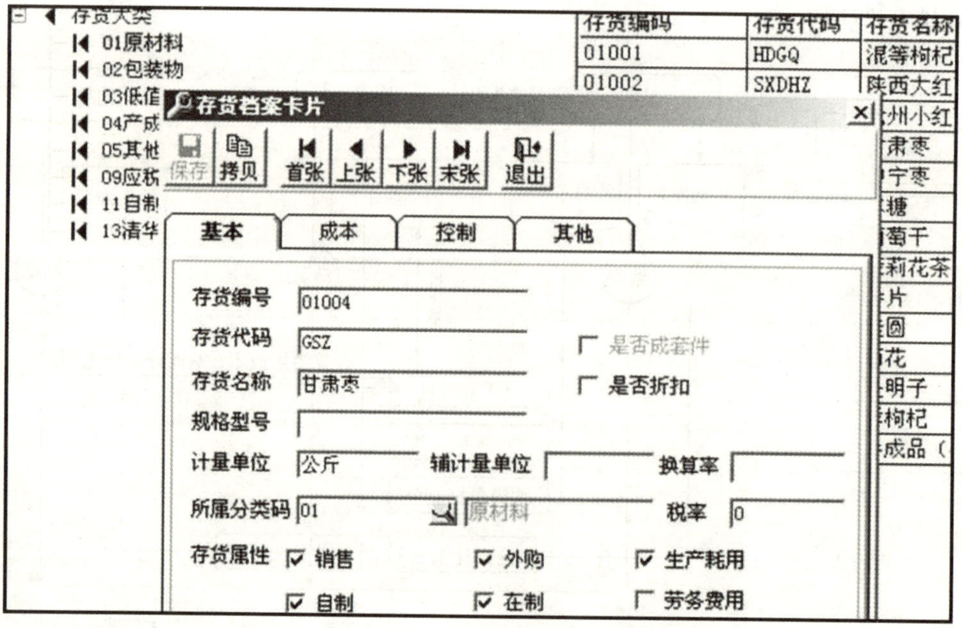

2. 购销存

(1) 仓库档案

基础设置→购销存→仓库档案→增加→输入仓库编码、仓库名称等→选择计价方式→保存。

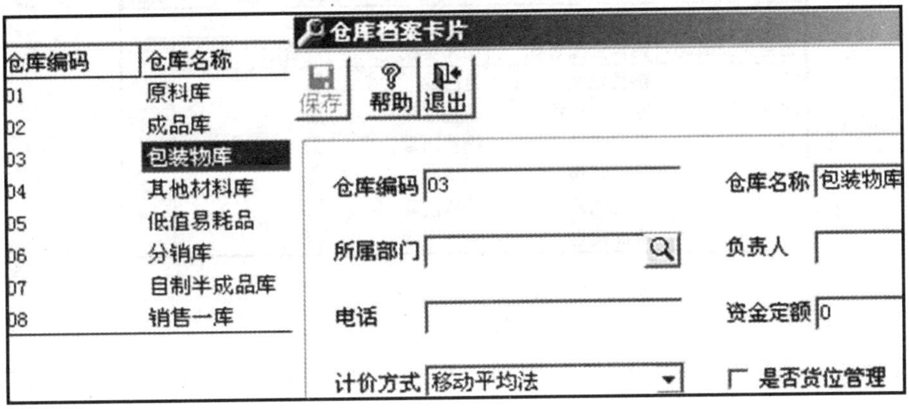

(2) 收发类别

基础设置→购销存→收发类别→增加→输入类别编码、类别名称→选择收发标志→保存。

(3) 采购类型

基础设置→购销存→采购类型→输入采购类型编码、名称→选择入库类别→增加。

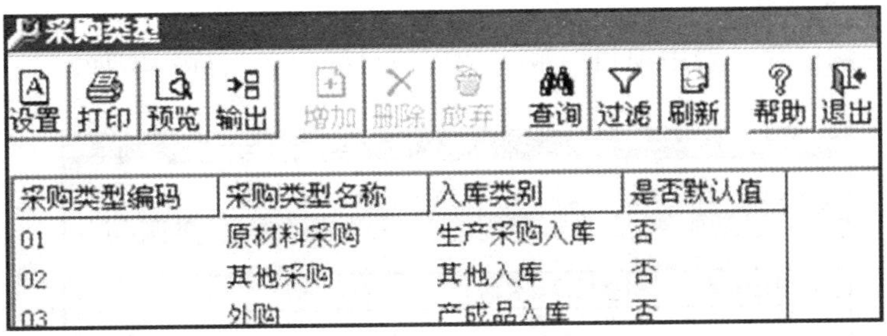

（4）销售类型

基础设置→购销存→销售类型→输入销售类型编码、名称→选择出库类别→增加。

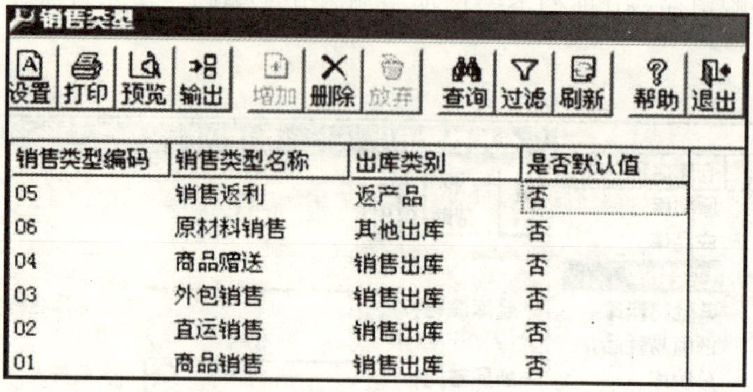

销售类型编码	销售类型名称	出库类别	是否默认值
05	销售返利	返产品	否
06	原材料销售	其他出库	否
04	商品赠送	销售出库	否
03	外包销售	销售出库	否
02	直运销售	销售出库	否
01	商品销售	销售出库	否

（5）产品结构

基础设置→购销存→产品结构→增加→选择父项编码、生产部门→选择所属子项→输入定额数量、损耗率→选择存放仓库、仓管员、车间等→保存。

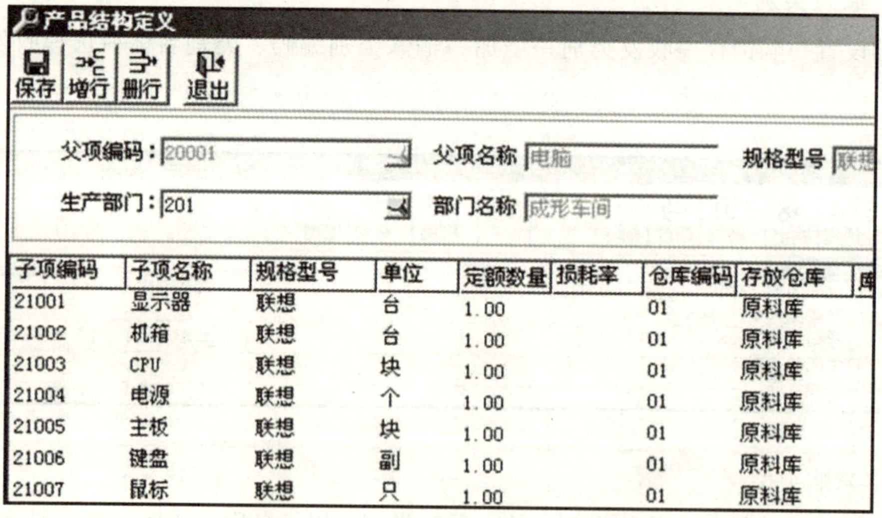

子项编码	子项名称	规格型号	单位	定额数量	损耗率	仓库编码	存放仓库	库
21001	显示器	联想	台	1.00		01	原料库	
21002	机箱	联想	台	1.00		01	原料库	
21003	CPU	联想	块	1.00		01	原料库	
21004	电源	联想	个	1.00		01	原料库	
21005	主板	联想	块	1.00		01	原料库	
21006	键盘	联想	副	1.00		01	原料库	
21007	鼠标	联想	只	1.00		01	原料库	

（6）费用项目

基础设置→购销存→费用项目→输入费用项目编码、名称→增加。

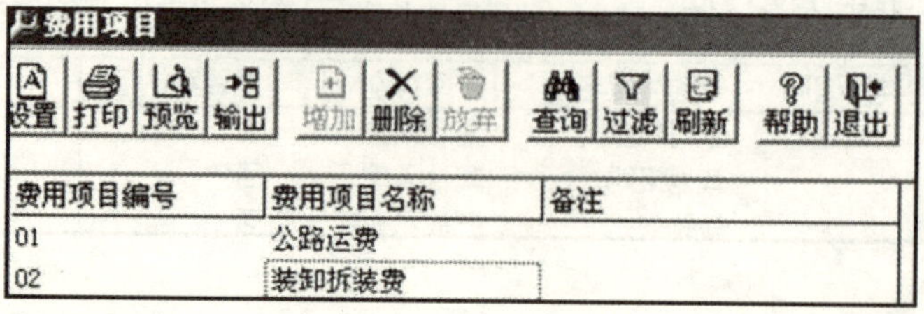

费用项目编号	费用项目名称	备注
01	公路运费	
02	装卸拆装费	

（7）发运方式

基础设置→购销存→发运方式→输入发运方式编码、名称→增加。

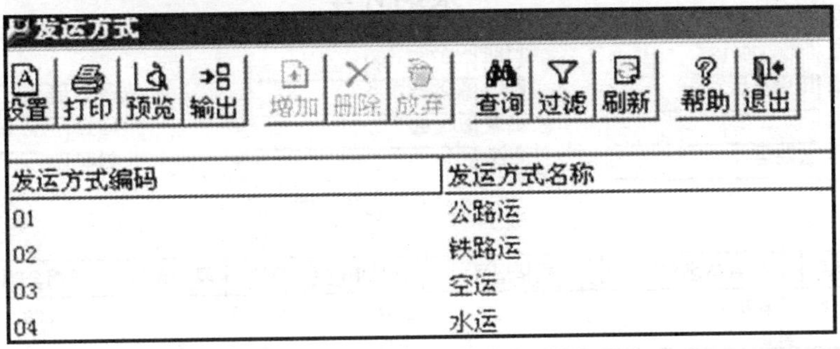

（8）货位档案

基础设置→购销存→货位档案→增加→输入货位编码、名称→选择仓库→输入最大体积、最大重量→保存

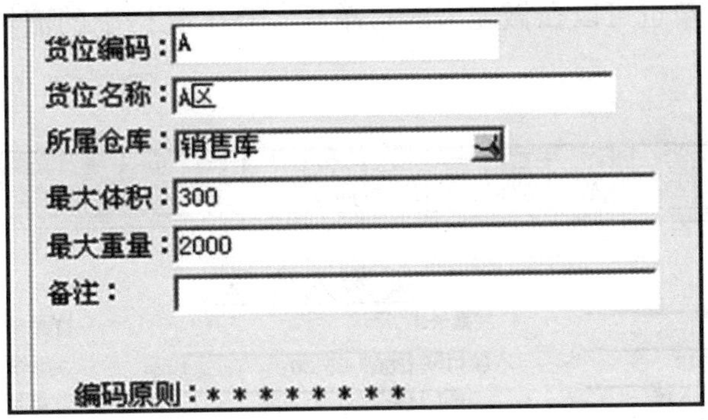

二、采购业务

（一）初始设置

采购期初记账

采购→采购期初记账→记账→确定→退出。

（二）日常业务处理

1. 采购订单

采购管理→采购订单→点增加→修改日期→选择供应商、部门等→在表体中双击选择订单的存货→录入采购数量→单价（若在存货档案中有做入单价，系统则会自动带出单价）→保存→审核→做下一份订单。

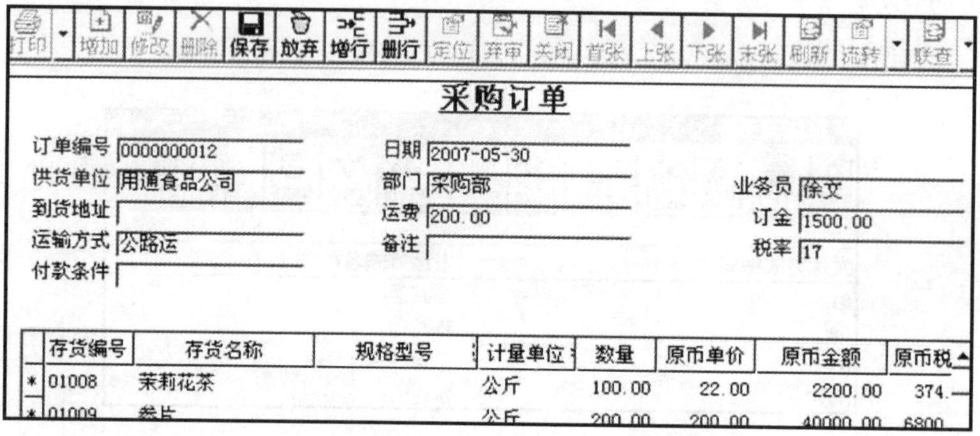
打印 增加 修改 删除 保存 放弃 增行 删行 定位 弃审 关闭 首张 上张 下张 末张 刷新 流转 联查

采购订单

订单编号 0000000012　日期 2007-05-30
供货单位 用通食品公司　部门 采购部　业务员 徐文
到货地址　运费 200.00　订金 1500.00
运输方式 公路运　备注　税率 17
付款条件

	存货编号	存货名称	规格型号	计量单位	数量	原币单价	原币金额	原币税
*	01008	茉莉花茶		公斤	100.00	22.00	2200.00	374.
*	01009	参片		公斤	200.00	200.00	40000.00	6800

2. 采购入库单

采购管理→采购入库单→增加→修改日期→选择入库仓库→选单（选择采购订单）→输入日期→过滤→选择需要生成采购入库单的单据→确定→保存→做下一份采购入库单（此采购入库单也可以在做完采购订单后，点工具栏中的流转，直接生成采购入库单）。

打印 增加 修改 删除 选单 保存 放弃 增行 删行 定位 生成 首张 上张 下张 末张 刷新 流转 联

采购入库单

业务类型 普通采购　发票号　订单号 0000000012
入库单号 0000000017　入库日期 2007-05-30　仓库 原料库
入库类别 生产采购入库　部门 采购部　业务员 徐文
采购类型 原材料采购　供货单位 用通食品公司　备注

	存货编码	存货名称	规格型号	计量单位	数量	单价	金额
*	01008	茉莉花茶		公斤	100.00	22.00	2200.00
*	01009	参片		公斤	200.00	200.00	40000.00

注：采购入库单需要在库存管理中审核。

3. 采购发票

采购管理→采购发票→增加→选择发票类型→选单（根据采购入库单生成发票）→输入日期→过滤→选择需要生成采购发票的单据→确定→保存→复核→做下一份采购发票（此采购发票也可以在做完采购入库单时，点工具栏中的流转，生成普通发票或生成专用发票）。

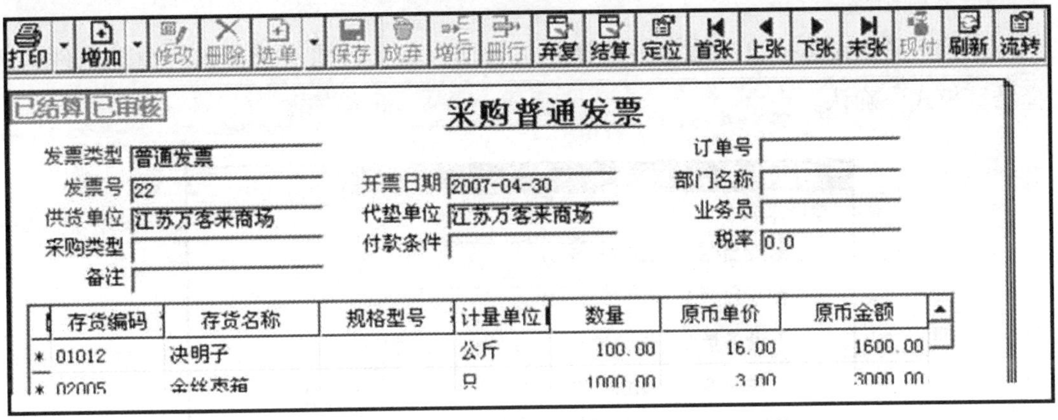

4. 付款结算

采购管理→选择付款的供应商→增加→选择日期、结算方式、结算科目、结算金额、票据号、部门、摘要等→保存→核销→自动→保存→做下一份付款结算单。

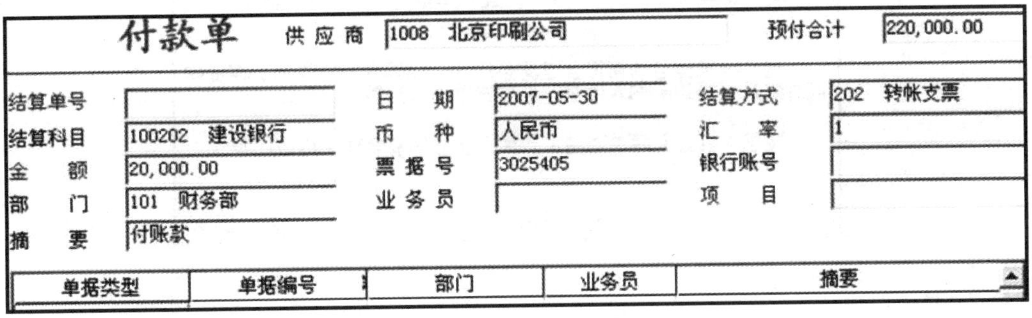

5. 应付单

采购→供应商往来→应付单→确定→增加→确认修改单据日期→选择客户→录入金额→录入摘要→保存→审核。

6. 采购结算

采购→采购结算→自动结算→选择起始日期、截止日期→选择供应商等条件→选择结算模式→确认。

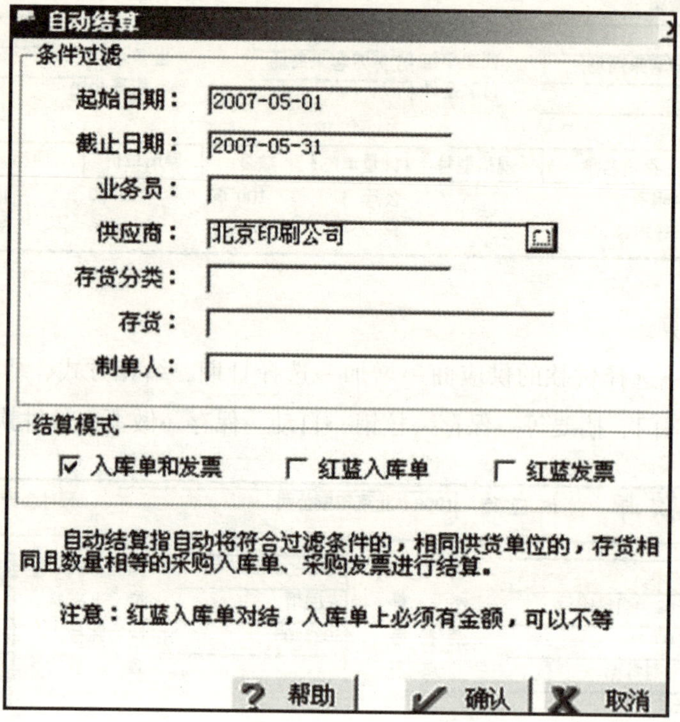

7. 月末结账

采购管理→月末结账→选中待结账月份→点结账。

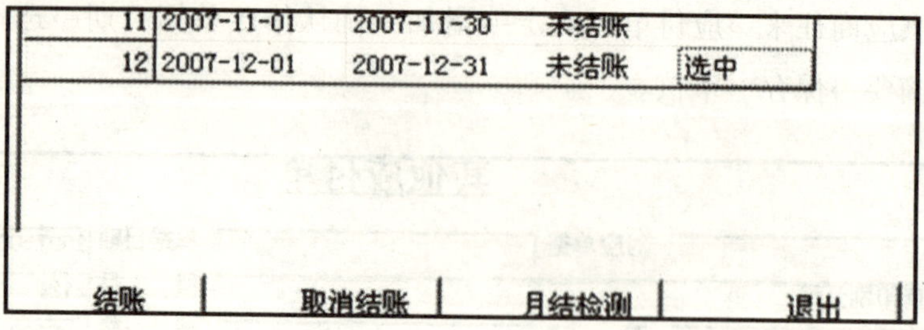

三、日常销售业务

1. 销售订单

销售→销售订单→增加→修改订单日期→选择销售类型、客户、部门等条件→选择存货→输入数量、单价→保存→审核做下一张订单。

2. 发货单

销售→发货单→增加→显示→选择需要生成发货单的订单→确认→录入发货日期→录入仓库→录入实际发货数量→保存→审核做下一张发货单。

发货单也可以在销售订单直接流转生成。

3. 销售发票

销售→销售发票→增加→选单→选择发货单→显示→选择需要生成发票的发货单→确认→录入仓库→保存→点复核→做下一份销售发票（此销售发票也可以在做完发货单时，点工具栏中的流转，生成普通发票或生成专用发票）。

4. 收款结算

销售管理→选择收款的客户→增加→选择日期、结算方式、结算科目、结算金额、票据号、部门、摘要等→保存→核销→自动→保存→做下一份收款结算单。

5. 应收单

销售→客户往来→应收单→确定→增加→修改单据日期→选择客户→录入金额→录入摘要→保存→审核。

6. 月末结账

销售管理→月末结账→选中待结账月份→结账。

四、库存管理业务

（一）初始设置

库存期初

库存→期初数据→期初库存→选择仓库→增加→选择存货→录入数量、单价→所有数据录入完成后，点记账。

（二）日常业务处理

1. 采购入库单审核

库存→采购入库单审核→点上张、下张选择未审核的采购入库单→审核。

库存管理与采购管理结合使用时，库存管理中不能增加采购入库单。

2. 产成品入库单

库存→产成品入库单→增加→修改入库日期→选择入库类别→选择仓库→根据车间实际入库选择存货→录入数量→保存→审核。

3. 其他入库单

该单据由调拨单自动生成，若某存货需要调整数量，不调整金额时，可使用这种单据处理；另在做库存盘点时，审核后盘盈数也会生成其他入库单。

库存→其他入库单→增加→修改入库日期→选择入库类别→选择仓库→选择存货→录入数量、单价→保存→审核。

其他入库单可直接录入。

4. 销售出库单审核

库存→销售出库单审核→点上张、下张选择未审核的销售出库单→审核

库存管理与销售管理结合使用时，库存管理中不能增加销售出库单。

5. 材料出库单

库存→材料出库单→增加→修改出库日期→输入表头（仓库、部门、出库类别）→根据实际领用选择存货→录入数量→保存、审核后做下一份出库单。

6. 其他出库单

该单据由调拨单自动生成，若某存货需要调整数量，不调整金额时，可使用这种单据处理；另在做库存盘点时，审核后盘盈数也会生成其他入库单。

库存→其他出库单→增加→修改出库日期→选择出库类别→选择仓库→选择存货→录入数量、单价→保存→审核。

其他出库单可直接录入。

7. 库存调拨单

库存→库存调拨单→增加→修改日期→选择转出部门、转入部门→选择转出仓库、转入仓库→选择实际调拨的存货→录入数量、单价→保存。

8. 盘点单

库存→盘点单→增加→选择盘点仓库→盘库→是→根据实际盘点的数量录入盘点数量列中→保存→审核。

盘点单审核后，会根据盘点单中的盘盈盘亏，自动生成其他出入库单对库存进行调整

9. 月末结账

库存→月末结账→选择结账月份→结账。

五、日常核算业务

1. 入库调整单

核算→入库调整单→增加→选择仓库→修改日期→选择收发类别→选择需要调整的存货→录入调整金额→保存。

2. 出库调整单

核算→出库调整单→增加→选择仓库→修改日期→选择收发类别→选择需要调整的存货→录入调整金额→保存。

若某一存货需要调整金额，不调整数量时，可使用出、入库调整单进行处理。

3. 正常单据记账

核算→正常单据记账→出现正常单据记账条件对话框→右边选择单据类型（首先选择采购入库单，采购入库单记账完毕后再选择其他单据）→在右下方选择起始日期、截止日期→确定→出现正常单据记账对话框→全选→记账→出现“单据记账完毕”后，则表明所选单据已经记账→点确定→点退出。

4. 特殊单据记账

核算→特殊单据记账→选择单据日期→确认→全选→记账。

5. 取消单据记账。

核算→点菜单上核算→点核算→点取消单据记账→右边选择单据→在右下方选择起始日期、截止日期→点确定出现取消单据记账对话框→在此对话框中选择需要取消记账的单（若需要全部取消则点工具中的全选）→工具栏中的恢复→提示“是否将 N 条恢复记账”→是→出现“恢复完毕”→则表明所选单据已经取消记账→点确定→点退出。

6. 购销单据制单

核算→购销单据制单→出现生成凭证界面→工具栏中的选择→左边选择单据类型→右边选择单据日期→确认→出现选择单据界面→在此选择需要生成凭证的单据（若需要全部生成凭证则点工具中的全选）→工具栏中的确定→确定后系统自动退回生成凭证界面→在科目名称中录入该单据相对应的科目→所有科目录完后点工具栏中生成或合成→出现凭证→工具栏中的保存→当凭证的左上方出现“已生成”时，则表明已经将单据生成凭证了→退出→退出。

供应商往来制单、客户往来制单操作同上。

7. 修改核算管理中已经生成的凭证

核算→购销单据凭证列表→左边选择凭证月份→确认→出现凭证列表界面→在列表中选择需要修改的凭证→点工具栏中的修改→出现凭证→修改凭证中需要修改的内容→修改完成后点工具栏中的保存→退出返回凭证列表界面→退出完成修改凭证。

若不在核算管理中生成凭证，则不需要做第 3 步、第 4 步。

8. 月末处理

核算→月末处理→出现期末处理界面→选择未期末处理仓库→全选→确定→出现

"期末处理完毕"时→确定，此时表明月末处理工作已经完成。

9. 取消月末处理

核算→月末处理→出现期末处理界面→已期末处理仓库→全选→确定→出现"是否将此仓库恢复处理"→确定→出现"恢复完毕"时→确定，此时表明已恢复月末处理工作已经完成。

10. 月末结账

核算→月末结账→出现月末结账界面→选择月末结账→确定即已完成月末结账工作。

11. 取消月末结账

核算→月末结账→出现月末结账界面→选择取消结账→确定即已完成取消月末结账工作。

【本章学习方法】

上机实训，主要实训内容：

1. 记账凭证的填制（凭证类型、编号、日期、附单据数、摘要、借贷方科目、金额、制单人、辅助信息等）；

2. 凭证的审核（更换操作员、批量审核）；

3. 记账（期初余额平衡、记账、反记账）。

【本章复习思考题】

1. 记账凭证的输入内容有哪些？

2. 审核凭证前更换操作员进入用友通时要检验是否进错账套，若进入其他账套，是何原因？如何修正？

3. 审核凭证审核哪些内容？

4. 如何修改已经记账的凭证？

第十章　期末处理、编制会计报表操作

【**学习目的**】掌握会计电算化的期末资产负债表、利润表的设置，完成资产负债表、利润表的输出。

【**重点与难点**】新会计制度科目、账套初始化、录入关键字。

资产负债表：

首先根据账套的行业性质增加资产负债表，新增模板即可。进入到资产负债表后务必进行账套初始化，否则计算的是其他人的账套，数据完全错误。

资产负债表有格式和数据两种状态，格式状态录入关键字、数据调整等工作，数据状态录入报表日期并自动进行数据计算。

资产负债表的1、3列为期初数据，2、4列为期末数据，如果1、2、3、4列数据均相同，则是没有记账，也可能是因为没有成功审核（漏记审核、期初余额不平或者第2个操作员没有权限→授权错误），需要根据错误（修正期初余额、重新授权后），重做审核、记账。

如果2、4列不同，则凭证录入有误，需要做以下操作：撤销记账、撤销审核，更换操作员修改凭证，更换操作员审核、记账、重新报表。

利润表：

利润表也有格式和数据两种状态，格式状态录入关键字、数据调整等工作，数据状态录入报表日期并自动进行数据计算。

如果利润表数据为零，则没有记账，按资产负债表部分内容修改。

第一节 期末处理

一、期末自动结转

（一）自动转账设置

1. 自定义结转

总账→期末→转账定义→自定义转账→增加→转账序号：例如，0001→转账说明：例如，制造费用转生产成本→选择凭证类别→确定→选择科目编码：一定要设末级明细一例如，生产成本的末级明细→方向→借→金额公式→双击→点开放大镜→对方科目计算结果→下一步→完成→增行→科目编码：例如，制造费用的末级明细→方向→贷→金额公式→双击→放大镜点开→借方发生额→下一步→完成→依次设置制造费用所的末级明细→保存→退出。

2. 对应结转

总账→期末→转账定义→对应结转→输入编号→选择凭证类别→输入摘要→选择转出科目编码（若该转出科目有辅助核算也需要选择）→增行→选择转入科目（若该转入科目有辅助核算也需要选择）→输入结转系数→保存→做下一个对应结转。

3. 销售成本结转

总账→期末→转账定义→销售成本结转→选择库存商品科目、商品销售收入科目、商品销售成本科目→确定。

这三类科目的结构必须一致，且不能有辅助核算。

4. 售价（计划价）销售成本结转

（1）售价法

总账→期末→转账定义→售价（计划价）销售成本结转→选择售价法→选择库存商品科目、商品销售收入科目、商品销售成本科目、差异科目→选择月末结转方法→选择差异率计算方法→调整设置差异率计算公式→确定。

（2）计划价法

总账→期末→转账定义→售价（计划价）销售成本结转→选择计划价法→选择库存商品科目、商品销售成本科目、差异科目→选择差异率计算方法→调整设置差异率计算公式→确定。

5. 汇兑损益结转

总账→期末→转账定义→汇兑损益结转→双击选择是否计算汇兑损益→选择汇兑

损益入账科目→确定。

6. 期间损益结转

总账→期末→转账定义→期间损益结转→选择本年利润科目→光标点到损益类科目编码处，让所有收入、支出科目都对应有本年利润科目→点确定。

（二）月末自动转账生成凭证

1. 自定义结转

月末转账→自定义结转→左上角选择结转月份→选择需要结转的记录→确定→出现凭证后检查数据是否正确→保存→退出。

2. 对应结转

月末转账→对应结转→左上角选择结转月份→全选→确定→出现凭证后检查数据是否正确→保存→退出。

3. 销售成本结转

月末转账→销售成本结转→选择开始月份、结束月份→确定→出现凭证后检查数据是否正确→保存→退出。

4. 售价（计划价）销售成本结转

月末转账→售价（计划价）销售成本结转→选择开始月份、结束月份→确定→出现凭证后检查数据是否正确→保存→退出。

5. 汇兑损益结转

月末转账→汇兑损益结转→选择月份→选择外币→选择是否结转→确定→出现凭证后检查数据是否正确→保存→退出。

6. 期间损益结转

月末结转→期间损益结转→选择月份→选择类型（全部、收入、支出）→全选→确定→出现凭证后检查数据是否正确→保存→退出。

类型为全部是将收入、支出都结转生成一份凭证；类型为收入时，将收入结转生成一份凭证；类型为支出时，将支出结转生成凭证。

重要提示：所有自动生成的凭证都需要审核、记账、签字。

二、账簿查询、打印

（一）账簿查询

1. 总账的查询

总账→账表→科目账→总账→选择对应科目→选包含未记账凭证→确认完成所需查询。

2. 余额表的查询

总账→账表→科目账→选择月份→选择科目（若查询所有科目时则不选科目）→

选择科目级次（系统默认为查询一级科目）→选择包含未记账凭证→确认完成所需要查询。

3. 明细账的查询

总账→账表→科目账→明细账→选择科目（若不选科目时，可查询所有科目）→选择月份→选包含未记账凭证→确认完成所需查询。

4. 多栏账查询

（1）定义多栏账

总账→账表→科目账→多栏账→增加→选择核算科目→修改多栏账名称（不修改也可）→点自动编制→将分析方式的金额分析双击改为余额分析→确定→完成多栏账的定义。

（2）查询多栏账

总账→账表→科目账→多栏账→选择多栏账名称→点查询→选择月份→选包含未记账凭证→确认→完成所需查询。

5. 往来账查询

往来管理→选择查询的账表→选择科目→选择月份→确定即可完成查询。

6. 现金银行查询

现金银行→选择日记账（现金、银行存款）→选择科目→选择月份→确定→完成查询。

7. 其他账表的查询根据账表的性质查询，方法大同小异。

（二）账簿打印

1. 打印格式设置

（1）选择纸型

总账→设置→选项→账簿→右上方选择“按月排页”→选择“凭证、账簿套打”→选择打印纸型→确定。

（2）总账套打工具

总账→设置→总账套打工具→凭证→保存→确定→确定→账簿→保存→确定→确定→退出。

2. 打印

（1）凭证打印

点总账→凭证→打印凭证→若只打印第 1 号凭证，请在凭证范围写上 1－1 即可，若本月份全部打印，打印范围不选→预览→打印→确定。

（2）总账打印

总账→账表→账簿打印→科目账簿打印→总账→开始科目选择科目 →选择“年初

有余额，但本年无发生也打印”→预览→打印→确定。

（3）明细账打印

①现金、银行存款科目打印

总账→账表→账簿打印→科目账簿打印→明细账→账本→选择现金或银行存款科目→选择月份：2014.01－2014.12。

②其他科目打印

总账→账表→账簿打印→科目账簿打印→明细账→账簿→选择打印科目→选择月份：2014.01－2014.12。

选择条件：A. 若期初有余额，但本年无发生也打印，需打“√”。

B. 只打印末级科目“√”。

C. 最后一页未满也打印“√”。

D. 其他选项一般为默认。

打印总账、明细账时，若需要打印全部科目时，则不需要选择任何科目，直接点打印。

（4）多栏账打印

总账→账表→账簿打印→科目账簿打印→多栏账打印→选择需要打印的科目→选择月份→选择有期初余额但本期无发生也打印→预览→打印。

多栏账打印分主页、辅页，打印预览时，点“是”为预览主页数据，点“否”为预览辅页数据。

第二节　资产负债表的编制

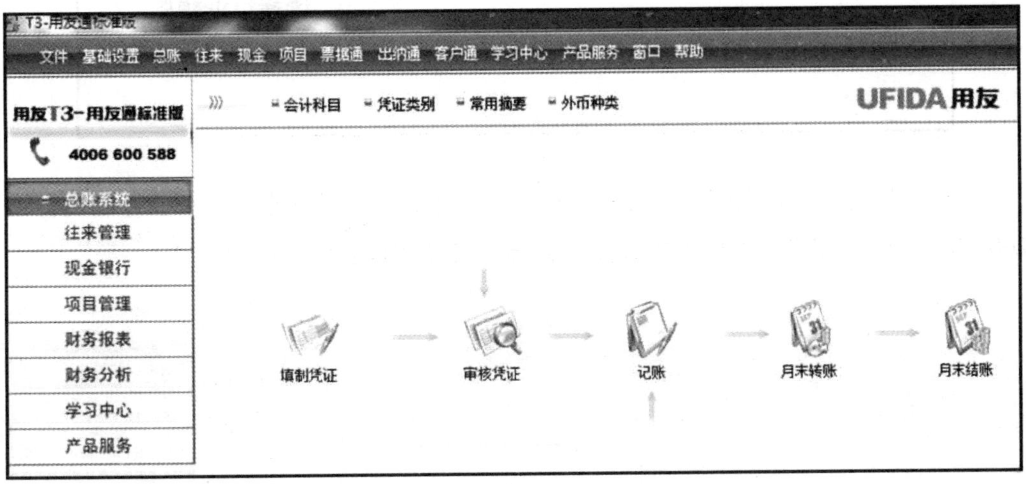

1. 运行用友 T3 软件，选择左边的财务报表。

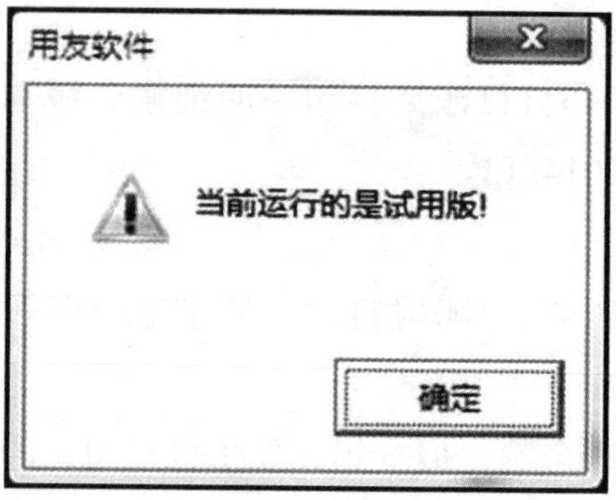

提示是试用版，点确定。

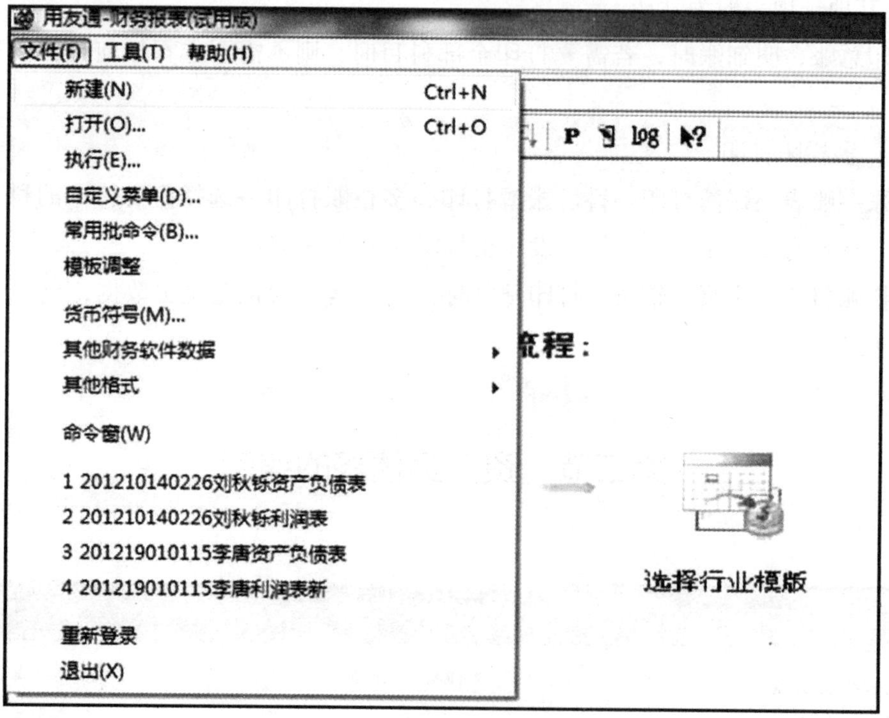

2. 在新建窗口，根据模拟训练题，科目设置选择“工业企业”“新会计制度行业”“2007 年新会计准则”。如果该步骤操作失误，将导致报表完全错误。

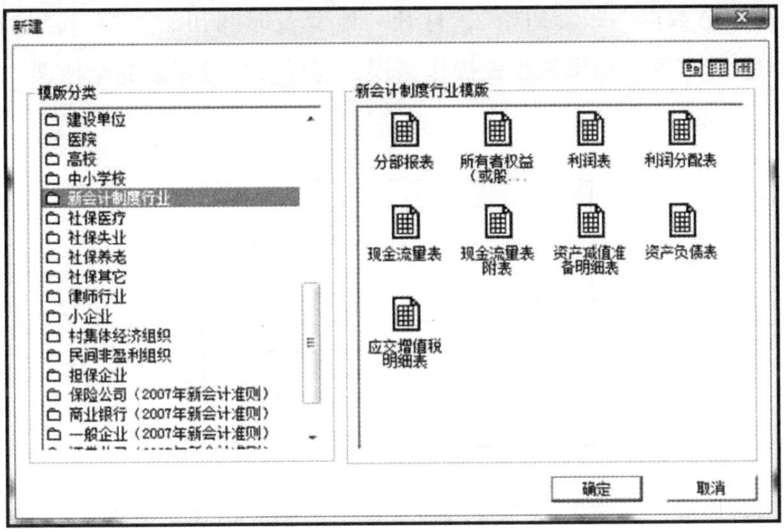

3. “文件→新建”，打开“新建”窗口，选中“新会计制度行业”模板分类，再选中“资产负债表”模板，生成资产负债表（注：也可以点工具栏中的“新建”按钮，生成空白报表，再执行“格式→报表模板”选择“新会计制度行业→资产负债表”模板，生成资产负债表）。

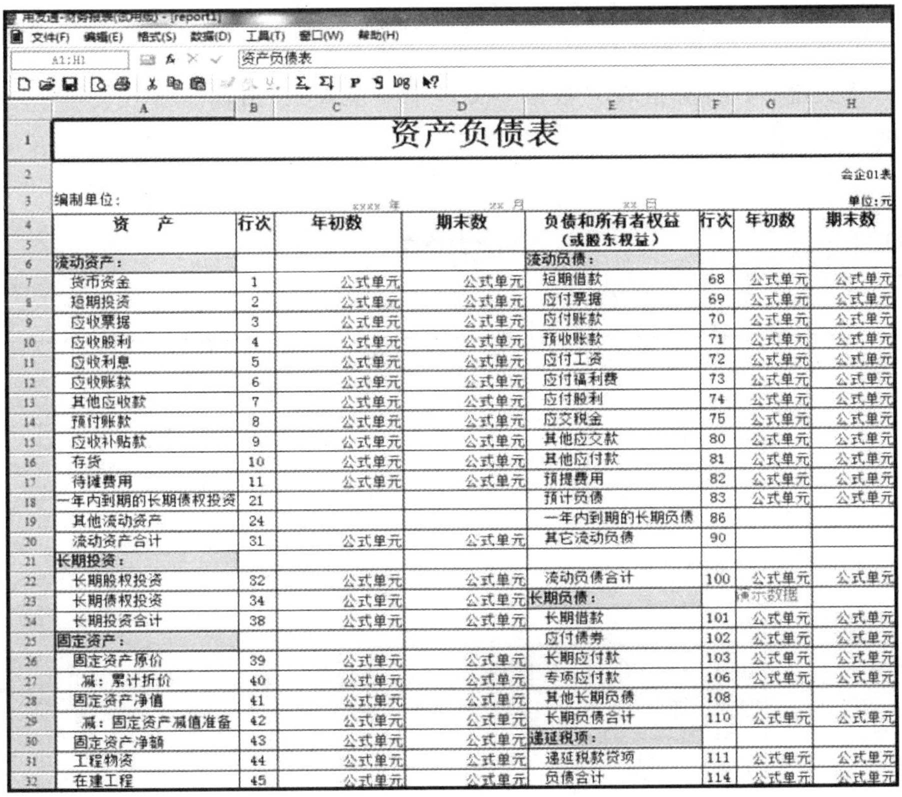

资产负债表

会企01表

编制单位：　　xxxx 年　　xx 月　　xx 日　　单位：元

资　　产	行次	年初数	期末数	负债和所有者权益（或股东权益）	行次	年初数	期末数
流动资产：				流动负债：			
货币资金	1	公式单元	公式单元	短期借款	68	公式单元	公式单元
短期投资	2	公式单元	公式单元	应付票据	69	公式单元	公式单元
应收票据	3	公式单元	公式单元	应付账款	70	公式单元	公式单元
应收股利	4	公式单元	公式单元	预收账款	71	公式单元	公式单元
应收利息	5	公式单元	公式单元	应付工资	72	公式单元	公式单元
应收账款	6	公式单元	公式单元	应付福利费	73	公式单元	公式单元
其他应收款	7	公式单元	公式单元	应付股利	74	公式单元	公式单元
预付账款	8	公式单元	公式单元	应交税金	75	公式单元	公式单元
应收补贴款	9	公式单元	公式单元	其他应交款	80	公式单元	公式单元
存货	10	公式单元	公式单元	其他应付款	81	公式单元	公式单元
待摊费用	11	公式单元	公式单元	预提费用	82	公式单元	公式单元
一年内到期的长期债权投资	21			预计负债	83	公式单元	公式单元
其他流动资产	24			一年内到期的长期负债	86		
流动资产合计	31	公式单元	公式单元	其它流动负债	90		
长期投资：							
长期股权投资	32	公式单元	公式单元	流动负债合计	100	公式单元	公式单元
长期债权投资	34	公式单元	公式单元	长期负债：		演示数据	
长期投资合计	38	公式单元	公式单元	长期借款	101	公式单元	公式单元
固定资产：				应付债券	102	公式单元	公式单元
固定资产原价	39	公式单元	公式单元	长期应付款	103	公式单元	公式单元
减：累计折价	40	公式单元	公式单元	专项应付款	106	公式单元	公式单元
固定资产净值	41	公式单元	公式单元	其他长期负债	108		
减：固定资产减值准备	42	公式单元	公式单元	长期负债合计	110	公式单元	公式单元
固定资产净额	43	公式单元	公式单元	递延税项：			
工程物资	44	公式单元	公式单元	递延税款贷项	111	公式单元	公式单元
在建工程	45	公式单元	公式单元	负债合计	114	公式单元	公式单元

4. 账套初始“数据→账套初始”，打开“账套及时间初始”窗口，选择成自己建立的账套号和会计年度。如果该步骤操作错误，同样会导致报表完全错误。

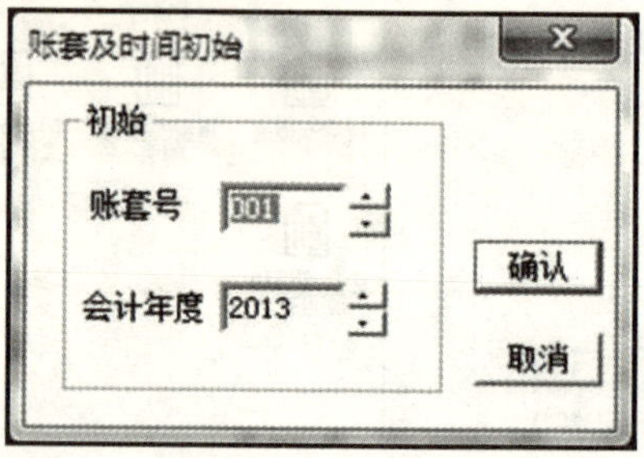

5. 把状态转换成“数据”状态点击→下左下角的“格式”变换成“数据”。

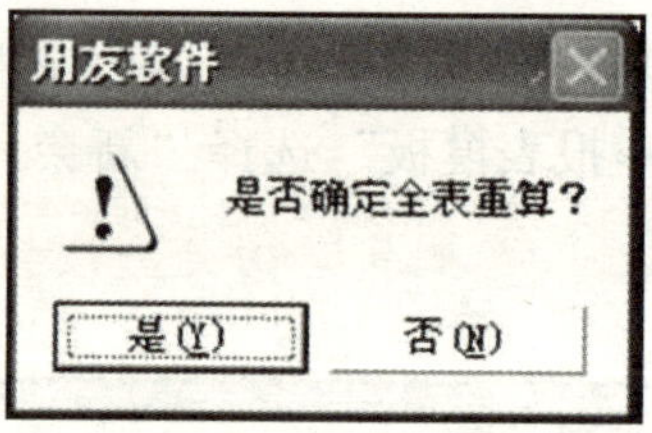

6. 录入关键字，计算报表“数据→关键字→录入”，出现“录入关键字”窗口，年月日默认，重算。

表 10－1　　资产负债表

编制单位：　　2014 年　5 月　23 日　　会企 01 表　单位：元

资产	行次	年初数	期末数	负债和所有者权益（或股东权益）	行次	年初数	期末数
流动资产：				流动负债：			
货币资金	1	814900.00	2182124.00	短期借款	68	431897.00	431897.00
短期投资	2			应付票据	69	317811.00	317811.00
应收票据	3			应付账款	70	252619.00	315214.00
应收股利	4			预收账款	71	211874.00	361814.00
应收利息	5			应付工资	72		
应收账款	6	220023.00	220023.00	应付福利费	73	203725.00	205265.00
其他应收款	7	40745.00	40745.00	应付股利	74	97788.00	136069.13
预付账款	8			应交税金	75	48894.00	333415.44

续表

资产	行次	年初数	期末数	负债和所有者权益（或股东权益）	行次	年初数	期末数
应收补贴款	9			其他应交款	80		
存货	10	2672872.00	2016087.80	其他应付款	81	187427.00	187427.00
待摊费用	11	195576.00	195576.00	预提费用	82	114086.00	114086.00
一年内到期的长期债权投资	21			预计负债	83		
其他流动资产	24			一年内到期的长期负债	86		
流动资产合计	31	3944166.00	4654555.80	其他流动负债	90		
长期投资：							
长期股权投资	32	464493.00	464493.00	流动负债合计	100	1866121.00	2402998.57
长期债权投资	34			长期负债：			
长期投资合计	38	464493.00	464493.00	长期借款	101	1491267.00	1491267.00
固定资产：				应付债券	102		
固定资产原价	39	3406282.00	3406282.00	长期应付款	103		
减：累计折价	40	1523863.00	1544300.69	专项应付款	106		
固定资产净值	41	1882419.00	1861981.31	其他长期负债	108		
减：固定资产减值准备	42			长期负债合计	110	1491267.00	1491267.00
固定资产净额	43	1882419.00	1861981.31	递延税项：			
工程物资	44			递延税款贷项	111		
在建工程	45			负债合计	114	3357388.00	3894265.57
固定资产合计	50	1882419.00	1861981.31	所有者权益（或股东权益）			
无形资产及其他资产：				实收资本（或股本）	115	2713617.00	2713617.00
无形资产	51			减：已归还投资	116		
长期待摊费用	52	464,493.00	464,493.00	实收资本（或股本）净额	117	2713617.00	2713617.00
其他长期资产	53			资本公积	118	171129.00	171129.00
无形资产及其他资产合计	60	464493.00	464493.00	盈余公积	119	513387.00	542097.85
				其中：法定公益金	120		
递延税项：				示分配利润	121		124413.69
递延税款借项	61			所有者权益（或股东权益）合计	122	3398133.00	3551257.54
资产总计	67	6755521.00	7445523.11	负债和所有者权益（或股东权益）总计	135	6755521.00	7445523.11

资产负债表的 1、3 列为期初数据，2、4 列为期末数据，如果 1、2、3、4 列数据均相同，则是没有记账，也可能是因为没有成功审核（漏记审核、期初余额不平或者第 2 个操作员没有权限—授权错误），需要根据错误（修正期初余额、重新授权后），重做审核、记账。如果 2、4 列不同，则凭证录入有误，需要做以下操作：撤销记账、撤销审核，更换操作员修改凭证，更换操作员审核、记账、重新报表。

编制利润表　步骤基本同资产负债表。

表 10－2

利润表

编制单位：　　2014 年　　5 月　　会企 02 表

单位：元

项目	行数	本月数	本年累计数
一、主营业务收入	1	1172600.00	1172600.00
减：主营业务成本	4	749238.10	749238.10
主营业务税金及附加	5		
二、主营业务利润（亏损以“－”号填列）	10	423361.90	423361.90
加：其他业务利润（亏损以“－”号填列）	11	29988.00	29988.00
减：营业费用	14	31094.69	31094.69
管理费用	15	136575.10	136575.10
财务费用	16		
三、营业利润（亏损以“－”号填列）	18	285680.11	285680.11
加：投资收益（损失以“－”号填列）	19		
补贴收入	22		
营业外收入	23		
减：营业外支出	25		
四、利润总额（亏损总额以“－”号填列）	27	285680.11	285680.11
减：所得税	28	94274.44	94274.44
五、净利润（净亏损以“－”号填列）	30	191405.67	191405.67

【本章学习方法】

上机实训，主要实训内容：

1. 新建新会计制度科目下的资产负债表，账套初始化设置为新增加的账套，格式改为数据，录入关键字，完成资产负债表报表；

2. 完成利润表；

3. 结合前面实训，进行综合实训。

【本章复习思考题】

1. 为什么要账套初始化？

2. 什么是关键字，怎样录入关键字？

3. 如何检验资产负债表是否出错？

4. 企业会计的主要对外报表有哪些？各反映什么内容？

附：会计电算化模拟实训题

特别提醒：登录系统管理时务必检查服务器名和计算机名是否一致，如不一致先运行用友 T3 修改服务器为本机计算机名，成功进入用友 T3 后，退出用友 T3，再进系统管理。

一、金轩公司 2014 年 6 月资料如下

科目编码	科目名称	借贷方向	期初余额（元）	期初数量
1001	现金	借	32596	
1002	银行存款	借	782304	
1131	应收账款	借	220023	
113101	应收账款——E 公司	借	48894	
113102	应收账款——F 公司	借	171129	
1133	其他应收款	借	40745	
113301	其他应收款——张三	借	40745	
113302	其他应收款——E 公司	借		
1151	预付账款	借		
1201	物资采购	借		
120101	物资采购——甲材料	借		
120102	物资采购——乙材料	借		
1211	原材料	借	570430	
121101	原材料——甲材料	借	391152	300
121102	原材料——乙材料	借	179278	100
1243	库存商品	借	2102442	
124301	库存商品——A 产品	借	977880	900

124302	库存产品——B 产品	借	1124562	800
1301	待摊费用	借	195576	
1401	长期股权投资	借	464493	
140101	长期股权投资——股票投资	借	464493	
1501	固定资产	借	3406282	
1502	累计折旧	贷	1523863	
1901	长期待摊费用	借	464493	
1911	待处理财产损溢	借		
2101	短期借款	贷	431897	
2111	应付票据	贷	317811	
2121	应付账款	贷	252619	
212101	应付账款——丙单位	贷	73341	
212102	应付账款——丁单位	贷	179278	
2131	预收账款	贷	211874	
213101	预收账款——F 公司	贷	211874	
2151	应付工资	贷		
2153	应付福利费	贷	203725	
2161	应付股利	贷	97788	
2171	应交税金	贷	48894	
217101	应交税金——应交增值税	贷		
21710101	应交税金——应交增值税——进项税额	贷		
21710105	应交税金——应交增值税——销项税额	贷		
217106	应交税金——应交所得税	贷	48894	
2181	其他应付款	贷	187427	
2191	预提费用	贷	114086	
2301	长期借款	贷	1491267	
3101	股本	贷	2713617	
3111	资本公积	贷	171129	
311107	资本公积——其他资本公积	贷	171129	
3121	盈余公积	贷	513387	
312101	盈余公积——法定盈余公积	贷	513387	

312103	盈余公积——法定公益金	贷
3131	本年利润	贷
3141	利润分配	贷
314102	利润分配——提取法定盈余公积	贷
314103	利润分配——提取法定公益金	贷
314110	利润分配——应付普通股股利	贷
314115	利润分配——未分配利润	贷
4101	生产成本	借
410101	生产成本——A 产品	借
410102	生产成本——B 产品	借
4105	制造费用	借
5101	主营业务收入	借
510101	主营业务收入——A 产品	借
510102	主营业务收入——B 产品	借
5102	其他业务收入	借
5301	营业外收入	借
5401	主营业务成本	借
540101	主营业务成本——A 产品	借
540102	主营业务成本——B 产品	借
5405	其他业务支出	借
5501	营业费用	借
5502	管理费用	借
5503	财务费用	借
5601	营业外支出	借
5701	所得税	借

二、企业 6 月的经济业务（每笔业务做一张凭证）

1. 领用甲材料 190 吨，其中生产 A 产品耗用 76 吨，生产 B 产品耗用 57 吨，车间一般耗用 28. 5 吨，厂部一般耗用 9. 5 吨，销售过程耗用 19 吨，期初库存甲材料的单位成本为 1303. 84 元/吨。

借：生产成本——A 产品　　99091.84

　　生产成本——B 产品　　74318.88

　　制造费用　　37159.44

　　营业费用　　24772.96

　　管理费用　　12386.48

　贷：原材料——甲材料　　247729.6

2. 领用乙材料 70 吨，其中生产 A 产品耗用 35 吨，生产 B 产品耗用 21 吨，车间一般耗用 7 吨，厂部一般耗用 3.5 吨，销售过程耗用 3.5 吨，期初库存乙材料的单位成本为 1792.78 元/吨。

借：生产成本——A 产品　　62747.3

　　生产成本——B 产品　　37648.38

　　制造费用　　12549.46

　　营业费用　　6274.73

　　管理费用　　6274.73

　贷：原材料——乙材料　　125494.6

3. 计提本月折旧费，其中车间用固定资产 2043700 元，月折旧率 6‰，厂部用固定资产 1362582 元，月折旧率 6‰。

借：制造费用　　12262.2

　　管理费用　　8175.49

　贷：累计折旧　　20437.69

4. 向丙厂购买甲乙两种材料，增值税专用发票上记载，甲材料 10 吨，单价 1430 元，计 14300 元，增值税为 2431 元，乙材料 20 吨，单价 1960 元，计 39200 元，增值税为 6664 元，货款暂欠。

借：物资采购——甲材料　　14300

　　物资采购——乙材料　　39200

　　应交税金——应交增值税——进项税额　　9095

　贷：应付账款——丙单位　　62595

5. 以上购买甲乙两种材料，以现金支付装卸搬运费 2140 元，按买价比例分配。

借：物资采购——甲材料　　572

　　物资采购——乙材料　　1568

　贷：现金　　2140

6. 前所购甲乙两种材料，按其实际成本入库。

借：原材料——甲材料　　14872

　　原材料——乙材料　　40768

　贷：物资采购——甲材料　　14872

　　　物资采购——乙材料　　40768

7. 以现金 47 元，支付 A 产品销售搬运费。

借：营业费用　　47

　贷：现金　　47

8. F 公司购 B 产品，预收货款 117260 元，存入银行。

借：银行存款　　117260

　贷：预收账款——F 公司　　117260

9. 销售给 F 公司 B 产品 533 件，每件售价 2200 元，增值税专用发票载明货款 1172600 元，增值税为 199342 元。

借：预收账款——F 公司　　1371942

　贷：应交税金——应交增值税——销项税额　　199342

　　　主营业务收入—B 产品　　1172600

10. 将销售给 F 公司 B 产品货款结算清。

借：银行存款　　1254682

　贷：预收账款——F 公司　　1254682

11. 向银行提取现金 11000 元，以备发放工资。

借：现金　　11000

　贷：银行存款　　11000

12. 以现金发放本月工资。

借：应付工资　　11000

　贷：现金　　11000

13. 期末分配本月应付工资，其中生产工人工资为 6540 元，（生产 A 产品耗用 880 工时，生产 B 产品耗用 210 工时），车间技术和管理人员工资为 2200 元，企业行政人员工资为 2260 元。

借：生产成本——A 产品　　5280

　　生产成本——B 产品　　1260

　　制造费用　　2200

管理费用　2260

贷：应付工资　11000

14. 分别按本企业有关人员的工资的14%计提福利费。

借：生产成本——A产品　739.2

生产成本——B产品　176.4

制造费用　308

管理费用　316.4

贷：应付福利费　1540

15. 以银行存款购买办公用品，其中车间用64297元，厂部用107162元。

借：制造费用　64297

管理费用　107162

贷：银行存款　171459

16. 出租给F公司闲置设备一台，按协议规定预收半年租金179928元，存入银行。

借：银行存款　179928

贷：预收账款——F公司　179928

17. 出租闲置设备业务，确认当月收入，做出会计处理。

借：预收账款——F公司　29988

贷：其他业务收入　29988

18. 结转制造费用，按A、B产品工时分配。

借：生产成本——A产品　103966.03

生产成本——B产品　24810.07

贷：制造费用　128776.1

19. 本期生产A产品250件全部完工，验收入库，按实际成本入账。

借：库存商品——A产品　271824.37

贷：生产成本——A产品　271824.37

20. 本期生产B产品109件全部完工，验收入库，按实际成本入账。

借：库存产品——B产品　138213.73

贷：生产成本——B产品　138213.73

21. 期初库存B产品的单位成本是1405.7元，按先进先出法计算并结转533件销售成本。

借：主营业务成本——B产品　749238.1

贷：库存产品——B 产品　　749238. 1

22. 结转本期收入账户。

借：主营业务收入——B 产品　　1172600

　　其他业务收入　　29988

　贷：本年利润　　1202588

23. 结转本期费用账户。

借：本年利润　　916907. 89

　贷：主营业务成本——B 产品　　749238. 1

　　　营业费用　　31094. 69

　　　管理费用　　136575. 1

24. 计算应交所得税，税率为 33%。

借：所得税　　94274. 44

　贷：应交税金——应交所得税　　94274. 44

25. 结转所得税费用。

借：本年利润　　94274. 44

　贷：所得税　　94274. 44

26. 按 10% 提取法定盈余公积。

借：利润分配——提取法定盈余公积　　19140. 57

　贷：盈余公积——法定盈余公积　　19140. 57

27. 按 5% 提取法定公益金。

借：利润分配——提取法定公益金　　9570. 28

　贷：盈余公积——法定公益金　　9570. 28

28. 按 20% 提取应付投资者利润。

借：利润分配——应付普通股股利　　38281. 13

　贷：应付股利　　38281. 13

29. 结转已实现的利润。

借：本年利润　　191405. 67

　贷：利润分配——未分配利润　　191405. 67

30. 结转已分配利润。

借：利润分配——未分配利润　　66991. 98

　贷：利润分配——提取法定盈余公积　　19140. 57

利润分配——提取法定公益金　　9570.28

利润分配——应付普通股股利　　38281.13

三、要求：填制记账凭证、审核、记账，生成资产负债表和利润表

四、参考答案：详见第十章第二节，资产负债表图和利润表图

资产负债表：

期初资产总计：6755521.00

期末资产总计：7445523.11

净利润：191405.67

参考文献

[1] 蒋本珊．计算机组成原理［M］．北京：清华大学出版社，2013.

[2] 段欣．常用工具软件［M］．北京：高等教育出版社，2014.

[3]（美）博德纳．（美）霍普伍德．会计信息系统［M］．北京：清华大学出版社，2013.

[4] 赵起．刘德道．会计电算化理论与实务［M］．北京：中国经济出版社，2011.

[5] 中国会计学会编写组．初级会计电算化（用友版）［M］．北京：经济科学出版社，2011.

[6] 刘宁．会计电算化［M］．北京：北京师范大学出版社，2013.